初级财务数据分析

恒企教育财经研发部　编著

中国商业出版社

图书在版编目（CIP）数据

初级财务数据分析/恒企教育财经研发部编著.—北京：中国商业出版社，2018.8

（财务数据分析）

ISBN 978-7-5208-0521-6

Ⅰ.①初… Ⅱ.①恒… Ⅲ.①会计分析－教材 Ⅳ.① F231.2

中国版本图书馆 CIP 数据核字（2018）第 174602 号

责任编辑：唐伟荣

中国商业出版社出版发行

010-63180647　www.c-cbook.com

（100053　北京广安门内报国寺 1 号）

新华书店经销

广州市丰秀印务有限公司印刷

*

787×1092 毫米　1/16　13.75 印张　280 千字

2018 年 9 月第 1 版　2018 年 9 月第 1 次印刷

定价：65.00 元

*　*　*　*

（如有印装质量问题可更换）

前 言

2016年10月，《会计改革与发展"十三五"规划纲要》中指出，未来管理会计人才是紧缺人才，全社会将在2020年前培养3万名优秀的善于管理和决策的管理会计人才。

为顺应发展需求，恒企教育创新研发了"财务数据分析"系列课程，课程设置初级、中级和高级部分，旨在培养学员成为具有财务分析技能的新管理型财务人才。通过本系列课程的学习，使学员掌握企业经营中的有用信息，培养学员对财务数据进行提取、加工、分析的能力，使学员能够具有对公司整体的财务状况进行评核，提出调整改进方案，对公司的财务状况、投融资项目提供财务建议和决策支持的能力。

本系列课程在教学方法上使用案例教学，通过案例研究，帮助学员理解与企业财务状况相关的要素，深入分析企业的偿债能力、盈利能力和营运能力。

本书在进行案例化理论讲解的同时，突出基础实践操作性，通过财务分析工具，如金蝶KIS财务软件、Excel等对财务数据进行分析，帮助学员进行数据采集、数据整理和数据分析，掌握实战技能。

本书能够帮助学员了解财务数据分析岗位的基本要求，掌握该岗位所需要的财务分析知识体系，了解企业财务分析报告的基本格式和典型案例。

本书线上素材下载地址 http://t.cn/RgpEDZ9。

当今市场中，财务人员简单的记账报税的工作越来越弱化，而财务人员的分析管理能力逐渐被要求提高。财务人员需具备对财务数据的收集、整理、分析、挖掘、应用的能力，才能给企业创造更大的价值。人工智能可以代替会计记账，而财务数据分析则会加入更多主观思维，所以"财务数据分析"更是未来财务人员的发展方向。

恒企教育开发此系列课程，希望能够为恒企学员和社会学员提供有益的帮助，满足个人和企业的需求。

恒企教育财经研发部

目　录

第一单元　财务数据分析指标和方法

第一节　财务报表分析方法——比较分析法 ···················· 2
　　一、比较分析法的基本概念 ···································· 3
　　二、比较数据 ·· 3
　　三、比较标准 ·· 3
　　四、比较方法 ·· 4
　　五、指标之间的可比性 ·· 12

第二节　财务比率的计算和分析 ···································· 13
　　一、财务比率的基本概念 ·· 13
　　二、偿债能力比率 ·· 13
　　三、营运能力比率 ·· 20
　　四、盈利能力比率 ·· 25

第三节　杜邦分析体系 ·· 32
　　一、杜邦分析体系内涵及其核心比率 ···················· 32
　　二、杜邦分析体系中指标分析实现的效果 ············ 33
　　三、杜邦分析的局限性 ·· 34

第二单元　财务报表阅读与分析

第一节　财务报表分析概述 ·· 36
　　一、财务报表分析的定义 ·· 36
　　二、财务报表分析概述 ·· 36
　　三、财务报表分析的作用 ·· 36
　　四、财务报表分析的主体 ·· 37
　　五、财务报表分析的客体 ·· 37
　　六、财务报表分析的步骤 ·· 37

第二节　识别财务报表 ·· 38
　　一、财务报表的构成 ·· 38
　　二、资产负债表 ·· 38
　　三、利润表 ·· 40
　　四、现金流量表 ·· 41

第三节　资产负债表分析 ……………………………………………………… 43
一、资产负债表的基本原理和概念（回顾加深） ……………………… 44
二、某大型超市资产负债表 ……………………………………………… 44

第四节　利润表分析 ……………………………………………………… 49
一、利润表的基本原理和概念（回顾加深） …………………………… 50
二、某大型超市利润表 …………………………………………………… 51
三、通过利润表看某大型超市的实力 …………………………………… 52
四、不容忽视的兄弟指标（也谈股市） ………………………………… 54

第五节　现金流量表分析 ………………………………………………… 54
一、现金流量表的基本原理和概念（回顾加深） ……………………… 55
二、看懂现金流量表的武功秘籍 ………………………………………… 57
三、现金流量表的构成要素举例 ………………………………………… 58
四、现金流量表的作用 …………………………………………………… 60

第六节　报表之间的勾稽关系 …………………………………………… 60
一、报表表内关系 ………………………………………………………… 60
二、报表表外关系 ………………………………………………………… 61

第三单元　财务数据分析的方法和流程

第一节　数据和数据分析 ………………………………………………… 64
一、数据的定义 …………………………………………………………… 64
二、信息和数据 …………………………………………………………… 64
三、数据分析概论 ………………………………………………………… 65
四、财务数据分析 ………………………………………………………… 66
五、财务数据分析的内容 ………………………………………………… 66
六、财务数据分析的原则 ………………………………………………… 66

第二节　数据分析的基本步骤 …………………………………………… 66
一、识别需求 ……………………………………………………………… 66
二、收集数据 ……………………………………………………………… 67
三、分析数据 ……………………………………………………………… 68
四、有效性判断和过程改进 ……………………………………………… 68
五、数据监控 ……………………………………………………………… 68
六、数据存储和清除 ……………………………………………………… 69

第三节 数据分析的方法和工具 ·············· 69
  一、数据分析的基本方法 ·············· 69
  二、结构方程模型 ·············· 72
  三、信度分析 ·············· 73
  四、财务报表数据分析的方法 ·············· 74

第四单元 财务数据的采集和整理

第一节 数据采集和整理的基本方法 ·············· 77
  一、数据库 ·············· 77
  二、数据采集与数据库的关系 ·············· 78
  三、数据采集的特性分析 ·············· 78
  四、如何采集数据 ·············· 79
  五、如何整理数据 ·············· 80

第二节 数据采集的基本操作 ·············· 84
  一、从金蝶 KIS 财务软件中导出财务报表 ·············· 84
  二、Excel 基本操作 ·············· 84
  三、优化 Excel 2013 的工作环境 ·············· 85
  四、基本表单的制作 ·············· 90
  五、美化表格 ·············· 98

第五单元 项目财务数据分析

第一节 基本业务及其数据报表 ·············· 104
  一、销售管理 ·············· 104
  二、应收账款管理 ·············· 106
  三、库存管理 ·············· 112

第二节 Excel 在项目数据分析中的应用 ·············· 114
  一、Excel 公式和函数的运用 ·············· 114
  二、Excel 数据的排序、筛选与分类汇总 ·············· 117
  三、Excel 统计图表的应用 ·············· 127

第六单元 运用数据工具分析财务数据

第一节 财务数据和财务数据分析 ·············· 143

第二节　利用 Excel 进行财务数据分析 ·················· 144
　　　　一、Excel 条件格式的应用 ·················· 144
　　　　二、Excel 数据透视表的应用 ·················· 149
　　　　三、Excel 迷你图的应用 ·················· 174

第七单元　财务数据安全管理

　　第一节　财务数据安全理论 ·················· 178
　　　　一、数据安全的定义和含义 ·················· 178
　　　　二、数据安全的特点 ·················· 178
　　　　三、威胁数据安全的因素 ·················· 179
　　　　四、网络财务信息安全 ·················· 179
　　　　五、财务数据安全管理制度 ·················· 181
　　　　六、财务数据安全防护技术 ·················· 182
　　　　七、加密技术在企业数据安全中的应用 ·················· 183
　　　　八、财务数据安全管理办法 ·················· 186

　　第二节　利用 Excel 进行财务数据安全管理 ·················· 189
　　　　一、保护单个工作表密码 ·················· 189
　　　　二、对部分单元格保护 ·················· 192
　　　　三、对整个工作簿加密 ·················· 193

第八单元　财务数据分析报告

　　第一节　财务数据分析报告的类别 ·················· 197
　　　　一、财务报表分析 ·················· 198
　　　　二、预算差异分析 ·················· 198
　　　　三、经营分析 ·················· 199
　　　　四、控制分析 ·················· 199
　　　　五、行业分析 ·················· 200
　　　　六、战略分析 ·················· 201

　　第二节　财务数据分析报告的格式与内容 ·················· 202
　　　　一、财务数据分析报告的格式 ·················· 202
　　　　二、财务数据分析报告的内容 ·················· 203

初级财务数据分析

- **一、财务数据分析指标和方法**
  - 财务报表分析方法——比较分析法
  - 财务比率的计算和分析
  - 杜邦分析体系

- **二、财务报表阅读与分析**
  - 财务报表分析概述
  - 识别财务报表
  - 资产负债表分析
  - 利润表分析
  - 现金流量表分析
  - 报表之间的勾稽关系

- **三、财务数据分析的方法和流程**
  - 数据和数据分析
  - 数据分析的基本步骤
  - 数据分析的方法和工具

- **四、财务数据的采集和整理**
  - 数据采集和整理的基本方法
  - 数据采集的基本操作

- **五、项目财务数据分析**
  - 基本业务及其数据报表
  - Excel 在项目数据分析中的应用

- **六、运用数据工具分析财务数据**
  - 财务数据和财务数据分析
  - 利用 Excel 进行财务数据分析

- **七、财务数据安全管理**
  - 财务数据安全理论
  - 利用 Excel 进行财务数据安全管理

- **八、财务数据分析报告**
  - 财务数据分析报告的类别
  - 财务数据分析报告的格式与内容

本书思维导图

第一单元　财务数据分析指标和方法

本单元学习目标

1. 理解比较分析法；
2. 理解杜邦分析体系；
3. 理解财务比率的计算与分析。

重点掌握杜邦分析体系内涵及其核心比率、偿债能力、营运能力、盈利能力比率的计算与分析。

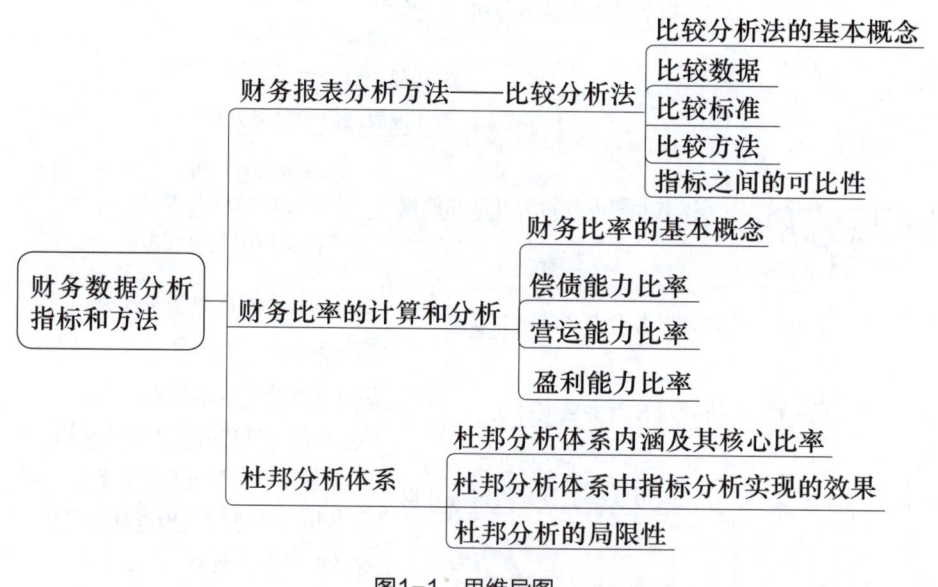

图1-1　思维导图

第一节　财务报表分析方法——比较分析法

熟练掌握与正确运用各种财务报表分析方法是实现财务报表分析功能与目标的基础，不同的分析方法有着各自的适用范围与功能。根据财务报表分析原理与分析目标，合理选用财务报表分析方法是必须具备的基本技能。

一、比较分析法的基本概念

比较分析法是将相关经济指标与选定的比较标准进行对比分析，以确定分析指标与标准之间的差异，明确差异方向、差异性质与差异大小，并进行差异分析与趋势分析的方法。所谓差异分析是指通过差异揭示成绩或差距，作出相关评价，并找出产生差异的原因及其对差异的影响程度，为今后改进公司的经营管理指明方向。所谓趋势分析是指将实际达到的结果与不同时期财务报表中同类指标的历史数据进行比较，从而确定财务状况、经营成果和现金流量的变化趋势和变化规律。由于差异分析和趋势分析都是建立在比较的基础上，所以统称为比较分析法。比较分析法是财务报表分析方法中最基本、最主要的方法。

二、比较数据

1. 绝对数指标的比较

绝对数指标的比较即利用两个或两个以上的总量指标进行对比，以揭示这些绝对数指标之间的数量差异。如去年公司的净利润为 100 万元，今年实现的净利润为 110 万元，则今年与去年的利润差异是 10 万元。

2. 相对数指标的比较

相对数指标的比较即利用两个或两个以上的相对数指标进行对比，以揭示这些相对数指标之间的数量差异。如去年公司的销售毛利率为 15%，今年的销售毛利率为 14%，则今年与去年的销售毛利率差异是 –1%。

一般来说，绝对数指标比较只通过差异数说明差异金额，但无法表明变动程度，而相对数指标比较则可以进一步说明变动程度。比如上例中，用该公司的产品销售毛利占产品营业收入的比重进行比较，就能求得今年比去年降低 1% 的变动程度。在实际工作中，绝对数比较和相对数比较可以交互应用，以便通过比较作出更充分的判断和更准确的评价。

三、比较标准

在财务报表分析中经常使用的比较标准有以下几种。

1. 历史标准

公司本期实际指标与多期历史指标比较。这种分析可以把握公司在不同历史时期有关指标的变动情况，了解公司财务活动的发展趋势和管理水平的提高情况。在实际工作中，最典型的形式是本期实际与上期实际或历史最高水平的比较。

2. 预算标准

公司本期实际指标与计划或预算指标比较。这种分析主要揭示公司实际与计划或预算之间的差异，有助于掌握该项指标的计划或预算的完成情况。

3. 行业标准

本公司指标与国内外行业先进公司指标或同行业平均水平比较。这种分析能够找出本公司与国内外先进公司、行业平均水平的差距，明确本公司财务管理水平或财务效益在行业中的地位，推动本公司努力赶超先进水平。

四、比较方法

在财务报表分析中最常用的比较分析法是横向比较法和纵向比较法。

1. 横向比较法

横向比较法又称水平分析法,是指将实际达到的结果同某一标准,包括某一期或数期财务报表中的相同项目的实际数据作比较。可以用绝对数作比较,也可以用相对数作比较。

【要点】前后期报表的相同项目进行比较,计算分析其增减金额和变动百分比。

【例1-1】

中国石油天然气股份有限公司(简称中国石油公司)2011年的净利润为146,007百万元,2012年的净利润为130,618百万元,2012年与2011年比较,净利润减少了15,389百万元,或者说,中国石油公司2012年的净利润为2011年的89.46%,减少了10.54%。如表1-1所示。

表1-1　中国石油公司营业收入与净利润计算表

单位:百万元

项目	2012年	2011年	规模变动情况	
			增减额	增减率
营业收入	2,195,296	2,003,843	191,453	9.55%
净利润	130,618	146,007	−15,389	−10.54%

这是一种简单的横向比较,常用于差异分析。

【例1-2】(如表1-2所示)

表1-2　中国石油公司营业收入金额与净利润金额计算表

单位:百万元

项目	2007年	2008年	2009年	2010年	2011年	2012年
营业收入	836,353	1,072,604	1,019,275	1,465,415	2,003,843	2,195,296
净利润	154,311	126,097	106,378	150,675	146,007	130,618

表1-2可用于趋势分析,其中包括定基分析和环比分析。仍以2007年作为基年,用各年的数值除以基年的数值,则可得出以下的定基趋势百分比,现分别以表1-3和图1-2列示如下。

表1-3　中国石油公司2007—2012年营业收入和净利润定基变动趋势表(%)

项目	2007年	2008年	2009年	2010年	2011年	2012年
营业收入	100	128.25	121.87	175.21	239.59	262.48
净利润	100	81.72	68.94	97.64	94.62	84.65

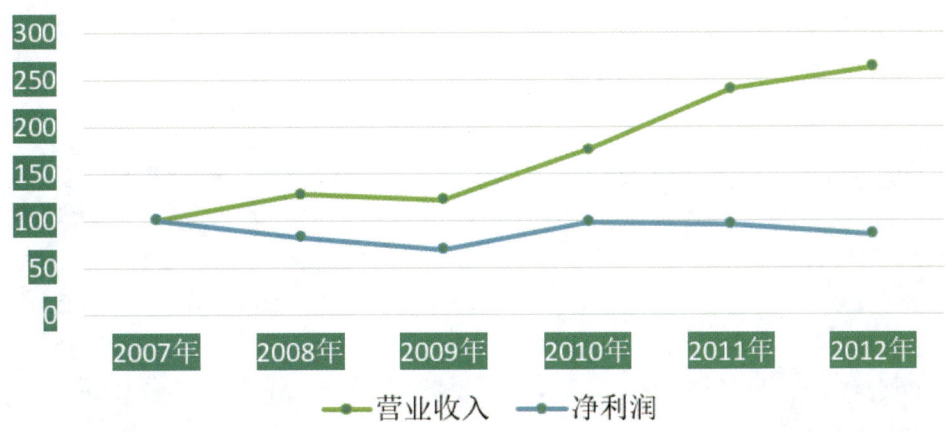

图1-2 中国石油公司2007—2012年营业收入和净利润定基变动趋势图（%）

【例 1-2 解说】

表 1-3 和图 1-2 的定基趋势百分比表明，与 2007 年相比，中国石油公司 6 年内营业收入均呈上升趋势，其中 2012 年比 2007 年增长了 1 倍多；而净利润均呈现下降趋势，与 2007 年相比，2012 年下降了 15.35%。所以通过百分比不仅能清晰地看到总的趋势，而且能更精确地表明各年的变动程度。但应当注意的是对基年的选择要有代表性，如果基年选择不当，情况异常，则以其为基数而计算出的百分比趋势会导致分析者判断失误或者作出不准确的评价。

如果用分析期某指标数值除以前期某指标数值，则可得出表 1-4 的环比趋势百分比。

表1-4 中国石油公司营业收入环比分析（%）

项目	2008 年	2009 年	2010 年	2011 年	2012 年
营业收入	128.25	95.03	143.77	136.74	109.55
净利润	81.72	84.36	141.64	96.90	89.46

表 1-4 的环比趋势百分比表明，中国石油公司每年的营业收入与上一年相比，除了 2009 年同比下降了 4.97% 之外，均呈上升趋势，而每年的净利润与上一年相比，除了 2010 年同比上升了 41.64% 之外，均呈现下降趋势。

横向比较分析法经常采用的一种形式是编制比较财务报表。比较财务报表是将最近两三期或者数期的报表并列编制而成的报表。为了便于分析者进行分析，易于掌握变化动向，比较财务报表除了列示各期报表金额，通常还列示增减金额及增减百分比。

现分别以中国石油公司 2011 年和 2012 年两年的资产负债表和利润表的部分数据为例，以表 1-5 和表 1-6 分别列示其比较资产负债表和比较利润表。

【例 1-3】

表1-5 中国石油公司合并资产负债表水平分析表

单位：百万元

项目	2012年	2011年	规模变动情况	
			增减额	增减率
流动资产：				
货币资金	49,953	64,299	−14,346	−22.31%
应收票据	9,981	12,688	−2,707	−21.34%
应收账款	64,450	53,822	10,628	19.75%
预付账款	32,813	39,296	−6,483	−16.50%
其他应收款	14,165	8,576	5,589	65.17%
存货	214,117	182,253	31,864	17.48%
其他流动资产	32,561	24,486	8,075	32.98%
流动资产合计	418,040	385,420	32,620	8.46%
非流动资产：				
可供出售金融资产	1,756	1,788	−32	−1.79%
长期股权投资	79,615	70,275	9,340	13.29%
固定资产	545,479	456,085	89,394	19.60%
油气资产	733,583	644,605	88,978	13.80%
在建工程	283,059	261,361	21,698	8.30%
工程物资	7,486	9,610	−2,124	−22.10%
无形资产	56,426	47,600	8,826	18.54%
商誉	7,582	7,282	300	4.12%
长期待摊费用	24,351	21,793	2,558	11.74%
递延所得税资产	1,443	505	938	185.74%
其他非流动资产	10,017	11,204	−1,187	−10.59%
非流动资产合计	1,750,797	1,532,108	218,689	14.27%
资产总计	2,168,837	1,917,528	251,309	13.11%
流动负债：				
短期借款	143,409	99,827	43,582	43.66%
应付票据	2,265	2,458	−193	−7.85%
应付账款	278,427	232,618	45,809	19.69%
预收款项	38,131	34,130	4,001	11.72%
应付职工薪酬	4,161	5,991	−1,830	−30.55%
应交税费	72,045	119,740	−47,695	−39.83%

续表

项目	2012年	2011年	规模变动情况	
			增减额	增减率
其他应付款	23,642	21,995	1,647	7.49%
一年内到期的非流动负债	7,838	37,871	−30,033	−79.30%
其他流动负债	4,830	5,408	−578	−10.69%
流动负债合计	574,748	560,038	14,710	2.63%
非流动负债：				
长期借款	207,540	112,928	94,612	83.78%
应付债券	86,234	67,747	18,487	27.29%
预计负债	83,928	68,702	15,226	22.16%
递延所得税负债	22,209	20,671	1,538	7.44%
其他非流动负债	13,412	4,876	8,536	175.06%
非流动负债合计	413,323	274,924	138,399	50.34%
负债合计	988,071	834,962	153,109	18.34%
股东权益：				
股本	183,021	183,021	0	0.00%
资本公积	115,878	112,878	3,000	2.66%
专项储备	10,054	9,107	947	10.40%
盈余公积	161,623	151,280	10,343	6.84%
未分配利润	598,686	551,598	47,088	8.54%
外币报表折算差额	−5,115	−4,999	−116	2.32%
归属于母公司股东权益合计	1,064,147	1,002,885	61,262	6.11%
少数股东权益	116,619	79,681	36,938	46.36%
股东权益合计	1,180,766	1,082,566	98,200	9.07%
负债和股东权益总计	2,168,837	1,917,528	251,309	13.11%

从表1-5可以看出，中国石油公司2012年总资产比2011年末增加251,309百万元，增长幅度为13.11%。该公司2012年资产规模增长，其中：流动资产比2011年末增加32,620百万元，增长8.46%，增长的主要原因一是应收账款以及其他应收款增加，二是存货上升；非流动资产比2011年末增加218,689百万元，增长14.27%，增长的主要原因是投资增加，物业、厂房及机械设备（包括固定资产、油气资产、在建工程）增加。

【例1-3解说】

中国石油公司2012年权益总额增加的主要原因是：

①总负债比2011年末增长18.34%，使权益总额增长了7.98%。其中：流动负债增加14,710百万元，增长2.63%，增长的主要原因是短期借款和应收账款增加；非流动负债

增加 138,399 百万元，增长 50.34%，增长的主要原因是长期借款增加。

②股东权益比 2011 年末增长 9.07%，使权益总额增长了 5.12%，增长的主要原因是留存收益增加。

【例 1-4】

表1-6 中国石油公司合并利润表水平分析表

单位：百万元

项目	2012 年	2011 年	规模变动情况	
			增减额	增减率
营业收入	2,195,296	2,003,843	191,453	9.55%
减：营业成本	1,634,819	1,425,284	209,535	14.70%
税金及附加	246,078	258,027	−11,949	−4.63%
销售费用	55,032	52,946	2,086	3.94%
管理费用	83,936	77,124	6,812	8.83%
财务费用	16,824	9,816	7,008	71.39%
资产减值损失	1,963	8,759	−6,796	−77.59%
加：投资收益	8,787	12,630	−3,843	−30.43%
营业利润	165,431	184,517	−19,086	−10.34%
加：营业外收入	11,578	9,480	2,098	22.13%
减：营业外支出	10,199	9,721	478	4.92%
利润总额	166,810	184,276	−17,466	−9.48%
减：所得税费用	36,192	38,269	−2,077	−5.43%
净利润	130,618	146,007	−15,389	−10.54%
归属于：母公司股东	115,323	132,984	−17,661	−13.28%
少数股东	15,295	13,023	2,272	17.45%
每股收益				
基本每股收益	0.63	0.73	−0.1	−13.70%
稀释每股收益	0.63	0.73	−0.1	−13.70%
其他综合（损失）/收益	−42	−5,406	5,364	−99.22%
综合收益总额	130,576	140,601	−10,025	−7.13%
归属于：母公司股东	115,337	129,078	−13,741	−10.65%
少数股东	15,239	11,523	3,716	32.25%

从表 1-6 可以看出，中国石油公司 2012 年度的营业收入为 2,195,296 百万元，比上年同期增长 9.55%，主要原因是原油、天然气、汽油、柴油等主要产品价格上升和销售量增加。实现净利润 130,618 百万元，同比下降 10.54%。实现归属于母公司股东的净利润 115,323 百万元，同比下降 13.28%，主要是受进口天然气数量增加及进销价格倒挂、国内成品油价格宏观调控等因素的综合影响。

2. 纵向比较法

纵向比较分析法，即以资产负债表、利润表等财务报表中某一关键项目为基数项目，以其金额为100，而根据其余项目表示的金额分别计算出各占关键项目金额的百分比，这个百分比则表示各项目的比重，通过比重对各项目作出判断和评价。这种仅有百分比而不表示金额的财务报表称为共同比财务报表，它是纵向分析的一种重要形式。资产负债表的共同比财务报表通常以资产总额为基数。利润表的共同比财务报表通常以产品营业收入总额为基数。

现分别以中国石油公司2011年和2012年两年资产负债表和利润表的部分数据为例，以表1-7和表1-8分别列示其共同比资产负债表和共同比利润表。

【要点】纵向比较法也称结构分析，针对同一财务报表内部各项目之间进行比较，以某一关键项目的金额为100%（或100），将其余项目与之相比，以显示各项目的相对地位，分析各项目的比重是否合理。资产负债表一般以资产总额或权益总额为100%（或100），利润表一般以收入净额为100%（或100）。

【例1-5】

表1-7 中国石油公司合并资产负债表垂直分析表

单位：百万元

项目	2012	2011	2012年占总资产比重	2011年占总资产比重	变动情况
流动资产：					
货币资金	49,953	64,299	2.30%	3.35%	−1.05%
应收票据	9,981	12,688	0.46%	0.66%	−0.20%
应收账款	64,450	53,822	2.97%	2.81%	0.16%
预付账款	32,813	39,296	1.51%	2.05%	−0.54%
其他应收款	14,165	8,576	0.65%	0.45%	0.21%
存货	214,117	182,253	9.87%	9.50%	0.37%
其他流动资产	32,561	24,486	1.50%	1.28%	0.22%
流动资产合计	418,040	385,420	19.27%	20.10%	−0.82%
非流动资产：					
可供出售金融资产	1,756	1,788	0.08%	0.09%	−0.01%
长期股权投资	79,615	70,275	3.67%	3.66%	0.01%
固定资产	545,479	456,085	25.15%	23.79%	1.37%
油气资产	733,583	644,605	33.82%	33.62%	0.21%
在建工程	283,059	261,361	13.05%	13.63%	−0.58%
工程物资	7,486	9,610	0.35%	0.50%	−0.16%
无形资产	56,426	47,600	2.60%	2.48%	0.12%
商誉	7,582	7,282	0.35%	0.38%	−0.03%
长期待摊费用	24,351	21,793	1.12%	1.14%	−0.01%
递延所得税资产	1,443	505	0.07%	0.03%	0.04%

续表

项目	2012	2011	2012年占总资产比重	2011年占总资产比重	变动情况
其他非流动资产	10,017	11,204	0.46%	0.58%	−0.12%
非流动资产合计	1,750,797	1,532,108	80.73%	79.90%	0.82%
资产总计	2,168,837	1,917,528	100.00%	100.00%	0.00%
流动负债：					
短期借款	143,409	99,827	6.61%	5.21%	1.41%
应付票据	2,265	2,458	0.10%	0.13%	−0.02%
应付账款	278,427	232,618	12.84%	12.13%	0.71%
预收款项	38,131	34,130	1.76%	1.78%	−0.02%
应付职工薪酬	4,161	5,991	0.19%	0.31%	−0.12%
应交税费	72,045	119,740	3.32%	6.24%	−2.92%
其他应付款	23,642	21,995	1.09%	1.15%	−0.06%
一年内到期的非流动负债	7,838	37,871	0.36%	1.97%	−1.61%
其他流动负债	4,830	5,408	0.22%	0.28%	−0.06%
流动负债合计	574,748	560,038	26.50%	29.21%	−2.71%
非流动负债：					
长期借款	207,540	112,928	9.57%	5.89%	3.68%
应付债券	86,234	67,747	3.98%	3.53%	0.44%
预计负债	83,928	68,702	3.87%	3.58%	0.29%
递延所得税负债	22,209	20,671	1.02%	1.08%	−0.05%
其他非流动负债	13,412	4,876	0.62%	0.25%	0.36%
非流动负债合计	413,323	274,924	19.06%	14.34%	4.72%
负债合计	988,071	834,962	45.56%	43.54%	2.01%
股东权益：					
股本	183,021	183,021	8.44%	9.54%	−1.11%
资本公积	115,878	112,878	5.34%	5.89%	−0.54%
专项储备	10,054	9,107	0.46%	0.47%	−0.01%
盈余公积	161,623	151,280	7.45%	7.89%	−0.44%
未分配利润	598,686	551,598	27.60%	28.77%	−1.16%
外币报表折算差额	−5,115	−4,999	−0.24%	−0.26%	0.02%
归属于母公司股东权益合计	1,064,147	1,002,885	49.07%	52.30%	−3.24%
少数股东权益	116,619	79,681	5.38%	4.16%	1.22%
股东权益合计	1,180,766	1,082,566	54.44%	56.46%	−2.01%
负债和股东权益总计	2,168,837	1,917,528	100.00%	100.00%	0.00%

从中国石油公司的资产结构可以看出：该公司 2012 年流动资产的比重为 19.27%，非流动资产的比重为 80.73%，说明公司资产的流动性相对较弱，具有一定的经营风险。从动态方面分析，公司流动资产比重下降了 0.82%，非流动资产比重上升了 0.82%。从调整后的资产结构看，公司经营风险加大，结合各资产项目的结构变动情况来看，货币资金较上年下降了 1.05%，进一步说明该公司的资产结构属于风险型结构。

从中国石油公司的资本结构可以看出，该公司 2012 年股东权益比重为 54.44%，负债比重为 45.56%，资产负债率适当，发生财务风险的可能性较小。这样的财务结构是否合适，仅凭以上分析难以作出判断，必须结合公司盈利能力，通过资产结构优化分析才能予以说明。从动态方面分析，负债比重上升了 2.01%，财务风险有所增加。具体应结合趋势分析和同业比较分析说明公司资本结构是否合理并判断公司的财务风险。

表1-8 中国石油公司合并利润表垂直分析表

单位：百万元

项目	2012 年	2011 年	结构（占总资产的比重 %）		
			2012 年	2011 年	变动情况
营业收入	2,195,296	2,003,843	100.00%	100.00%	0.00%
减：营业成本	1,634,819	1,425,284	74.47%	71.13%	3.34%
税金及附加	246,078	258,027	11.21%	12.88%	−1.67%
销售费用	55,032	52,946	2.51%	2.64%	−0.14%
管理费用	83,936	77,124	3.82%	3.85%	−0.03%
财务费用	16,824	9,816	0.77%	0.49%	0.28%
资产减值损失	1,963	8,759	0.09%	0.44%	−0.35%
加：投资收益	8,787	12,630	0.40%	0.63%	−0.23%
营业利润	165,431	184,517	7.54%	9.21%	−1.67%
加：营业外收入	11,578	9,480	0.53%	0.47%	0.05%
减：营业外支出	10,199	9,721	0.46%	0.49%	−0.02%
利润总额	166,810	184,276	7.60%	9.20%	−1.60%
减：所得税费用	36,192	38,269	1.65%	1.91%	−0.26%
净利润	130,618	146,007	5.95%	7.29%	−1.34%
归属于：母公司股东	115,323	132,984	5.25%	6.64%	−1.38%
少数股东	15,295	13,023	0.70%	0.65%	0.05%
每股收益					
基本每股收益	0.63	0.73	0.00%	0.00%	0.00%
稀释每股收益	0.63	0.73	0.00%	0.00%	0.00%
其他综合（损失）/收益	−42	−5,406	0.00%	−0.27%	0.27%
综合收益总额	130,576	140,601	5.95%	7.02%	−1.07%
归属于：母公司股东	115,337	129,078	5.25%	6.44%	−1.19%
少数股东	15,239	11,523	0.69%	0.58%	0.12%

从表 1-8 可看出中国石油公司 2012 年度各项财务成果的构成情况：营业利润占营业收入的比重为 7.54%，比上年度降低了 1.67%；利润总额的比重为 7.6%，比上年度降低了 1.60%；净利润的比重为 5.95%，比上年度降低了 1.34%。从利润构成情况看，公司的盈利能力较上年有所下降，主要是由于公司近两年的营业成本增加，导致毛利率下降了 3.13%。经营成本增长的主要原因一是购气支出增加；二是受进口中亚天然气及液化天然气（LNG）支出增加影响。

五、指标之间的可比性

在运用比较分析法进行分析时，必须注意指标之间的可比性。如果对本来就不可比的指标进行分析比较，肯定会得出错误的结论。所谓指标的可比性是指所对比的同类指标之间在指标内容、计算方法、计价标准、时间长度等方面完全一致。如果在不同公司之间对指标进行比较，还必须注意公司行业归类、财务规模的一致性。具体说来：

一是实际财务指标与标准指标的计算口径必须保持一致。所谓计算口径一致，是指实际财务指标所包含的内容、范围要与标准指标保持一致，否则，二者不具有可比性。

二是实际财务指标与标准指标的时间宽容度必须保持一致。所谓时间宽容度一致，是指实际财务指标的计算期限要与标准指标保持一致，如果实际指标是年度指标，那么标准指标也应是年度指标，否则，二者不可比。

三是实际财务指标与标准指标的计算方法必须保持一致。这里说的计算方法不仅是指计算指标的程序，还包括影响指标的各项因素，否则，二者不可比。

四是绝对数指标比较与相对数指标比较必须同时进行。因为绝对数指标与企业生产经营规模的大小有直接关系，采用绝对数指标比较虽然能反映出财务指标的表面差异，但不能深入揭示其财务现象的内部矛盾，而采用相对数指标比较则能做到这一点。

另外，需要注意价格水平与会计政策不同也会影响指标之间的可比性。由于不同地区的价格水平存在差异，各公司业务关系在区域上又不尽相同，必然导致不同公司的价格水平存在差异，从而使之缺乏可比性。价格水平的波动尤其削弱了不同时期的数据间可比性。会计政策也会导致指标之间失去可比性，如固定资产折旧方法的不同，必然导致公司资产价值、成本费用大小和利润高低的不同，使相关指标不可比。存货计价有相关指标加权平均法、先进先出法等多种方法可供选择，两个公司或同一公司在不同时期，即使实际情况完全相同，只因采用不同计价方法，也将对期末存货与公司利润产生重大影响。

第二节 财务比率的计算和分析

一、财务比率的基本概念

财务比率分析，亦是财务指标分析，它是根据同一时期财务报表中两个或多个项目之间的关系，计算其比率，以评价企业的财务状况和经营成果。这种相关比率分析通常被称之为"比率分析"。

财务比率可以评价某项投资在各年之间收益的变化，也可以在某一时点比较某一行业的不同企业。财务比率分析可以消除规模的影响，用来比较不同企业的收益与风险，从而帮助投资者和债权人作出理智的决策。

一般来说，风险和收益的关系可用三个方面的能力来衡量：

一是偿债能力，反映企业偿还到期债务的能力；

二是营运能力，反映企业利用资金的效率；

三是盈利能力，反映企业获取利润的能力。

二、偿债能力比率

偿债能力是指企业偿还到期债务的能力。偿债能力分析可分为短期偿债能力分析和长期偿债能力分析。短期偿债能力是指企业用流动资产偿还流动负债的现金保障程度，长期偿债能力是指企业偿还一年期或超过一年的一个营业周期以上的长期债务的现金保障程度。

1. 短期偿债能力

（1）营运资本

营运资本是指流动资产总额减流动负债总额后的剩余部分，也称净营运资本，它意味着企业的流动资产在偿还全部流动负债后还有多少剩余。营运资本的计算公式如下：

营运资本 = 流动资产 – 流动负债

为了便于分析短期偿债能力，要求财务报表将"流动资产"和"流动负债"分别列示，并按照流动性排序。营运资本是用于计量企业短期偿债能力的绝对指标。企业能否偿还短期债务，要看有多少债务，以及有多少可以变现偿债的流动资产。当流动资产大于流动负债时，营运资本为正，说明营运资本出现溢余。此时，与营运资本对应的流动资产是以一定数额的长期负债或所有者权益作为资金来源的。营运资本数额越大，说明不能偿债的风险越小。反之，当流动资产小于流动负债时，营运资本为负，说明营运资本出现短缺。此时，企业部分长期资产以流动负债作为资金来源，企业不能偿债的风险很大。

（2）流动比率

流动比率是流动资产与流动负债之比，它表明企业每1元流动负债有多少流动资产作为偿还的保证，反映企业用可在短期内转变为现金的流动资产偿还到期流动负债的能力。即流动资产在短期债务到期前可以变现用于偿还流动负债的能力，反映企业短期偿债能力的强弱。

流动比率计算公式为：

流动比率 = 流动资产 ÷ 流动负债

一般认为，流动比率应达到 2 以上。该指标越高，表明企业的短期偿债能力越强。企业所面临的短期流动性风险越小，债权人安全程度越高。这是因为较高的流动比率可以保障在流动负债到期日有较多的流动资产可供变现偿债。这个比率还表明当公司遇到突发性现金流出，如发生意外损失时的支付能力。

流动比率虽然能较好地分析短期偿债能力，但其分析流动比率时需注意几个问题。

①流动比率并非衡量短期变现能力的绝对标准。要着重分析企业流动资产的未来变现能力，以判明企业是否必须在较长的时期内维持借新债还旧债的局面，若是如此，企业将面临风险。

②流动比率越高，对企业偿还短期债务的流动资产保证程度越强，这并不是说企业已有足够的现金或存款用来偿债。流动比率高也可能是存货积压、或是应收账款增多且收款期延长增加所致，而真正可用来偿债的现金和存款却严重短缺。

③债权人总是希望流动比率越高越好，但从企业经营的角度看，过高的流动比率通常意味着企业闲置现金的持有量过多，必然造成企业机会成本的增加和获利能力的降低。所以，企业应尽可能将流动比率维持在不使货币资金闲置的水平。

④流动比率是否合理，不同的企业以及同一企业不同时期的评价标准是不同的，因此，不应用统一的标准来评价各企业流动比率合理与否。

⑤流动比率是一个静态指标，只表明在某一时点每 1 元流动负债的保障程度，即在某一时点流动负债与可用于偿债资产的关系。只有债务的出现与资产的周转完全均匀发生时，流动比率才能正确反映偿债能力。

⑥流动资产的变现能力与其周转性有关，对流动比率的评价也应与流动资产的周转情况相结合。

⑦在分析流动比率时应当剔除一些虚假因素的影响。如在分析流动比率时，应注意分析企业会计分析期前后一段时间的流动资产和流动负债的数额变动，如变动幅度很大，应了解企业是否在流动比率不理想时，通过在年终把欠款还清，到下年年初再如数借回，或者有意把本来要在年终进货，推迟到下年初再购进等办法修饰流动比率。

（3）速动比率

速动比率（Quick Ratio），又称酸性试验，有时还称为账户比率，是企业速动资产与流动负债的比率。速动比率的计算公式为：

速动比率 =（流动资产 – 存货 – 预付账款）÷ 流动负债

一般情况下，速动比率指标越高，说明流动性越好，反映企业现时偿债能力越强，债权人的权益或利益越有保障。速动比率的内涵是每 1 元流动负债要有 1 元速动资产来支付，即速动比率的标准值应为 1，此时表明企业既有良好的债务偿还能力，又有较为合理的流动资产结构。如果速动比率低于 1，一般认为短期偿债能力较差，但分析时还要结合其他因素进行评价。

【例 1-6】

C 公司报表显示：2016 年年末的流动资产为 177,995 万元，其中存货为 60,013 万元，流动负债为 111,439 万元。

该公司速动比率的计算如下：

速动比率 =（177,995 − 60,013）÷ 111,439 = 1.06

【例 1-7】

根据某公司资产负债表的资料,该公司2013—2015年的速动比率指标计算如下表所示:

表1-9 某公司2013—2015年的速动比率指标计算表

项目	2015 年	2014 年	增减额	增减率	2013 年
流动资产(元)	418,040	385,420	32,620	8.46%	289,880
存货（元）	214,117	182,253	31,864	17.48%	134,888
流动负债(元)	574,748	560,038	14,710	2.63%	429,736
速动比率	0.3548	0.3628	−0.008	−2.20%	0.3607

由表1-9可知,该公司2015年速动比率为0.3548,较上年同期下降2.20%。主要由于公司存货大幅增加,而且存货在流动资产中占比较大,为51.22%。这表明该公司的流动资产结构不合理,速动资产占有较小比重,导致偿债能力下降,只能偿还流动负债的35.48%,要想偿还所有的流动负债,必须变现大部分存货资产。

与流动比率一样,不同行业的速动比率也有很大差别。影响速动比率可信性的重要因素是应收账款的变现能力。例如,采用大量现金销售的商品零售行业几乎没有应收账款,大大低于1的速动比率是很正常的。相反,一些应收账款较多的公司,速动比率可能要大于1。所以,在评价速动比率时,还应分析应收账款质量。

速动比率的局限性:

①速动比率虽然剔除了变现能力较弱的存货和预付费用,但速动资产中包含了流动性较差的应收账款,如可能隐藏着未冲销的坏账、逾期待催收的账款所占比重过大等,这些都会影响速动比率的真实性,使速动比率所反映的偿债能力受到怀疑。特别是当速动资产中含有大量不良应收账款时,必然会减弱企业的短期偿债能力。因此,还应当对应收账款的"质量"作进一步分析。

②速动比率只是揭示了速动资产与流动负债的关系,是一个静态指标。速动比率反映的是会计期末的情况,并不代表企业长期的财务状况。企业为筹借资金可能会人为地粉饰速动比率,作为债权人应进一步对企业整个会计期间和不同会计期间的速动资产、流动资产和流动负债情况进行分析。

③在对速动比率进行分析时还应注意:在一般情况下,企业各项债务不可能集中在一个时期偿还,因而速动比率低于1并不意味着不安全。只要速动资产大于近期将要偿还的债务,就能说明偿债安全有保障。

（4）现金比率

所谓现金比率（Cash Ratio）,是指企业的现金及现金等价物与流动负债的比率。现金类资产的特点是可以随时提现或者转让变现。现金类资产包括企业所拥有的货币资金和持有的有价证券,是速动资产扣除应收账款后的余额。现金比率基本上能反映企业立即偿债的能力。其计算公式如下:

现金比率 = 货币资金（现金及现金等价物）÷ 流动负债

现金比率高说明公司即刻变现能力强。但如果这个指标很高,也不一定是好事。它可能反映出公司不善于充分利用现金资源，没有把现金投入经营以赚取更多的利润。因此，在对这个指标下结论之前，应该充分了解公司情况。

【例 1-8】

D 公司 2016 年 12 月 31 日货币资金为 1,000 万元，流动负债是 500 万元，则其现金比率为：

现金比率 = 1,000 ÷ 500 × 100% = 200%

【例 1-9】

根据某公司资产负债表的资料，该公司 2013—2015 年的现金比率指标计算如下表所示：

表1-10　某公司2013—2015年的现金比率指标计算表

项目	2015 年	2014 年	增减额	增减率	2013 年
现金类资产（元）	43,395	61,172	−17,777	−29.06%	45,709
流动负债（元）	574,748	560,038	14,710	2.63%	429,736
现金比率	0.0755	0.1092	−0.0337	−30.86%	0.1064

由表 1-10 可知，该公司近三年现金比率均不高，而且 2015 年的现金比率比 2014 年减少了 0.0337，说明公司为每 1 元流动负债提供的现金类资产保障降低了 0.0337 元，主要原因是公司的货币资金较上年减少了。该指标是否合理，还应当进行同业分析或本公司多个会计期的趋势分析，以便作出客观的判断。

现金及现金等价物对流动负债比是用来反映企业偿还当年到期债务能力大小的指标，这里的当年到期债务是指企业的流动负债与当年到期的长期债务之和。该指标数值越高，说明企业立即变现能力越强，企业随时可以偿还债务的能力越大，较之其他衡量企业短期偿债能力指标而言，该指标更直接、明了，更具现实性。

不过，过高的比率虽然能保证企业有足够的偿债能力，但另一方面也说明了企业现金的获利能力较低，现金没有得到充分有效的利用，容易造成资源的浪费；而如果该指标过低，则会使企业陷于财务困境，支付能力不足，债务偿还缺乏保证。所以，该指标过高或过低都是不正常的情况，运用现金净流量对流动负债比指标时应结合行业的特点、经营状况和信用状况作进一步具体分析。

应用现金比率需要说明以下几点：

①在进行企业短期变现能力分析时，一般来说，现金比率重要性不大，因为不可能要求企业用现金和现金等价物来偿付全部流动负债，企业也没有必要总是保持足够还债的现金及其等价物。但是在企业把应收账款和存货都抵押出去或已有迹象表明应收账款和存货的变现能力存在问题的情况下，计算该比率更为有效。因为在这种情况下，流动比率和速动比率都带有虚假性，或者不可靠性，容易导致企业盲目乐观。

②现金比率指标还有一种理解与诠释，即作为计量流动资产的流动性程度的指标，它是现金类资产与流动资产的比率，该比率较高表明短期流动性较大，变现力较强。

③应注意那些对现金类资产的可能限制。当然，在一般情况下，企业不可能也不必要保留过多的现金类资产，以致持有过高的现金比率。因为现金比率过高，意味着企业通过流动负债所筹集的资金未能得到合理运用，而经常以盈利性小的现金类资产保持着，

若然，企业则需要合理调整资产结构，提高资金使用效果。

④现金比率与现金净流量对流动负债比的差别在于，一个以资产负债表期末现金的静态数，而另一个以资产负债表期初、期末现金差额的动态数，来评价一个企业的即期债务的偿还能力。

流动比率、速动比率、现金比率的相互关系如下：

①流动比率以全部流动资产作为偿付流动负债的基础，计算的指标是流动比率，它包括了变现能力较差的存货，若存货中存在超储积压物资等现象则会造成短期偿债能力较强的假象。

②速动比率扣除了变现能力较差的存货、预付费用和待处理流动资产损失，作为偿付流动负债的基础，弥补了流动比率的不足。

③现金比率以现金类资产作为偿付流动负债的基础，但现金持有量过大会对企业资产利用产生副作用，这一指标相对于流动比率和速动比率来说，其作用程度较小。在进行财务分析时，可以将这三个指标结合起来考察，特别是还可将营运资本指标也结合起来进行全面分析，一般能够得到评价企业短期偿债能力的更佳效果，因为营运资本是企业偿债物资保证的绝对量，而流动比率、速动比率和现金比率是相对数。

2. 长期偿债能力

长期偿债能力是指企业偿还一年期或超过一年的一个营业周期以上的长期债务的能力，反映企业资本结构的合理性及偿还长期负债本金和利息的能力。分析与评价企业的长期偿债能力，也就是从长远的观点出发，动态地考察和判断企业能否按照事先约定的条件还本付息。从用于偿债的资金来源看，其物质保证是企业的资产及其增值，偿债的资金源泉则是企业经营与理财的收益或利润。在正常情况下，企业不可能长期依靠变卖资产，而是应该通过有现金保证的收益或利润来偿还长期债务。企业的长期流动性、稳健性及偿债能力是与其获利水平及盈利能力密切相关的，企业的长期偿债能力主要取决于企业资产与负债的比例关系，取决于获利能力。

（1）资产负债率

资产负债率是全部负债总额除以全部资产总额的百分比，也就是负债总额与资产总额的比例关系，也称之为债务比率。资产负债率是资产对负债的比率。其计算公式是：

资产负债率 =（负债总额 ÷ 资产总额）× 100%

公式中的负债总额指企业的全部负债，不仅包括长期负债，而且包括流动负债。公式中的资产总额指企业的全部资产总额，包括流动资产、固定资产、长期投资、无形资产和递延资产等。

【例1-10】

D公司2017年12月31日资产总额为3,000万元，负债总额是1,500万元，则其资产负债率为：

资产负债率 = 1,500 ÷ 3,000 = 0.5，即50%

由于负债总额和资产总额在资产负债表中均为时点数，因此，有时人们改用负债平均总额和资产平均总额计算。资产负债率越高，说明公司在获取资产时更倾向于依赖负债，公司的长期偿债能力越弱，财务风险越高。

然而，由于负债经营可以获取杠杆收益以及避税等好处，因此，一定程度上的负债经营有利于增加公司价值。但是，如果公司负债超过一定限度，公司的财务风险就会加大，公司长期偿债能力，甚至短期偿债能力会大幅降低，公司陷入财务危机或破产的可能性也会增大。

【例 1-11】

表1-11 中国石油公司资产负债表计算表

单位：百万元

项目	2015 年	2014 年	增减额	增减率	2013 年
资产总额	2,168,837	1,917,528	251,309	13.11%	1,656,368
负债总额	988,071	834,962	153,109	18.34%	646,267
资产负债率	45.56%	43.54%	2.01%	4.63%	39.02%

【例 1-11 解说】

中国石油公司 2013—2015 年的资产负债率呈逐年上升趋势，与 2013 年相比，2014 年和 2015 年的资产负债率同比分别提高了 16.76% 和 11.58%，表明该公司债务负担有所增加，债权人承担的风险有所提高。该公司属于石油和天然气开采业，2015 年行业平均资产负债率为 33.62%，表明该公司的长期偿债能力有所减弱。当然，要使此数据更具说服力，应将它与行业水平和公司经营背景结合起来分析。

（2）产权比率

产权比率是负债总额与股东权益总额之间的比率，也称之为债务股权比率、资本负债率。它是衡量企业长期偿债能力的指标之一。其计算公式如下：

产权比率 =（负债总额 ÷ 所有者权益总额）× 100%

公式中的"所有者权益"对股份有限公司是指"股东权益"。

所有者权益就是企业的净资产，产权比率所反映的偿债能力是以净资产为物质保障的。一般而言，产权比率指标高，说明企业的基本财务结构与资本结构具有高风险、高收益的特性；反之，产权比率指标低，则说明企业拥有低风险、低收益的基本财务结构和资本结构。从债权人的角度看，该项比率越高，意味着企业的经营风险主要由债权人承担，这对债权人来说是不利的；而从投资者的角度看，由于债务利息的偿还是固定的，只要所获资金的报酬率大于债务的利息率，则此项比率越高越有利。当然，债务与权益比过高，会使企业发生筹资困难，筹资成本也会提高。

【例 1-12】

E 公司 2016 年 12 月 31 日所有者权益总额为 2,000 万元，负债总额是 2,400 万元，则其产权比率为：

产权比率 =（2,400 ÷ 2,000）× 100% = 120%

（3）利息保障倍数

利息保障倍数是指一个企业每期获得的收益与所支付的固定利息费用之间的倍数关系，即每期收益是所需支付债务利息费用的倍数，收益是利息的倍数越大，企业偿还债务利息的能力必然越强，通常也就有能力偿还到期的债务本金。所以，利息保障倍数指标可以用来衡量企业所获得的收益承担应支付利息费用的能力，也用以分析企业的长期偿债能力。利息偿付倍数指标越高，表明企业的债务偿还越有保障；相反，则表明企业没有足够资金来源偿还债务利息，企业偿债能力低下。

从长远角度分析，一家企业的利息保障倍数至少要大于1，否则企业就不能举债经营。利息保障倍数大于1，表明可供支付利息费用的收益大于需要支付的利息费用；如果该指标小于1，则表明可供支付利息费用的收益不足以支付利息费用，也就没有能力支付所发生的利息费用。

其计算公式如下：

利息偿付倍数 = 息税前利润 ÷ 利息费用

或 =（税前利润 + 利息费用）÷ 利息费用

或 =（税后利润 + 所得税 + 利息费用）÷ 利息费用

公式中的分子"息税前利润"是指利润表中不扣除利息费用也不扣除所得税的利润。它可以用"利润总额加利息费用"来测算，也可以用"净利润加所得税、利息费用"来测算。公式中的分母即利息支出，指本期发生的全部应计（付）利息，不仅包括计入财务费用的利息费用或费用化利息，还包括计入长期性资产成本的资本化利息。

【例1-13】

G公司报表显示2015年利润总额为82,000万元，利息费用为2,600万元，2016年利润总额为84,000万元，利息费用为1,800万元。要求计算并分析利息偿付倍数。

2015年利息偿付倍数 =（82,000 + 2,600）÷ 2,600 = 32.54

2016年利息偿付倍数 =（84,000 + 1,800）÷ 1,800 = 47.67

分析从以下几个方面进行：① G公司2015年和2016年的利息偿付倍数均说明企业具有偿还债务利息的能力。从理论上说，只要利息偿付倍数大于1，企业就能偿还债务利息。该指标越高，债权人利益的受保障程度越高。② 与一般公认标准值相比，该公司利息偿付倍数很高，说明借钱给G公司的风险很小。③ 与上年同期相比，2016年利息偿付倍数有较大程度上升。由2015年的32.54上升到2016年的47.67，上升幅度很大。这说明企业偿还利息的能力增强，风险降低。

利息偿付倍数提高的主要原因有二：一是2016年企业利润总额比2015年提高2,000万元，增长幅度为2.4%，这说明企业只要有足够的盈余，就有充足的能力偿付利息费用；二是2016年利息费用降低，比2015年降低800万元，降低幅度为30.76%。两项因素共同影响利息偿付倍数提高。

需要指出的是，在实际的分析活动中，利用该指标观察企业的长期偿付能力，一般至少应计算5年的利息保障倍数，从长期来分析和判断企业是否拥有支付长期负债利息费用的能力。通常认为企业的利息保障倍数应大于等于该企业历史上正常生产年度中该指标的最低值，所以从稳健的角度出发，应选择几年中最低的利息偿付倍数指标作为最基本的标准。

（4）固定支出偿付倍数

固定支出偿付倍数是利息偿付倍数的扩展形式，是从利润表方面评价企业长期偿债能力的又一指标。固定支出偿付倍数是指企业经营业务收益与固定支出的比率。该指标

数额越大,偿债能力越强。其计算公式如下:

固定支出偿付倍数 =(税前利润 + 固定支出)÷ 固定支出

这里的固定支出是指利息费用加上企业发生的、类似于利息费用的固定性费用。应包括以下内容:①计入财务费用的利息支出,这部分利息支出是最基本的固定支出;②资本化利息,即计入固定资产成本的利息费用;③经营租赁费中的利息部分。

三、营运能力比率

企业营运能力是指企业充分利用现有资源创造社会财富的能力,用来分析评价企业资产的利用程度和营业活力。资产利用程度的分析又称资产运用效率分析,因此,企业营运能力分析又称资产利用效率分析。

1. 营运能力分析的目的

(1)企业管理者分析的目的

对于企业管理者而言,他们在追求企业价值最大化的过程中,不仅要清楚企业的盈利水平,而且要关心盈利的原因和过程。通过营运能力分析,可以了解企业生产经营对资产的需求状况,发现与企业整体经营水平不相适应的资产使用状况,从而进一步加强管理,并据此调节资产结构比例,促进资产的合理配置,最终改善财务状况,提高资金周转速度,提高企业资产利用的效益。

(2)企业所有者及潜在投资者分析的目的

企业所有者及潜在投资者进行营运能力分析的主要目的是评价企业资产的流动性。企业资产的两大基本特征是收益性和流动性。企业营运能力越强,资产的流动性越高,企业获得预期收益的可能性越大。流动性是企业营运能力的具体体现,通过对企业营运能力的分析,就可以对企业资产的流动性作出评价。

企业投资者通过营运能力分析,有助于判断企业的盈利能力,评估企业价值。不同行业以及同一企业不同资产具有不同保值特征和能力,在通货膨胀情况下,企业的固定资产具有长期的较强的保值能力,流动资产具有短期保值能力,因此,资产营运能力分析可以分析企业资产的保值能力状况。就资本增值而言,在正常企业经营条件下,资本的增值能力最终来源于资产的营运能力。加速资金周转,提高资金运用效率,是实现资本增值的基本保证和有效途径。

企业潜在投资者进行企业营运能力分析主要是为了进行投资决策。资产营运能力强、资金利用效率高的企业是投资者的投资选择目标。

(3)企业债权人进行资产营运能力分析的目的

短期偿债能力指标都是基于流动资产存量的静态指标。债权人通过分析流动资产的获利能力和获现能力可以了解这些资产的质量,并进一步反映为短期偿债能力的质量。当企业的资产能够在周转中创造较高的收益,并产生较多的现金流量净额时,就表明了企业具有较强的偿债能力和支付能力,债权人可以判定企业的财务风险较低。企业债权人进行资产营运能力分析是为了弄清楚其债权的物质保障情况和安全状况,判断企业偿还债务利息及本金的能力。一般而言,债务人偿还债务利息的能力来源于其获利能力,而获利能力主要来源于资金营运能力,因此,分析企业营运能力有助于债权人分析企业的偿还债务利息的能力。营运能力又是企业投资能否按时收回的基本保证，只有企业投资及时收回才能够按时偿还企业债务本金。

2. 营运能力分析的内容

企业的资产按照其变现速度和价值转移方式可以分为短期资产和长期资产两大部分。短期资产又称流动资产，营运能力分析主要包括以下三方面内容：流动资产营运能力分析；非流动资产营运能力分析；总资产营运能力分析。

（1）流动资产营运能力分析

通过对应收账款周转率、存货周转率和流动资产周转率的分析，揭示流动资产周转速度变动的原因，评价资产的流动性。

（2）非流动资产营运能力分析

通过对固定资产周转率、长期资产周转率、固定资产产值率、固定资产收入率的分析，揭示固定资产利用效果和周转速度变动的原因，评价固定资产的营运能力。

（3）总资产营运能力分析

通过对总资产周转率、总资产产值率和总资产收入率的分析，揭示总资产周转速度和利用效率变动的原因，评价总资产营运能力。

3. 流动资产营运能力指标分析

流动资产营运能力又称为流动资产管理状况、流动资产质量状况、流动资产周转情况分析，它是指通过企业生产经营资金周转速度的有关指标所反映出来的企业流动资金利用的效率，表明企业管理当局在企业经营管理活动中运用流动资金的能力。

反映流动资产周转情况的指标主要有应收账款周转率、存货周转率、流动资产周转率等。

（1）应收账款周转率

①应收账款周转率（次数）。应收账款周转率反映的是企业应收账款变现速度的快慢以及企业管理层对应收账款管理效率的高低。一般认为周转率越高越好，应收账款周转次数越多，每次周转所需天数越少，表明企业收账速度快，坏账损失少，流动资金充足，偿债能力强。其计算公式如下：

应收账款周转次数 = 赊销收入净额 / 应收账款平均余额

应收账款平均余额 =（期初应收账款 + 期末应收账款）/2

从理论上说，应收账款是由赊销引起的，计算时应使用赊销收入净额。但其作为公司的商业秘密并不对外公布，外部分析者难以取得赊销收入的资料，因此一般用营业收入代替。因此，在未能获取赊销收入净额的情况下，应收账款周转率（次数）= 营业收入 / 应收账款平均余额。

【例1-14】

丙公司2016年度营业收入净额为600,000万元，年初应收票据为15,000万元，应收账款净额为40,000万元，年末应收票据为25,000万元，应收账款净额为38,000万元。则该企业应收账款周转率计算如下：

丙公司应收账款周转率 = 赊销收入净额 / 应收账款平均余额

= 600,000 × 2/（15,000 + 40,000 + 25,000 + 38,000）= 10.17（次）

②应收账款周转期（天数）。应收账款周转期（天数）指企业自商品或产品销售出去开始，至应收账款收回为止所需经历的天数。周转天数越少，说明应收账款变现的速度越快，企业资金被外单位占用的时间越短，管理工作的效率越高。它是在计算应收账款周转率之后，进一步分析计算而得，用作评价应收账款流动程度的补充指标。其计算公式为：

应收账款周转期（天数）= 360/应收账款周转次数

丙公司2007年应收账款周转天数 = 360/10.17 = 35.39（天）

【例1-15】

丙公司2015年营业收入应收账款净额为500,000万元，年初应收票据为28,000万元，应收账款净额为41,000万元，年末应收票据为15,000万元，应收账款净额为40,000万元。该企业应收账款周转率计算如下：

丙公司2015年应收账款周转率

= 500,000×2/（28,000 + 41,000 + 15,000 + 40,000）= 8.06（次）

丙公司2015年应收账款周转天数 = 360/8.06 = 44.66（天）

【例1-14与例1-15解说】

从计算结果可以看出，该企业2016年应收账款周转率比2015年有所改善，周转次数由8.06次提高到10.17次，周转天数由44.66天缩短为35.39天，说明仅从应收账款项目来看，丙公司的营运能力有所增强，对流动资产的变现能力和周转速度也将起到促进作用。

（2）存货周转率

①存货周转率（次数）。存货周转率，是一定时期内企业销货或营业成本与平均存货余额的比率。它是反映企业销售能力和存货周转速度的一个指标，也是衡量企业生产经营各环节中存货运营效率的一个综合性指标。其计算公式如下：

存货周转率（次数）= 营业成本/平均存货余额

平均存货余额 =（期初存货 + 期末存货）/2

【例1-16】

丙公司2014年销货成本为480,000万元，年初存货为60,000万元，年末存货为63,000万元。则该企业存货周转率计算如下：

丙公司存货周转率 = 480,000/［（60,000 + 63,000）/2］= 7.8（次）

又假如乙公司2014年销货成本为1,000,000万元，年初存货为70,000万元，年末存货为53,000万元。则该企业存货周转率计算如下：

乙公司存货周转率 = 1,000,000/［（70,000 + 53,000）/2］= 16.26（次）

丙、乙两家公司以相近的资金投资于存货，即平均存货均为61,500万元，有着相近的销货成本净利（21.28%），但是，由于乙公司存货周转率（16.26次）比丙公司存货周转率（7.8次）快一倍多，则在相同时间内，乙公司完成的购、产、销循环的次数比丙公司多一倍，实现收入的次数比丙公司也多一倍。因而，乙公司利润净额高于丙公司利润净额一倍多。

②存货周转期（天数）。存货周转天数可用来衡量存货生产及销售的速度，也是用

以说明存货周转快慢的指标。其计算公式为：

存货周转期（天数）= 360/存货周转率（次数）

在一定期间内，公司的存货周转率越高，周转次数越多，存货周转天数越少，则公司存货变现速度越快，公司存货的运用效率越高，流动资产的流动性和质量越强，公司的营运能力也越强；反之，则公司存货的运用效率较低，存货占用资金较多，周转较慢，公司的盈利能力较弱。

③存货周转率分析应注意的问题。

a. 报表使用者在分析存货周转率指标时，应尽可能结合存货的批量因素、季节性变化因素等情况对指标加以理解，同时对存货的结构以及影响存货周转率的重要指标进行分析，通过进一步计算原材料周转率、在产品周转率或某种存货的周转率，从不同角度、环节上找出存货管理中的问题，在满足企业生产经营需要的同时，尽可能减少经营占用资金，提高企业存货管理水平。

b. 存货周转过快，有可能会因为存货储备不足而影响生产或销售业务的进一步发展，特别是那些供应较紧张的存货。

c. 季节性生产的公司，其存货波动起伏较大，可按季或月计算平均存货，再计算存货周转率和周转天数指标，以消除季节性因素的影响。

d. 存货周转率降低，可能是多种原因引起的。比如，为降低采购成本或利用商业折扣而大批量采购；因经营不善导致产品滞销；收紧信用政策导致产成品存货的积压；因投机性目的而囤积存货，以待有利时机出售获取高额利润；低效率的生产导致存货有缓慢的生产量。这些原因都会导致平均存货升高，存货周转率降低。因此，存货周转率降低究竟是什么原因引起的，还应结合实际情况具体分析。

e. 不同企业的存货周转率是不能简单相比的，平均存货量要视企业的规模而定，企业规模大而平均存货多，周转一次需要的时间长，一年中周转次数少，存货周转率低；企业规模小而平均存货少，周转一次需要的时间短，一年中周转次数多。所以应避免不同规模企业的存货周转率的比较。

（3）流动资产周转率

流动资产周转率是指企业一定时期的主营业务收入与流动资产平均余额的比率，即企业流动资产在一定时期内（通常为一年）周转的次数。流动资产周转率是反映企业流动资产运用效率的指标。其计算公式如下：

流动资产周转率（次数）= 营业收入/流动资产平均占用额

流动资产平均占用额 =（期初流动资产+期末流动资产）/2

流动资产周转率可以表示为流动资产周转天数，即一定时期内完成相应周转额，流动资产周转一次所需要的天数。其计算公式为：

流动资产周转天数 = 360/流动资产周转次数
= 流动资产平均余额×360/流动资产周转额

流动资产周转一次所需要的天数越少，表明流动资产周转一次所需要的时间越短，周转速度越快，流动资产利用率就越高。

流动资产周转率不仅反映企业生产经营过程中流动资产的周转速度，而且反映生产经营过程中新创造纯收入的情况。可见，流动资产周转率不仅受实际投入流动资产周转速度的影响，而且还受企业盈利水平高低的影响。

流动资产周转率指标不仅反映流动资产运用效率，同时也影响着企业的盈利水平。企业流动资产周转率越快，周转次数越多，表明企业以相同的流动资产占用实现的主营业务收入越多，说明企业流动资产的运用效率越好，进而使企业的偿债能力和盈利能力均得以增强。反之，则表明企业利用流动资产进行经营活动的能力差，效率较低。

（4）固定资产周转率

固定资产周转率是指企业一定时期的主营业务收入与固定资产平均净值的比率。它是反映企业固定资产周转状况、衡量固定资产运用效率的指标。其计算公式为：

固定资产周转率 = 营业收入 / 固定资产平均净值

固定资产平均净值 =（期初固定资产净值 + 期末固定资产净值）/2

固定资产周转天数 = 360/ 固定资产周转率

从所有者的角度来看，无论固定资产的性质如何，都是其投资形成的，为了考察其投资利用效率，在计算固定资产周转率时必须将全部固定资产考虑进去。

固定资产净值作为固定资产周转率的计算基础能够反映营业收入和固定资产产出能力的关系，因为随着固定资产的磨损，其产出能力会逐渐下降，故按固定资产净值作为计算固定资产周转率的基础更能反映企业的真实情况；另外，固定资产净值能反映企业真实的占用于固定资产之上的资金量，所以只有用固定资产净值作为计算固定资产周转率的基础，才能准确反映固定资产的周转状况。

【例 1-17】（如表 1-12 所示）

表1-12 丙公司2015—2016年固定资产情况汇总表

单位：元

项目	2015 年	2016 年
营业收入净额	510,000	580,000
固定资产年初值	320,000	390,000
固定资产年末值	390,000	440,000
固定资产平均净额	355,000	415,000
固定资产周转率	1.44	1.40

丙公司 2016 年固定资产周转率比 2015 年减缓，降低了 0.04 次，说明甲公司 2016 年固定资产周转速度减慢，固定资产利用效率有一定的下降。其主要原因是固定资产净值增长幅度（16.9%）高于营业收入净额增长幅度（13.72%）。一般情况下，固定资产增长幅度高于营业收入增长幅度，则企业固定资产的营运能力将降低。

在分析固定资产周转率时，应该注意以下问题。

①固定资产周转率没有绝对的判断标准，一般通过与企业历史水平相比较加以考察，进行趋势分析。由于企业之间机器设备与厂房等固定资产在种类、数量、形成时间等方面存在较大差异，因而很难找到外部可资借鉴的标准企业和标准比率，此指标的同业比较分析意义不大。

②固定资产的增加不是渐进的，会因购置全新固定资产而导致净值的突然增加，这会导致固定资产周转率的变化。

③即使是相同的固定资产，由于企业之间计提折旧存在差异，也会影响固定资产净值的计算从而影响该指标的可比性。同一个企业，即使主营业务收入不变，由于固定资产净值逐年减少，固定资产周转率仍会呈现自然上升趋势，但这并不是企业营运能力增强的体现。同样，固定资产的增加，也会影响该指标的历史趋势分析。

④固定资产减值准备的计提不会影响固定资产周转率的计算。

⑤在通货膨胀的情况下，企业的固定资产一般采用历史成本记账，而营业收入则会因为物价上涨相应增加，导致企业在营运能力不变的情况下，固定资产周转率却有所提高。

（5）总资产周转率

总资产周转率是指企业一定时期的主营业务收入与资产总额的比率，它说明企业的总资产在一定时期内（通常为一年）周转的次数。其计算公式如下：

总资产周转率＝销售或营业收入净额／总资产平均总额

总资产周转率也可用周转天数表示，其计算公式为：

总资产周转天数＝360／总资产周转次数

＝360×平均资产总额／营业收入净额

其中：

①"360"取决于实际计算期，通常为一年，按360天计算。

②平均资产总额的计算通常有以下方法：

月平均资产总额＝（月初资产总额＋月末资产总额）／2

③销售或营业收入净额指销售或营业收入扣除销售折扣、销售折让、销售退回等之后的金额。

总资产周转速度越快，周转天数越短，表明企业资产的经营利用效果越好，用相同的资产占用所实现的经营收入越多；反之，总资产周转速度越低，表示资产经营的效率越低，实现营业收入的能力也较低。

四、盈利能力比率

盈利能力是指企业获取利润的能力，也称为企业的资金或资本增值能力，通常表现为一定时期内企业收益数额的多少及其水平的高低。企业生产经营的盈利是反映企业盈利能力的主要指标，它既反映了企业的前期经营成果，又为企业的后续经营奠定了基础，是企业盈利能力最明显的外在表现。

1. 盈利能力分析的作用

（1）盈利能力分析有利于促进企业改善经营管理

盈利能力分析的分析对象是企业经营管理活动最终取得的结果，因此，它是企业进行经营管理效益的集中体现，有效的盈利能力分析的过程也是企业进行企业管理创新的一个过程，是推动企业不断前进的过程。

企业的生存发展过程中可能出现对外部环境变迁的不适应，竞争能力减弱，丧失企业发展良机。一个企业如果能在经营过程中不失时机地进行盈利能力分析，使企业经营者和各级管理者能够及时、准确地掌握盈利的信息，并客观理性地评价企业的经营管理活动，及时发现存在的问题和弊端，企业的潜能将不断得到开发。

（2）盈利能力分析有利于维护和保障所有者权益

对于企业所有者而言，最关心的是其投入资本的安全性和收益性，即要实现资本保值、增值的目标，而这一目标的实现又有赖于有效的财务控制。

企业通过筹资决策、投资决策、股利决策等长期财务决策，并监督实施以促进企业战略目标的实现。为了保证投入资本的安全性和收益性，企业要适时进行盈利能力评价，只有保证企业在经营活动中持续获利，才能保证使企业的战略目标顺利实现，并且同时保障所有者的权益。

（3）盈利能力分析有助于完善对企业的外部财务监督

随着现代企业制度的建立，两权分离，政企分开，职能转换，政府不再直接管理企业，而是实施宏观调控间接管理。为了实现这一目标，政府监管部门也要对企业的盈利能力进行评价，发现企业管理和经营中存在的问题，分析产生的原因，这不但有助于企业改善经营管理，还使得对企业的监督建立在更加客观、实际的基础上，从而为政府宏观经济分析和决策提供更为充分的依据。

（4）企业盈利能力分析是企业实现可持续发展的保障

所谓企业可持续发展，是指企业在追求自我生存和永续发展过程中，既要考虑企业经营目标的实现，并不断提高企业市场地位，又要保持企业在已领先的竞争领域和未来扩张的经营环境中，始终保持持续的盈利增长和经营能力的提高，以保证企业在相当长的时间内长盛不衰。增强企业的可持续发展能力，对企业做大、做强、做久具有重要的作用。

企业盈利能力，是企业信誉高低的重要标志，直接决定着企业的生存与发展。企业要实现可持续发展，必须具有可持续的较高水平盈利能力。

（5）企业盈利能力评价对进一步完善企业绩效评价体系有重要意义

企业盈利能力在企业绩效评价体系中起着尤为重要的作用，它是企业进行生产经营管理的最终结果，是企业其他方面能力的集中体现，同时又对其他方面能力的发挥起着重要的作用。

现有的指标体系不能满足企业发展的要求，很大程度上影响了对企业盈利能力的判断，为了进一步完善绩效评价体系，就要求对企业盈利能力的评价指标进行进一步的研究和完善。

2. 盈利能力结构比较分析

企业的盈利结构是指构成企业利润的各种不同性质项目盈利的有机搭配的比例。

从质的方面来讲，表现为企业的利润是由什么样的盈利项目组成。

从量的方面来讲，表现为不同的获利项目占总利润的比重，不同的获利比重对企业获利能力的作用和影响程度是不同的。所以在盈利结构分析中，不仅要认识不同的盈利项目对企业获利能力影响的性质，而且要掌握其各自的影响。

在做盈利能力分析时，要分析企业的收支结构。企业的利润是通过收支业务完成的，通过分析企业的收入及支出情况，判明企业盈利形成的收支成因，说明企业各收入项目和各支出项目占总收入及总支出的比重。由于不同的业务在企业经营中的作用不同，对企业生存和发展的影响程度也不一样，所以不同业务取得的收入对企业盈利能力的影响不仅有量的差别，而且有质的不同。

企业利润主要由主营业务利润、投资收益和非经常项目收入共同构成，一般来说，主营业务利润和投资收益占公司利润很大比重，尤其主营业务利润是形成企业利润的基础。非经常项目对企业的盈利能力也有一定的贡献，但在企业总体利润中不应该占太大比例。在对企业盈利能力进行分析时，很多财务分析人员往往只注重对企业利润总量的分析，而忽视对企业利润构成的分析，忽视了利润结构对企业盈利能力的影响。

实际上，有时企业的利润总额很多，如果从总量上看企业盈利能力很好，但是如果企业利润主要来源于一些非经常性项目，或者不是由企业主营业务活动创造的，那么这样的利润结构往往存在较大的风险，也不能反映出企业的真实盈利能力。

3.盈利结构类型分析

（1）盈利结构类型

表1-13　某公司盈利结构类型表

项目	第一种	第二种	第三种	第四种	第五种	第六种
营业毛利	亏	亏	盈	盈	盈	盈
营业利润	亏	亏	亏	亏	盈	盈
利润总额	亏	盈	亏	盈	亏	盈
说明	接近破产	如持续，有破产可能	根据亏损情况而定		正常情况	

（2）盈利结构分析

第一种类型，企业各项目都是亏损的，特别是作为企业经营基础的营业毛利处于亏损状态，显然这种企业将面临破产。

第二种类型，企业虽然最终有盈利，但是由于特别项目出现了较大的收益，才提供了利润，显然，这种类型企业的盈利是不稳定、不持久的。

第三种类型，作为企业生存发展基础的营业毛利为盈利，说明企业的盈利水平具有相对的稳定性和持久性，但营业利润和利润总额都出现亏损，表明企业可能存在期间费用过大、对外投资出现亏损等情况。企业应加强管理，减少支出，增加收入。

第四种类型，和第三种类型相似，只是可能由于特别项目出现了较大的收益，才使其最终有盈利。

第五种类型，企业的营业毛利和营业利润都为盈利，说明企业的盈利水平具有稳定性和持久性的特点，但由于特别项目出现了损失导致了亏损。企业应努力消除特别项目所造成的不利因素。

第六种类型，企业各项目都出现了盈利，是一种正常状态，说明企业的盈利水平具有较好的稳定性和持久性，企业所有者所投入的资本也得到了保全，但并不能就此说明企业的盈利水平很高，或企业的经营状况很好。

4.生产经营盈利能力分析

企业生产经营盈利是反映企业盈利能力的主要指标，它既反映了企业的前期经营成果，又为企业的后续经营奠定了基础，是企业盈利能力最明显的外在表现。

（1）营业毛利率

反映公司经营活动流转额的初始获利能力指标，可以用营业毛利率表示，即营业毛利占营业收入的比例，而营业毛利则是营业收入与营业成本之差。公司营业利润形成的基础是销售毛利，它反映了对经营期内期间费用的承受能力，营业毛利率体现了公司的获利空间，通过指标对比可以揭示公司在定价政策、成本控制等方面的优劣势和在同行业中的竞争实力。其计算公式为：

营业毛利率=（营业收入−营业成本）/营业收入×100%

从公式可以看出，企业的营业毛利率反映企业商品生产、销售的获利能力，取决于收入与对应成本的比例。毛利是企业利润形成的基础，单位收入的毛利越高，抵补各项期间费用的能力越强，企业的获利能力也就越高。反之，则获利能力越低。

【例1-18】（如表1-14所示）

表1-14　某企业2014—2016年营业数据表

单位：百万元

项目	2014年	2015年	2016年
营业收入	400	420	410
营业成本	330	340	330
营业毛利	70	80	80
营业毛利率	17.5%	19.05%	19.51%
营业成本率	82.5%	80.95%	80.49%

分析：该企业营业毛利率在逐年上升，总体表明该企业盈利能力逐年增强，是非常好的趋势。

运用该指标进行盈利能力分析时还应注意以下几点。

①受价格政策和销售政策的影响，不同行业之间毛利率可能有很大差别。比如，国家对价格控制的原则是国计民生必需品的营业毛利率应低一些，而奢侈品或新产品则往往倾向于获得更多的毛利。有时企业为增加产品的市场份额，也会采取薄利多销的政策，此时，营业毛利率会低。

②营业毛利率有明显的行业特点。一般而言，营业周期短、固定费用低的行业，如商品零售行业，营业毛利率较低；营业周期长、固定费用高的行业，如重工业，营业毛利率较高。所以，在评价企业盈利能力时，应考虑企业的行业特点、企业的目标利润，与企业历史水平、行业先进水平比较，寻找差距及产生差距的原因，对企业作出合理、正确的评价。

（2）营业利润率

反映公司经营活动本身的获利能力指标，可以用营业利润率又称为销售利润率来表示，即企业营业利润与营业收入的比率，该指标用来衡量企业营业收入的获利能力。营业利润率不仅考察主营业务的盈利能力，而且考察非主营业务的其他经营业务的盈利能力。

营业利润率 = 营业利润 / 营业收入 × 100%

该项比率越高，说明企业经营业务的盈利能力越强，企业为社会新创造的价值越多，贡献越大，也反映企业资金周转速度快，实现增产增收；反之，该项比率越低，说明企业经营业务的盈利能力越差，企业为社会新创造的价值越低，反映出企业资金周转速度慢，经济效益不好。

【例 1-19】

某公司 2015 年营业收入为 3,750,000 元，营业利润为 300,000 元；2016 年营业收入为 4,410,000 元，营业利润为 360,000 元。则该公司营业利润率计算如下：

2015 年营业利润率 = 300,000/3,750,000 × 100% = 8%

2016 年营业利润率 = 360,000/4,410,000 × 100% = 8.16%

从计算结果可以看出，某公司 2016 年营业利润率较 2015 年提高了 0.16%，表明该企业经营业务的盈利能力有所增强，经济效益也有不断提高的趋势。

运用该指标进行盈利能力分析时还应该注意以下几点内容。

①企业的营业利润与营业利润率的高低成正比，与营业收入成反比。所以，企业在增加收入的同时，必须相应地获得更多的营业利润，才能保证营业利润率保持不变或者有所提高，这就要求企业在扩大销售、增加收入的同时，还要注意自己的经营管理，提高获利水平。

②销售或营业利润率是一个评价企业经营业务盈利能力的综合指标，要想取得较理想的分析效果，还需要在此基础上对影响销售利润率增减变动的各项主要因素进行更加详细的分析，如销售净利润率、销售毛利润率等；另外，从损益表的结构内容来看，影响销售利润率变动的主要因素，还有营业外收支、投资净收益、财务费用、管理费用、销售费用和营业成本等，以及产品销售方式、销售品种结构等。

③对单个企业来说，营业利润率指标越大越好，但各行业的竞争能力、经济状况、利用负债融资的程度及行业经营的特征，都使得不同行业各企业间的营业利润率大不相同。因此，在使用该指标分析的同时，还要注意将企业的个别营业利润率指标与同行业的其他企业进行对比分析。通过对营业利润率的同业比较分析，可以发现企业获利能力的相对地位，从而更好地评价企业获利能力的状况。

（3）营业净利率

营业净利率是指企业实现的净利润除以营业收入（或主营业务收入）的比率。营业净利率用来衡量企业在一定时期的营业收入获取净利润的能力。营业净利率的计算公式为：

营业净利率 = 净利润 / 营业收入 × 100%

"营业收入"是利润表的第一行数字，"净利润"是利润表的最后一行数字，两者相除可以概括企业的基本经营状况，它表明 1 元营业收入与其成本费用之间可以"挤"出来的净利润。营业净利率越高，说明企业盈利能力越强；营业净利率低，表明企业可能营业收入低或成本费用高或两者兼而有之。

【例1-20】

接例1-19，某公司2015年营业收入为3,750,000元，利润净额为201,000元；2016年营业收入为4,410,000元，利润净额为241,000元。则该公司营业净利率计算如下：

2015年营业净利率 = 201,000/3,750,000 × 100% = 5.36%

2016年营业净利率 = 241,000/4,410,000 × 100% = 5.46%

从计算结果可以看出，某公司2016年营业净利率较2015年提高了0.1%，表明该企业经营业务的盈利能力有所增强；但营业净利率较营业利润率增长慢0.06%，说明其2016年获利能力较销售能力低，销售业务质量有所下降。

在分析营业净利率时，应该注意以下问题。

①该指标中，净利润额与营业净利率呈同向变动关系。因此，要保持或提高营业净利率，在扩大营业收入的同时，还必须相应增加净利润，从而需要改进经营，改善管理。为此，需将营业净利率分解为营业毛利率、营业税金率、营业成本率及营业期间费用率等，以便发现企业经营管理中的薄弱环节，为采取相应的措施提供依据。确定分析的重点项目之后，需要深入到各项目的内部进一步分析。

②营业净利率的变动原因可以分部门、分产品、分顾客群、分销售区域或分推销员进行分析，视分析的目的及可以取得的资料而定。通常，销售费用和管理费用公开披露的信息十分有限，外部分析人员很难将其深入下去。财务费用、资产公允价值变动损益、资产减值损失、投资收益和营业外收入的明细资料，在报表附注中均有较详细的披露，为进一步分析提供了信息。

③该指标各年之间的变化可能相对较大，因为净利润中包含波动较大的营业外收支净额和投资收益。企业的短期投资者和债权人主要关心的是当期利益，他们可以直接运用营业净利率这一指标分析企业总体盈利能力。但对于企业管理者和投资者来说，更关心的是该指标与净利润的内部构成分析，以正确判断企业的盈利能力。

④对单个企业来说，营业净利率指标越大越好，但各行业内的竞争能力、经济状况、利用负债融资的程度及行业经营的特征，都使得不同行业各企业之间的销售净利率大不相同。因此，在运用该指标分析时，应注意将企业的个别营业净利率指标与同行业的其他可比企业进行对比分析，以准确判断企业的盈利能力。

5. 资产经营盈利能力分析

（1）总资产报酬率

总资产报酬率，是企业一定时期内获得的报酬总额与企业总资产平均余额的比率。它是反映企业资产综合利用效果的指标，也是企业衡量债权人和所有者权益总额所取得盈利的重要指标。其计算公式如下：

总资产报酬率 =（利润总额 + 利息费用）/ 总资产平均余额 × 100%

其中，总资产平均余额为年初资产总额与年末资产总额的平均数，可以用期初资产总额与期末资产总额之和除以2来计算。

总资产报酬率高，说明公司资产的运用效率好，公司的资产盈利能力强，所以，这个比率越高越好。评价公司的总资产报酬率时，需要与公司前期的总资产收益率、同行业其他公司或先进公司的这一比率进行比较，进一步找出影响该指标的不利因素，以便于公司加强经营管理。

运用该指标进行盈利能力分析时还应注意以下几点。

①仅仅分析企业某一个会计年度的总资产报酬率，不足以对企业的资产管理状况作出全面的评价。因为利润总额中可能包含着非经常或者非正常的因素，因此应进行连续几年的总资产报酬率的比较分析，对其变动趋势进行判断，才能取得相对准确的信息。在此基础上再进行同业比较分析，有利于提高分析结论的准确性。

②总资产报酬率是经营效率的相应计量指标，实际上是反映负债和所有者权益的收益情况。它反映了一个公司从所有受托资产或融入资金中得到的报酬率。这一计量指标只是说明企业资产的盈利能力，而不关心这些资产的筹资来源，不考虑相应投资的融资手段，即不考虑选择股权融资还是债券融资，股权融资和债券融资的比例分离了公司的融资活动与经营、投资活动。所以总资产报酬率也不能计算不同资金来源获得的报酬率。不考虑资产资金来源的影响，我们的分析就可以集中在评估或者预测经营业绩上。

（2）总资产净利率

总资产净利率又称资产报酬率，指净利润与平均资产总额的比率，它反映公司从1元受托资产中得到的净利润。

影响资产报酬率的驱动因素是销售利润率和资产周转率。

资产报酬率 = 净利润 / 平均总资产
　　　　　 = （净利润 / 营业收入）×（营业收入 / 平均总资产）
　　　　　 = 销售利润率 × 总资产周转率

总资产周转次数说明每1元资产所创造的营业收入，销售利润率是1元营业收入创造的利润，两者共同决定了资产利润率，即1元资产创造的利润。

6. 资本经营盈利能力分析

净资产收益率也叫权益净利率、净值报酬率或权益报酬率，是企业净利润与平均净资产的比值，用以衡量股东权益的收益水平。该指标充分体现了股东投入企业的自有资本获取净收益的能力，反映了股东投资和收益的关系。其计算公式为：

净资产收益率 = 净利润 / 平均净资产 × 100%
平均净资产 = （年初净资产 + 年末净资产）/2

该指标越高，说明投资者投资带来的收益越高，企业资本的盈利能力越强；反之，说明企业资本的盈利能力较弱。在净利润为一定规模的前提下，净资产（即资本）占总资产的比重越高，净资产收益率就越低；反之，则越高。换一个角度讲，以资本安全为原则，净资产占总资产的比重越高，公司的财务结构就越安全，风险程度就越低；反之，则越不安全，风险程度越高。将这两个定律综合起来考虑，不难得出这样一个上市公司业绩与资本衡量的原则：净资产收益率是一个既反映盈利能力又反映资本安全程度的综合性指标。

净资产收益率充分体现了投资者投入企业的自有资本获取净收益的能力，突出反映了投资与报酬的关系。在当前市场经济体制下，以股份制形式来做大企业、增强实力，所有权与经营权分离的情况下，效益是投资者关心的问题，该指标通用性强，适应范围广，不受行业的局限。通过对该指标的综合对比分析，可以看出企业获利能力在同行业中所处的地位，以及与同类企业的差异水平。通常，企业的净资产收益率越高，表明企业自有资本获取收益的能力越强，运营效益越好，对企业投资人、债权人的保证程度越高。

净资产收益率与资产报酬率及负债比率成正比，亦即资产报酬率提高，净资产收益率也随之提高；负债比率提高，且资产报酬率为正值，则净资产收益率也必然随之提高。举债经营如果有利，则可扩张资产报酬率，从而促使净资产收益率提高；反之，举债经营如果不利，则将压低资产报酬率，从而造成净资产收益率降低。

【例 1-21】

A 公司 2016 年实现净利润 70,000 万元，其中，年初所有者权益总额为 400,000 万元，年末所有者权益总额为 490,000 万元，试计算 A 公司净资产收益率。

净资产收益率 = 70,000 × 2/（400,000 + 490,000）× 100% = 15.73%

第三节　杜邦分析体系

一、杜邦分析体系内涵及其核心比率

在财务综合分析中，杜邦分析法是比较常见的一种财务分析方法。它利用几种主要的财务比率（如利润率、总资产周转率等）之间的关系，来综合分析企业的财务状况，尤其是可以评价公司盈利能力和股东权益回报水平，长期以来一直是从财务角度评价企业绩效的一种经典方法。该分析方法最早由美国杜邦公司（Du Pont Corporation）使用，所以称为杜邦分析法。

杜邦分析法的基本思想是将企业净资产收益率逐级分解为多项财务比率乘积，因而层次感较强，而且有助于深入分析与比较企业的经营业绩。可见，在杜邦分析法中，"净资产收益率"是个非常重要的概念。净资产收益率，又可以称为"股东权益收益率"，是公司税后利润除以净资产得到的百分比率，该指标反映股东权益的收益水平，并用以衡量公司运用自有资本的效率。净资产收益率越高，说明投资带来的收益就越高。通常情况下，我们在观察一家企业时，看这家企业的生命力是否旺盛，主要便是看它的净资产收益率。

在杜邦分析法中，净资产收益率被分解为三部分进行分析，这三部分分别是利润率、总资产周转率和财务杠杆。这说明，企业的净资产收益率主要受利润率、总资产周转率和财务杠杆这三类因素影响。

根据前面的阐述，我们可以知道，利润率，可以表明企业的盈利能力；总资产周转率，可以表明企业的营运能力；财务杠杆，又称为融资杠杆或负债经营，一般用权益乘数衡量，可以表明企业的偿债能力。我们接下来以树形结构来描述杜邦分析法的思路。

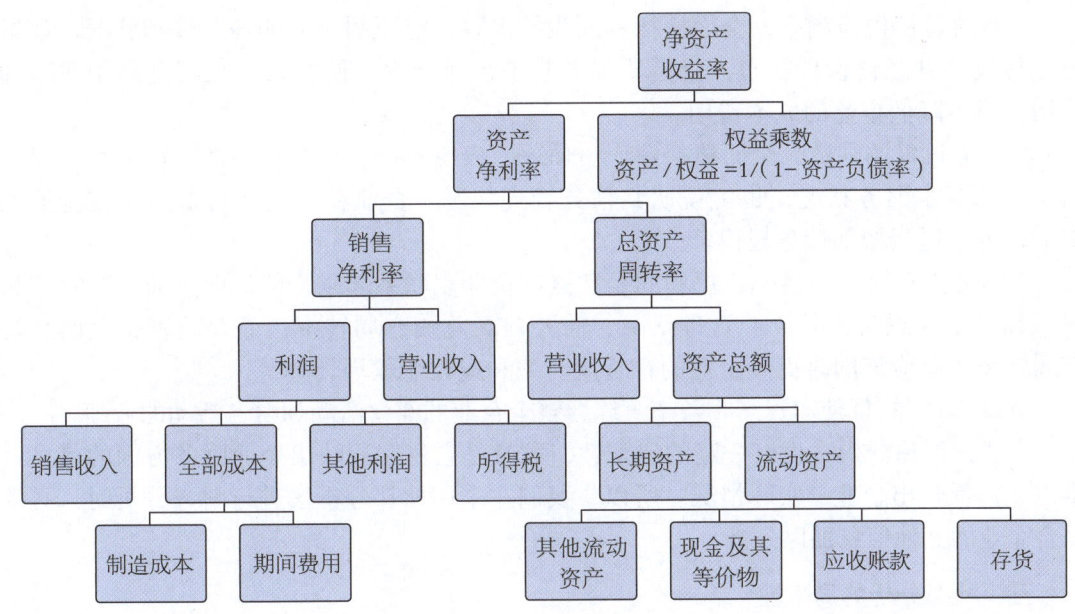

图1-3 杜邦分析图

通过上图,我们在研究一家企业的净资产收益率时,就可以逐级、分层次地找到所需要的数据,同时,可以有效参考相应的财务报表。

总体来说,净资产收益率是一个综合性最强的财务分析指标,是杜邦分析系统的核心;另外,资产净利率是影响净资产收益率最重要的指标,也具有很强的综合性。其中,资产净利率又取决于销售净利率和总资产周转率的高低,总资产周转率可以反映总资产的周转速度。

对资产周转率的分析,需要对影响资产周转的各因素进行分析,从而判明影响公司资产周转的主要问题在哪里;销售净利率反映营业收入的收益水平,在这里面,扩大营业收入、降低成本费用是提高企业销售利润率的根本途径,而扩大销售,同时也是提高资产周转率的必要条件和途径。

另外,权益乘数表示企业的负债程度,反映了公司利用财务杠杆进行经营活动的程度。如果资产负债率高,权益乘数就会变大,这说明公司负债程度较高,公司会有较多的杠杆利益,但风险也随之升高;反之,如果资产负债率低,权益乘数就会变小,这说明公司负债程度低,公司会有较少的杠杆利益,但相应所承担的风险也低。

所以,我们一般将杜邦分析法所生成的指标体系模型称为"杜邦模型"。在该模型中,最显著的特点就是将若干个用以评价企业经营效率和财务状况的比率,按其内在联系有机结合起来,从而形成一个完整的指标体系,并最终通过净资产收益率来综合反映。我们通过上面的杜邦分析法示意图可以看出,该方法使财务比率分析的层次更清晰、条理更突出,为报表分析者全面而仔细地了解企业的经营和盈利状况提供方便。

二、杜邦分析体系中指标分析实现的效果

通过杜邦分析法,能给企业的管理层提供一张考察企业资产管理效率和是否最大化股东投资回报的路线图,具体状态为:

一是通过销售净利率，全面概括利润表的内容，能说明企业的经营管理状况。如果企业想改善其经营管理状态，就需要提高其销售净利率，使收入增长幅度高于成本和费用，或者降低企业的成本费用。

二是通过权益乘数，全面概括资产负债表，表明资产负债和权益的比例关系，以反映企业的基本财务状况，也能说明其债务管理状况。企业在不危及自身财务安全的前提下，可以适当增加债务规模。

三是通过总资产周转率，把利润表和资产负债表联系起来，能说明企业资产管理状况。如果企业想改善其资产管理状况，需要提高总资产周转率；而要改善企业的总资产周转率，就应该同时提高企业的存货周转率和应收账款周转率等。

所以，3个杠杆使净资产收益率可综合整个企业的经营活动和财务活动的业绩。

当然，杜邦分析法也有一定的局限性，尤其是它仅能反映出企业财务方面的信息，难以全面反映出企业的实际情况。所以，我们在采用杜邦分析法进行财务分析时，必须结合企业的其他信息加以分析。

三、杜邦分析的局限性

一般而言，杜邦分析法的主要局限性包括：

一是对短期财务结果过分重视，有可能助长公司管理层的短期行为，从而忽略企业长期的价值创造，甚至有可能引导企业采取一些急功近利的发展方法，从而为以后的长远发展带来不利。

二是杜邦分析法中的财务指标所反映的一般是企业过去的经营业绩，这在工业时代尚能满足企业财务分析的要求；但在当今信息时代，顾客、供应商、雇员、技术创新等因素对企业经营业绩的影响越来越大，这就对企业财务数据的更新提出了更高的要求。所以，杜邦分析法在采集数据时，周期将不得不更短。

三是企业除了有形资产，还有无形资产也在起着重要作用，比如企业的品牌、商誉等，它们甚至对企业的竞争力有至关重要的作用。而杜邦分析法显然不能解决无形资产的估价问题。

由于杜邦分析法存在上述缺陷，随着时代的发展，这些缺陷又日益突出，所以，这就要求我们在进行财务分析时，除了使用杜邦分析法，还要借助于其他有效的方法，从而使我们对企业的财务分析更加全面有效。

课后问题与作业练习

➢ 比较分析法的基本概念是什么？
➢ 如何使用横向比较法与纵向比较法对数据进行分析？
➢ 偿债能力比率有哪些？各自的含义是什么？
➢ 营运能力比率有哪些？各自的含义是什么？
➢ 盈利能力比率有哪些？各自的含义是什么？

第二单元 财务报表阅读与分析

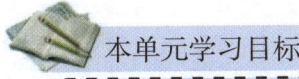
本单元学习目标

1. 掌握财务报表分析；
2. 掌握资产负债表；
3. 掌握利润表；
4. 掌握现金流量表；
5. 理解资产负债表与利润表的勾稽关系；
6. 理解资产利润表和现金流量表的勾稽关系。

重点掌握资产负债表、利润表和现金流量表的基本结构及用途，以及报表间的勾稽关系。

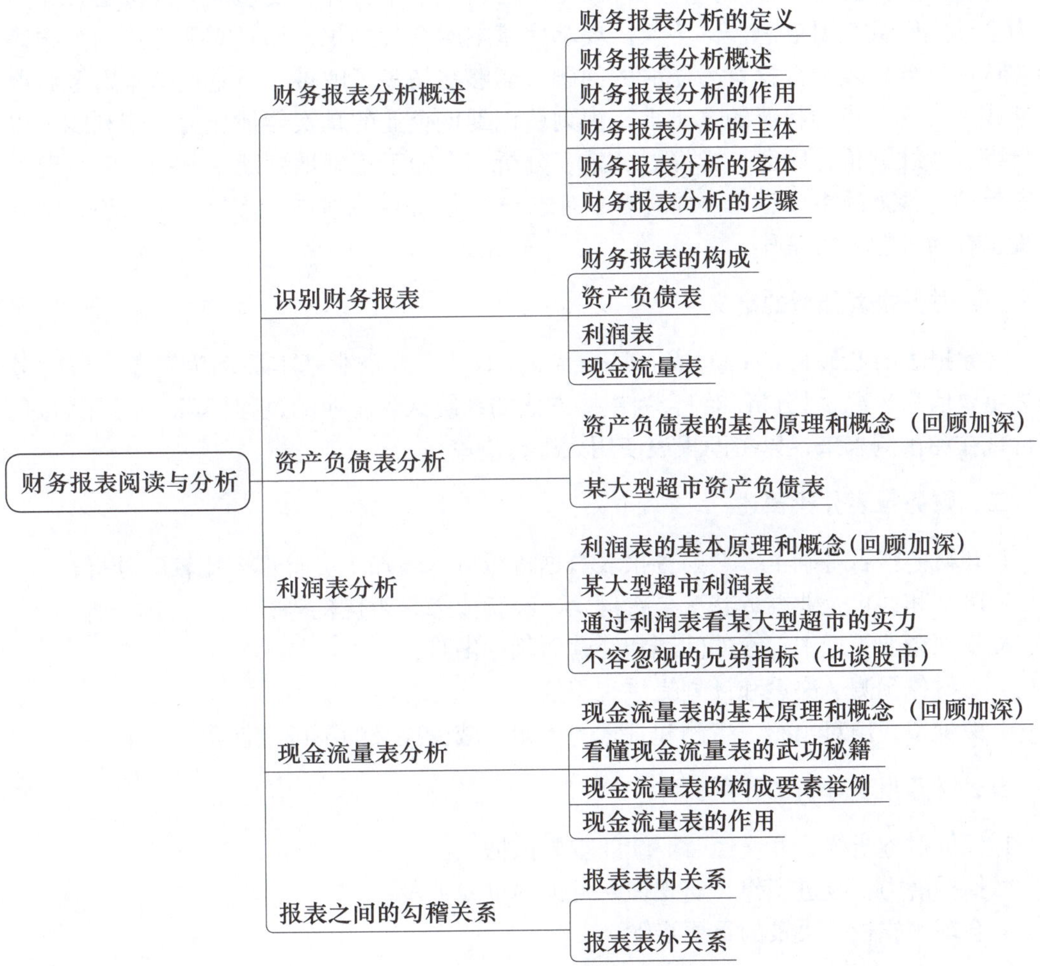

```
财务报表阅读与分析
├── 财务报表分析概述
│   ├── 财务报表分析的定义
│   ├── 财务报表分析概述
│   ├── 财务报表分析的作用
│   ├── 财务报表分析的主体
│   ├── 财务报表分析的客体
│   └── 财务报表分析的步骤
├── 识别财务报表
│   ├── 财务报表的构成
│   ├── 资产负债表
│   ├── 利润表
│   └── 现金流量表
├── 资产负债表分析
│   ├── 资产负债表的基本原理和概念（回顾加深）
│   └── 某大型超市资产负债表
├── 利润表分析
│   ├── 利润表的基本原理和概念（回顾加深）
│   ├── 某大型超市利润表
│   ├── 通过利润表看某大型超市的实力
│   └── 不容忽视的兄弟指标（也谈股市）
├── 现金流量表分析
│   ├── 现金流量表的基本原理和概念（回顾加深）
│   ├── 看懂现金流量表的武功秘籍
│   ├── 现金流量表的构成要素举例
│   └── 现金流量表的作用
└── 报表之间的勾稽关系
    ├── 报表表内关系
    └── 报表表外关系
```

图2-1 思维导图

第一节 财务报表分析概述

引例——麦当劳为什么喜欢卖汉堡?

1937年,麦当劳兄弟(Dick and Mac)在美国加州巴赛迪那(Pasadena)销售汉堡、热狗、奶昔等25项产品。1940年左右,他们做了个简单的财务报表分析,意外地发现80%的生意竟然来自汉堡。虽然三明治或猪排等产品味道很好,但销售平平。

麦当劳兄弟于是决定简化产品线,专攻低价且销售量大的产品。他们将产品由25项减少为9项,并将汉堡价格由30美分降低到15美分。从此之后,麦当劳的销售及获利激增,为后来发展成世界级企业奠定了基础。

财务数字对管理的最大贡献,不只是帮助经理人了解过去,更重要的是在于启发未来。事实上,一个杰出企业的发展,经常奠基于看到简单会计数字后所产生的智慧,而这些智慧开创了新的竞争模式。财务报表是企业经营及竞争的财务历史,而历史常是未来的先行指标,它发出微弱的讯号,预言未来的吉凶。

然而,如何正确地解读它、运用它以迈向成功,考验着每个企业领袖的智慧与勇气。

仅仅停留在会计的日常核算上,只能永远当一个小会计。要想成为高级会计人员,成为会计主管甚至财务总监,不仅需要掌握基本的会计知识,而且需要熟悉财务报表,能够认识财务报表中数据背后隐藏的问题,能够在初步了解被分析企业基本财务状况和经营成果、现金流动状况的基础上,深刻认识到该企业的真实偿债能力、获利能力以及进行综合业绩评价,因此,学好财务报表分析,有助于正确地判断企业的实际状况,对投资活动有很强的指导意义,同时对于有志于成为CFO或搏击股市的学员来说,学好本课程也有助于能力的提升。

一、财务报表分析的定义

财务报表分析(Financial Statements Analysis)是以企业基本活动为对象、以财务报表为主要信息来源、以分析和综合为主要方法的系统认识企业的过程,其目的是了解过去、评价现在和预测未来,以帮助报表使用人进行决策。

二、财务报表分析概述

1. 在财务报告基础上,对财务报表数据进行进一步加工、整理、比较、分析;
2. 解释和评价企业财务状况是否健全,经营成果是否优良等;
3. 发现企业管理中存在的问题和经营面临的困难;
4. 为财务预测、决策和计划提供有用信息;
5. 减少了我们对预感、猜测和直觉的依赖,减少决策的不确定性。

三、财务报表分析的作用

1. 评价财务指标、衡量经营业绩的重要依据;
2. 挖掘潜力,改进工作,实现理财目标的重要手段;
3. 合理实施投资决策的重要步骤。

四、财务报表分析的主体

1. 债权人：他们重视的是企业的现金流量表，因为只有足够多的现金，才能归还他们的欠款；

2. 投资人：最关注的是企业的利润表，也就是他的钱能生出多少钱来；

3. 管理者：他们重视的是企业绩效，对利润表和现金流量表都很关注；

4. 政府机构：征税的需要，政府政策制订及宏观调控的需要；

5. 其他：例如，客户及供应商签订和执行合同的需要；会计师、财务分析师、律师、经济学家从事相关专业的需要。

五、财务报表分析的客体

财务报表分析是以企业基本活动为对象、以财务报表为主要信息来源、以分析和综合为主要方法的系统认识企业的过程。必须掌握财务报表所反映的企业经济活动内容及其相互关系，如表2-1所示。

表2-1　企业经济活动内容及其相互关系表

项目	财务报表分析客体
对象	企业基本活动
来源	财务报表
方法	分析和综合

六、财务报表分析的步骤

第一步：明确定义分析目的。

银行短期贷款信贷员：合理的目的是评价借款人是否具有及时偿还贷款的打算和能力，分析应集中在评价借款人的还款打算和能力所必需的信息上。

第二步：设计与分析目的一致的问题和标准。

银行短期贷款信贷员：借款人愿意偿还短期贷款吗？借款人能够偿还短期贷款吗？在未来的贷款期内现金来源和运用是什么？

第三步：明确最具效益性和效率性的分析指标。

银行短期贷款信贷员：短期流动性指标、存货周转率指标、现金流量预测分析。

第四步：解释证据。

银行短期贷款信贷员：你的贷款决策要求你说明和评价证据，然后做出是否贷款的决策。它还包括各种贷款参数：金额、利率、期限、还款模式和贷款条件，分析中要运用你的判断力。

第二节　识别财务报表

一、财务报表的构成

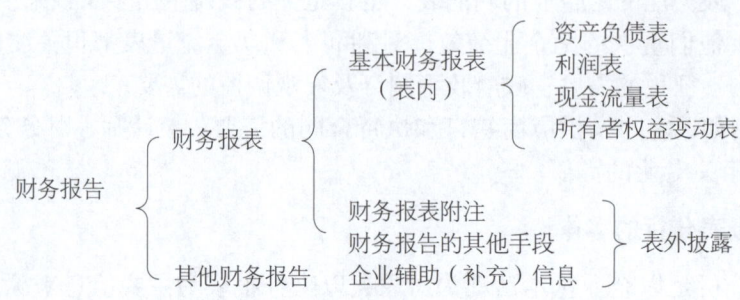

图2-2　财务报表的构成

资产负债表：反映财务状况（资产、负债、所有权者权益）。
利润表：反映经营成果（收入、成本费用、利润）。
现金流量表：反映现金流量（现金流入、现金流出）。

二、资产负债表

1. 定义

资产负债表是反映企业在某一特定时点（如月末、季末、年末）全部资产、负债和所有者权益情况的会计报表，它表明权益在某一特定日期所拥有或控制的经济资源、所承担的现时义务和所有者对净资产的要求权。资产负债表主要涉及的账户如表2-2所列示。

表2-2　资产负债涉及的账户结构表

资产	流动资产	负债及所有者权益	流动负债	债权人
	长期股权（债权）投资		非流动负债	
	固定资产			
	其他非流动资产		所有者权益（净资产）	股东
资产（资金的占用）＝负债+所有者权益（资金的来源）				

2. 结构（如表2-3所示）

表2-3　资产负债表

资产	负债和所有者权益（或股东权益）
流动资产：	流动负债：
货币资金	短期借款
交易性金融资产	交易性金融负债
应收票据	应付票据

续表

资　产	负债和所有者权益（或股东权益）
应收账款	应付账款
预付款项	预收款项
应收利息	应付职工薪酬
应收股利	应交税费
其他应收款	应付利息
存货	应付股利
一年内到期的非流动资产	其他应付款
其他流动资产	一年内到期的非流动负债
流动资产合计	其他流动负债
非流动资产：	**流动负债合计**
可供出售金融资产	非流动负债：
持有至到期投资	长期借款
长期应收款	应付债券
长期股权投资	长期应付款
投资性房地产	专项应付款
固定资产	预计负债
减：累计折旧	递延所得税负债
固定资产净值	其他非流动负债
减：固定资产减值准备	**非流动负债合计**
固定资产净额	**负债合计**
在建工程	所有者权益（或股东权益）：
工程物资	实收资本（或股本）
固定资产清理	资本公积
无形资产	减：库存股
商誉	专项储备
长期待摊费用	盈余公积
递延所得税资产	未分配利润
非流动资产合计	**所有者权益（或股东权益）合计**
资产总计	**负债和所有者权益（或股东权益）总计**

3. 资产负债表的原理

资产：企业拥有什么？

负债：企业欠别人什么？

权益：企业为业主留下什么？

功能：提供企业在某一特定时点所拥有的全部资产、负债和所有者权益（自有资本）

的存量及其结构。

关系：资产 = 负债 + 股东权益。

作用：有助于管理者了解某一时点上各类资产和负债的规模、结构及其数量对应关系，明确个人和企业受托责任及义务，作出基于优化结构、降低风险和提高运营效率的判断和决策。

4. 资产负债表反映的财务管理内容（如表2-4所示）

表2-4　资产负债表与财务管理的关系表

负债及所有者权益	财务管理（融资）	
短期借款	银行信用	融资结构与所投资的各类资产之间的现金流规划
应付账款	商业信用	
非流动负债	负债融资（资本结构）	
实收资本/股本	权益融资（资本结构）	
未分类利润	股利分配（留存收益）	

三、利润表

1. 定义

利润表又称损益表，是用来解释企业的利润是如何产生的。

利润表记载企业在一定时期内收入、成本费用和非经营性的损益，从中可以看出企业产生的净利润（或净亏损）。

利润表遵循的等式：利润 = 收入 - 成本费用。

2. 结构（如表2-5所示）

表2-5　利润表

一、营业收入	二、营业利润（亏损以"-"号填列）
减：营业成本	加：营业外收入
税金及附加	减：营业外支出
销售费用	三、利润总额（亏损总额以"-"号填列）
管理费用	减：所得税费用
财务费用	四、净利润（净亏损以"-"号填列）
资产减值损失	五、每股收益
加：公允价值变动收益（损失以"-"号填列）	
投资收益（损失以"-"号填列）	
其中：对联营企业和合营企业的投资收益	

3. 利润表的原理

功能：提供企业在某一特定期间内所实现的利润或发生亏损数量。

关系：当期收入及收益 - 当期成本及费用 = 当期损益。

作用：有助于管理者了解本期取得的收入和发生的产品成本、各项期间费用及税金

（不含增值税），了解盈利总水平和各项利润来源及其结构，把握经营策略。

四、现金流量表

1. 定义

现金流量表是以现金为基础编制的，反映企业一定会计期间内经营活动、投资活动及筹资活动等对现金及现金等价物产生的影响的会计报表。通俗地讲，就是关于企业现金流出和流入的信息，如图2-3所示。

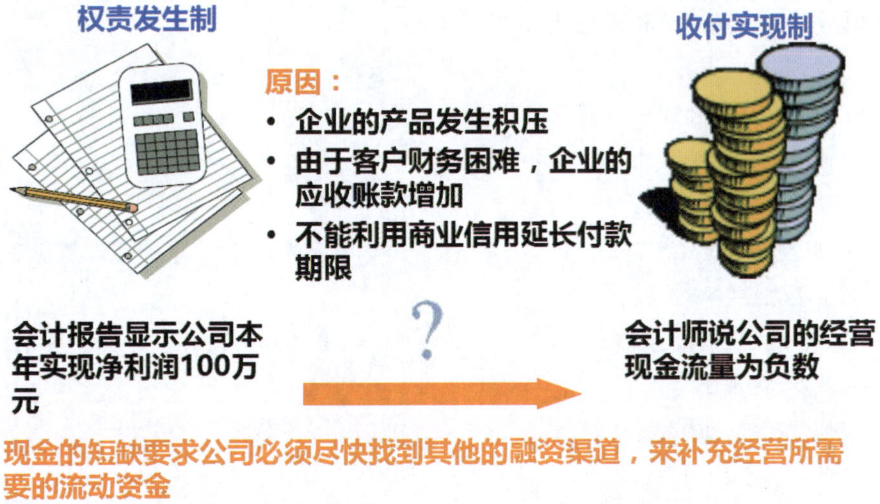

图2-3 两种会计核算方式对现金的影响图

2. 结构（如表2-6所示）

表2-6 现金流量表

项目	本期金额	上期金额
一、经营活动产生的现金流量表		
销售商品、提供劳务收到的现金		
收到的税费返还		
收到其他与经营活动有关的现金		
经营活动现金流入小计		
购买商品、接受劳务支付的现金		
支付给职工以及为职工支付的现金		
支付的各项税费		
支付其他与经营活动有关的现金		
经营活动现金流出小计		
经营活动产生的现金流量净额		
二、投资活动产生的现金流量		

续表

项目	本期金额	上期金额
收回投资收到的现金		
取得投资收益收到的现金		
处置固定资产、无形资产和其他长期资产收回的现金净额		
处置子公司及其他营业单位收到的现金净额		
收到其他与投资活动有关的现金		
投资活动现金流入小计		
购建固定资产、无形资产和其他长期资产支付的现金		
投资支付的现金		
取得子公司及其他营业单位支付的现金净额		
支付其他与投资活动有关的现金		
投资活动现金流出小计		
投资活动产生的现金流量净额		
三、筹资活动产生的现金流量：		
吸收投资收到的现金		
取得借款收到的现金		
收到其他与筹资活动有关的现金		
筹资活动现金流入小计		
偿还债务支付的现金		
分配股利、利润或偿付利息支付的现金		
支付其他与筹资活动有关的现金		
筹资活动现金流出小计		
筹资活动产生的现金流量净额		
四、汇率变动对现金及现金等价物的影响		
五、现金及现金等价物净增加额		
加：期初现金及现金等价物余额		
六、期末现金及现金等价物余额		

3. 现金流量表的原理（如表 2-7 所示）

功能：提供企业在某一特定期间内有关现金及现金等价物的流入和流出的信息。

关系：现金流入量 – 现金流出量 = 当期现金持有量的变动。

作用：有助于管理者了解净收益质量、取得和运用现金的能力、支付债务本息和股利的能力和预测未来现金流量。

表2-7 现金流与财务活动关系表

项目	财务管理
一、经营现金净流量	1.经营活动产生的现金流量 营业现金及其盈余产生能力：可用于支持经营性流动资产的规模、偿还债务本息和支持长期投资的内源融资
二、投资现金净流量	2.投资活动产生的现金流量 投资于实物资产、权益性及债券性证券和这类投资的本金与收益的回收。如为负值意味着需要内外源融资
三、筹资现金净流量	3.筹资活动产生的现金流量 外源融资能力：吸收投资、发行股票，分配利润、支付股利、偿付债务本息、返还股本或投资。
四、汇率对现金的影响	
五、现金净增加额	

第三节 资产负债表分析

引例——威尼斯商人的资金融通

英国大文豪莎士比亚的著名喜剧《威尼斯商人》通过活灵活现的描写，将商人忧心资产价值缩水的忐忑不安和他们对资金融通的需求，在剧中一览无遗。

讲究义气的安东尼奥，一心想出钱帮助好友巴萨尼奥，追求一位名叫鲍西娅的富家千金，但问题是缺少资金，于是……

安东尼奥（年长的商人）："你知道我的全部财产都在海上。我现在既没有钱，也没有可以变换现款的货物。所以我们还是去试一试我的信用，看它在威尼斯城里有些什么效力吧！我一定凭着我这一点面子，能借多少就借多少！"

于是安东尼奥找上威尼斯当地最有钱、却一直饱受歧视的犹太籍银行家夏洛克。

夏洛克（银行家）："啊，不，不！我说安东尼奥是个有身价的人。可是他的财产还有些问题，他有一艘商船开到特里坡利斯，另外一艘开到西印度群岛，我在交易所里还听人说起，他有第三艘船在墨西哥，第四艘到英国去了，此外还有遍布在海外各国的买卖。可是船不过是几块木板钉起来的东西，水手也不过是些血肉之躯。岸上有旱老鼠，水里也有水老鼠；有陆地的强盗，也有海上的强盗，还有风波礁石各种危险。"

在夏洛克眼里，安东尼奥所谓的资产都充满了风险。最后，他们谈成了一笔3,000块金币的借款。但夏洛克要求签订如下契约：当安东尼奥无法如期还款时，夏洛克可以割下他身上任何部位的一磅肉！

小结：400多年来，为应付如威尼斯商人面临的资产与负债管理问题，我们需要仰赖"资产负债表"，也就是企业的财务状况表。

一、资产负债表的基本原理和概念(回顾加深)

含义:资产负债表是反映企业在某一特定日期财务状况的报表。

资产负债表的基本架构即是有名的"会计等式":资产=负债+所有者权益。

1. 资产

资产是指由企业过去经营交易或各项事项形成的,由企业拥有或控制的,预期会给企业带来经济利益的资源。这类资源包含两个要点:

创造未来现金流入:例如货币资金(能取得利息)、存货(能通过销售得到现金)、投资性房地产(能得到租金)、设备(能制造货品以供销售);

减少未来现金流出:例如预付房租、保险费等各种预付项目,由于已预先付清,未来可享受居住服务及保险保障,不必再付出现金。

2. 负债

负债是指企业过去的交易或者事项形成的,预期会导致经济利益流出企业的现时义务。

释义:指的是公司对外在其他组织所承受的经济负担,例如应付及预收款项、应付职工薪酬、长期借款等。负债也包括部分的估计值,例如公司需要估计法律诉讼案所造成的可能损失。

3. 所有者权益

所有者权益指的是资产扣除负债后,由公司所有者享有的剩余权益,又称为"净资产"或"账面净值"。

二、某大型超市资产负债表(如表2-8所示)

表2-8 某大型超市资产负债表

单位:百万元

12月31日	2016年		2015年	
	金额	比率	金额	比率
资产				
流动资产				
货币资金	6,414	4.64%	5,488	4.57%
应收账款	2,662	1.93%	1,715	1.43%
存货	32,191	23.30%	29,762	24.77%
预付款项	1,279	0.93%	944	0.79%
其他流动资产	1,278	0.92%	945	0.79%
流动资产合计	43,824	31.71%	38,854	32.34%
非流动资产				
固定资产原值	102,880	74.00%	88,593	74.00%
减:累计折旧	23,590	18.00%	20,475	18.00%
固定资产净值	79,290	57.38%	68,118	56.69%
商誉	12,188	8.82%	10,803	8.99%

续表

12月31日	2016年 金额	比率	2015年 金额	比率
其他资产	2,885	2.09%	2,379	1.98%
非流动资产合计	94,363	68.29%	81,300	67.66%
总资产	138,187	100.00%	120,154	100.00%
负债及股东权益				
流动负债				
应付票据	3,754	2.72%	3,812	3.17%
应付账款	25,373	18.36%	21,987	18.30%
应付职工薪酬	6,732	4.87%	6,060	5.04%
其他应付款	6,733	4.87%	6,060	5.04%
应交税费	1,340	0.97%	1,281	1.07%
一年内到期的非流动负债	4,894	3.54%	3,982	3.31%
总流动负债	48,826	35.33%	43,182	35.94%
长期应付款	30,171	21.83%	23,258	19.36%
递延所得税负债	4,552	3.29%	2,978	2.48%
其他非流动负债	1,467	1.06%	1,340	1.12%
非流动负债合计	36,190	26.19%	27,576	22.95%
总负债	85,016	61.52%	70,758	58.89%
股东权益				
股本	417	0.30%	423	0.35%
资本公积	2,596	1.88%	2,425	2.02%
盈余公积	1,053	0.76%	2,694	2.24%
未分配利润	49,105	35.54%	43,854	36.50%
总股东权益	53,171	38.48%	49,396	41.11%
总负债及股东权益	138,187	100.00%	120,154	100.00%

1. 资产部分

（1）流动资产

流动资产通常是指一年内能转换成现金的资产。

①货币资金。包含库存现金、银行存款、其他货币资金。除了银行存款外，某大型超市把预期7天内可收到的顾客信用款、刷卡款金额也列入货币资金项目。2016年，某大型超市的货币资金约有64.14亿元，占总资产的4.64%。

②应收账款。包括某大型超市顾客刷卡超过7天以上才能取款的部分，以及与其他供货商往来的应收账款。2016年，某大型超市的应收账款约有26.62亿元，只占总资产的1.93%。

③存货。指某大型超市准备用来销售的商品库存，是其流动资产中重要性最大的项目。某大型超市 2016 年的存货金额高达约 321.91 亿元，占总资产的 23% 左右。

某大型超市的存货成本主要以"先进先出法"计算。

（2）非流动资产

①固定资产（卖场、设备）。包括取得卖场与设备的成本（含购买价款、税费等），以及使这些资产发挥预定可使用状态必须支付的代价（如运输费、装卸费等）。在这类资产中，某大型超市拥有卖场及房屋改良（如空调设施）、家具、办公设备及运输工具（例如往来于仓库及卖场间的送货卡车）等。

②累计折旧。累计折旧是固定资产的减项，称为"抵消账户"。2016 年，某大型超市卖场与设备等固定资产的账面金额为 1,028.80 亿元左右，累计折旧金额约为 235.90 亿元，卖场与设备等固定资产的净额约为 792.90 亿元，占总资产的 18% 左右。

2. 负债部分

（1）流动负债

流动负债是指某大型超市一年内到期、必须以现金偿还的债务。2016 年，某大型超市的总流动负债约为 488.26 亿元，占总资产的 35% 左右，是负债项目中总金额最庞大的项目。

①应付账款。某大型超市从供货商进货，主要采取赊购的方式，它所积欠尚未偿还的金额便称为应付账款。2016 年，某大型超市的应付账款高达 253.73 亿元，占总资产的 18% 左右，是某大型超市最大的负债项目。

②应付职工薪酬、其他应付款。某大型超市设置其他应付款、应付职工薪酬等科目。2016 年，某大型超市的应付职工薪酬为 67.32 亿元，其他应付款为 67.33 亿元，均占总资产的 4.87% 左右。

③应交税费。2016 年，某大型超市该项目约为 13.40 亿元，占总资产的 1% 左右。

（2）非流动负债

非流动负债是指一年以上到期的债务。

在某大型超市的资产负债表中，长期应付款、递延所得税负债、其他长期应付款等一般非流动负债科目，加总起来放在这个综合科目中。

2016 年，某大型超市的非流动负债约为 361.90 亿元，占总资产的 26% 左右。

3. 所有者权益部分

某大型超市的所有者权益（即股东权益）主要分成股本、资本公积、留存收益（包含盈余公积和未分配利润）三部分。

（1）股本

它是指已流通在外的普通股股权的账面价值。企业通过发行股票的方式筹集资本，股票的面值与股份总数的乘积即为股本，股本应当等于企业的注册资本。例如某大型超市的普通股每股票面值为 0.1 元，流通在外的股数有 41.70 亿股，因此某大型超市的普通股股本为 4.17 亿元。

（2）资本公积

当股权发行时，所收取的投资款超过面值的部分，就称为股本溢价。例如某中国大陆企业若以每股人民币 4 元上市，上海、深圳交易所发行的股票法定票面值每股为 1 元人民币，其资本公积即为 3 元。

2016 年，某大型超市的资本公积为 25.96 亿元。

（3）留存收益（包含盈余公积和未分配利润）

留存收益指企业历年来在生产经营活动中所实现的净利润尚未以现金股利方式发还股东、仍保留在企业的部分。2016 年，某大型超市的留存收益高达 501.10 亿元，占总资产的 36% 左右。它也是股东权益中金额最大的项目，占股东权益的 92% 左右。

4. 小结

扼要地了解了某大型超市资产负债表的会计科目后，我们利用其 2016 年的数据，简单地确认会计恒等式的成立：

资产（1,381.87 亿元）= 负债（850.16 亿元）+ 股东权益（531.71 亿元）

就某大型超市的基本财务结构而言，负债占总资产的 60% 左右，而股东权益则占 40% 左右。

细节分析：

（1）某大型超市最重要的资产及负债

某大型超市流动资产中金额最大的是什么？（如表 2-9 所示）

表2-9　某大型超市2015—2016年资产数据

单位：百万元

12 月 31 日	2016 年		2015 年	
	金额	比率	金额	比率
资产				
流动资产				
货币资金	6,414	4.64%	5,488	4.57%
应收账款	2,662	1.93%	1,715	1.43%
存货	32,191	23.30%	29,762	24.77%

某大型超市流动负债中金额最大的是什么？（如表 2-10 所示）

表2-10　某大型超市2015—2016年负债数据

单位：百万元

12 月 31 日	2016 年		2015 年	
	金额	比率	金额	比率
流动负债				
应付票据	3,754	2.72%	3,812	3.17%
应付账款	25,373	18.36%	21,987	18.30%
应付职工薪酬	6,732	4.87%	6,060	5.04%
其他应付款	6,733	4.87%	6,060	5.04%

流动资产中金额最大的是存货，流动负债中金额最大的是应付账款。这说明了什么？

首先，这种现象反映了零售业以赊账方式进货后销售、赚取价差的商业模式，也显示出某大型超市如果无法有效地销售存货、取得现金，庞大的流动负债将是个沉重的压力。

其次，庞大的存货数量也会造成相当大的存货跌价风险。如何管理这些风险，便成为管理阶层与投资人分析某大型超市资产负债表的重点。

不可忽视的固定资产如表2-11所示。

表2-11 某大型超市固定资产价值表

单位：百万元	2016年		2015年	
12月31日	金额	比率	金额	比率
固定资产原值	102,880	74.00%	88,593	74.00%
减：累计折旧	23,590	18.00%	20,475	18.00%
固定资产净值	79,290	57.38%	68,118	56.69%

某大型超市的卖场及设备的净值等固定资产（扣去累计折旧）高达792.90亿元，这部分产生的管理问题也是很大的挑战。

对此，某大型超市成立专业的不动产管理公司，凡是店面的扩充、迁移、关闭、分租等事项，都由专业经理人处理。

（2）某大型超市的流动性

复习回顾——流动比率

流动比率显示企业利用流动资产偿付流动负债的能力，比率越高，表示流动负债受偿的可能性越高，短期债权人越有保障。一般而言，流动比率不小于1，是财务分析师对企业风险忍耐的底限。

分析——某大型超市的流动比率

然而，对某大型超市而言，这种传统分析观点恐怕不适用。

总流动资产　43,824百万元

总流动负债　48,826百万元

2016年居然只有0.9（438.24÷488.26）左右。

这是否代表某大型超市的流动资产不足以偿付流动负债，有周转失灵的危险？

当消费者刷信用卡购买商品2～3天后，信用卡公司就必须支付某大型超市现金。但是对供货商，某大型超市维持一般商业交易最快30天付款的传统，利用"快快收钱，慢慢付款"的方法，创造手头的营运资金。

因为某大型超市不必保留大量现金，并且能控制应收账款与存货的增加速度，因此某大型超市流动资产的增长远较流动负债慢，才会造成流动比率恶化的假象。

启示——思维

传统商业思维是企业必须保持充裕的营运资金，因此要求流动比率起码在1.5至2之间。然而，某大型超市却告诉我们，他们能以"负"的营运资金有效率地推动如此庞大的企业体。

阅读财务报表必须有整体性，而且必须了解该公司的营运模式，不宜以单一财务数字或财务比率妄下结论。

（3）引申：银行业资产负债率那些事

复习回顾——资产负债率

资产负债率是评价公司负债水平的综合指标。同时也是一项衡量公司利用债权人资金进行经营活动能力的指标，也反映债权人发放贷款的安全程度。

对企业来说：一般认为，资产负债率的适宜水平是40%~60%。

分析——花旗银行的资产负债率

以全球知名的花旗集团为例，它的负债比率在2005年时高达92%，股东权益只占总资产的8%左右。

这是否代表花旗银行资不抵债要倒闭的危险呢？

由于客户对花旗集团的信心坚定，不会发生存款客户同时要求提领现金的情况（就是所谓的"挤兑危机"），即使有如此高的负债比率，花旗集团也没有倒闭的危险。

（4）由负债组成结构看某大型超市的风险与竞争力

分析——某大型超市的负债组成结构

20世纪70年代，某大型超市流动负债占整体负债的比率约为20%，随着展店成功、营收快速增长，这个比率在20世纪80年代快速拉升至60%左右。

这显示某大型超市在维持总负债比率约60%的前提下，利用其"大者恒大"的议价优势及竞争力，压缩供货商资金，使它在负债中可以使用较多没有资金成本的流动负债。

第四节　利润表分析

引例——美国航空业巨头获利比较

2001年，在遭遇"9·11"恐怖袭击事件后，美国航空业是受害最深的传统"惨"业。当时全世界最大的航空公司——美国航空——立刻陷入巨额亏损；而经营绩效最卓越的西南航空，虽然也出现获利衰退，但至少仍持续赚钱。

西南航空与美国航空营收与净利比较如表2-12、表2-13所示。

表2-12　西南航空营收与净利表

单位：亿美元

西南航空	2000年	2001年	2002年	2003年	2004年	2005年
营收	54.7	55.6	53.4	57.4	62.8	72.8
净利	6	5.1	2.4	4.4	3.13	4.48

表2-13　美国航空营收与净利表

单位：亿美元

美国航空	2000年	2001年	2002年	2003年	2004年	2005年
营收	163.8	187.7	174.2	174.4	186.5	207.1
净利	8.1	-17.6	-35.1	-12.3	-7.6	-8.6

这个例子告诉我们，身为经理人，即使遭遇外在不可抗拒的重大变故，仍需交出具

有稳定性的成绩单。

在资本市场中，投资人必须有效率地分配有限的资金，需要正确的绩效评估工具，而利润表最主要的目的就是提供绩效评估的功能。

一、利润表的基本原理和概念（回顾加深）

定义：利润表是用以反映公司在一定会计期间利润实现（或发生亏损）的财务报表。

公式：利润 = 收入 – 费用。

案例：究竟有无利润？

某公司于2016年1月1日购买建筑物一栋，花费2亿元。2016年12月31日，根据不动产鉴定的结果，该栋建筑物市价达到3亿元。

试问：2016年该公司是否有利润？

思考：何为收入、费用？

1. 收付实现制下，收入和费用的确认

收入：当经营活动收到现金时确认收入，如收到顾客货款。

费用：当经营活动支付现金时确认费用，如支付供应商货款。

举例：进货、赊销、收款的不同时点，弊端。

2. 权责发生制下，收入和费用的确认

收入：凡是当期已经实现的收入，不论款项是否收到，都应确认收入，如在提供顾客货品或服务之后。

费用：凡是当期已经发生或应当负担的费用，不论款项是否支付，都应确认费用。

举例1：2016年1月15日某航空公司收到客户机票款5万元，客户预定3月1日启程。问航空公司1月15日是否可以确认收入？——赚得（提供服务）

举例2：某建设公司2016年1月15日为客户完成修缮工程，工程款2,000万元，但客户不久前破产了。问建设公司是否可以确认这2,000万元的收入？——实现（预期有保障）

（1）配比原则

定义：某个会计期间或某个会计对象所取得的收入应与为取得该收入所发生的费用、成本相匹配，简单地说，就是有收入就有支出。

举例1：某公司2016年9月15日购货5亿元；2016年12月1日赊销给客户，记6亿元；2017年1月15日收到货款，记6亿元。

问：何时确认利润1亿元？

（2）利得与损失

利得：指由企业非日常活动所形成的、会导致所有者权益增加的、与所有者投入资本无关的经济利益的流入。

损失：指由企业非日常活动所发生的、会导致所有者权益减少的、与向所有者分配利润无关的经济利益的流出。

举例：处置一块闲置土地所产生的利益或损失。

注意：利得与损失通常是一次性的而不是非一次性的，在分析利润表项目时要注意这一点。

二、某大型超市利润表（如表2-14所示）

表2-14 某大型超市利润表

单位：百万元

12月31日	2016年		2015年	
	金额	比率	金额	比率
一、营业收入	315,654		288,132	
减：营业成本	240,391	76.16%	219,793	76.28%
税金及附加				
销售费用	36,730	11.64%	32,149	11.16%
管理费用	20,003	6.34%	19,099	6.63%
财务费用	1,172	0.37%	934	0.32%
资产减值损失				
加：公允价值变动收益（损失以"-"号填列）				
投资收益（损失以"-"号填列）				
其中：对联营企业和合营企业的投资收益				
二、营业利润	17,358	5.50%	16,157	5.61%
加：营业外收入				
减：营业外支出				
三、利润总额（亏损以"-"号填列）	17,358	5.50%	16,157	5.61%
减：所得税费用	4,339.5	1.37%	4,039.25	1.40%
四、净利润（亏损以"-"号填列）	13,018.5	4.12%	12,117.75	4.21%
五、每股收益	13.02		12.12	

1. 收入

收入一般指企业营业活动所提供的劳务或商品收入。某大型超市主要的营业活动是销售商品，因此营业收入是主要的收入来源。

净销售（销售净额）= 营业收入 – 销售退回与折让 – 销售折扣

"销售退回"是指因卖出的商品有问题，被客户退货的金额；

"销售折让"是指卖出的商品有问题，客户要求将售价降低、退还部分货款，由此产生的收入减少金额；

"销售折扣"则是指销售时希望买方早点支付现金而给予折扣，因此导致收入减少的金额。

2016年某大型超市的销售净额高达3,124.27亿元。

2. 其他收入

除了出售商品的收入外，某大型超市还有利息、租金等其他收入。2016年，某大型超市其他业务收入只有32.27亿元，占总收入的1%左右，可见某大型超市是十分专注于本业的公司。

3. 营业成本

营业成本是指当期出售商品的进货成本。2016年，某大型超市的销售成本高达2,403.91亿元，占总营收（即营业收入）的76%左右，是最重要的成本项目。

销售成本的计算因存货购进制度的不同，会产生相当大的差异。例如某大型超市的存货主要以"先进先出法"来计算，假设最先购买的存货会最先销售出去，因此利润表上列示的销售成本是按照最开始的进货价格核算的。

4. 销售费用、管理费用、财务费用（三大期间费用）

这是指除了营业成本中的销售成本之外，销售费用（包含运输成本、广告费用等）、管理费用（包含水电费、管理人员薪资）、财务费用（筹集资金的成本，如利息费用）等项目。2016年，某大型超市的销售费用、管理费用、财务费用为579.05亿元，占营业收入的18%左右。

5. 营业利润

营业收入减去营业成本、税金及附加、三大期间费用就是营业利润，它表达公司整体营运活动的利益，但不代表公司年度的总利润。2016年，某大型超市的营业利润为173.58亿元，占营业收入的5.5%。

6. 利润总额

利润总额是指营业利润扣除掉营业外收入、营业外支出和其他特殊项目的余额。

7. 所得税费用

这里是指某大型超市预估当年境内及国际商业活动的所得税费用。

8. 净利润

净利润一般又称为"纯利"或"盈余"，在非正式用语中也常被称为"底线"，因为在利润表底部。净利润是收入减去所有费用的剩余。

2016年，某大型超市的净利润为130.19亿元，占营业收入的4.12%左右，相当地"薄利"。

三、通过利润表看某大型超市的实力

1. 由营业收入及获利持续增长看竞争力

某大型超市的竞争力主要来自它持续增长的动力，而营业收入获利的增长动力来自新店的不断拓展，同时也能维持旧店营收获利的合理增长。

1971年，某大型超市在境内只有24家店；2006年则增加到3,800家店，平均每年开设107家。在如此快的展店速度下，如何做到增长而不紊乱，这有赖于某大型超市善于控制流动资产与流动负债的增长（即所谓的营运资金）。

随着快速展店，某大型超市的营收急剧增加，由1971年的4,400万元，增加到2006年的3,124亿元，如图2-4所示。

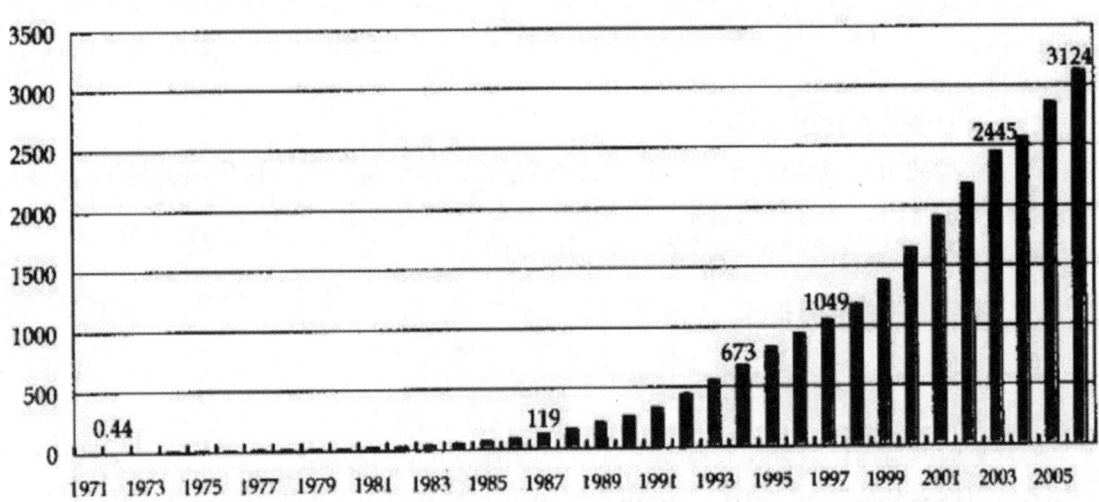

图2-4　某大型超市1971—2006年营业收入图

某大型超市的获利也由1971年的200万元，增加到2006年的112亿元，如图2-5所示。

单位：亿元

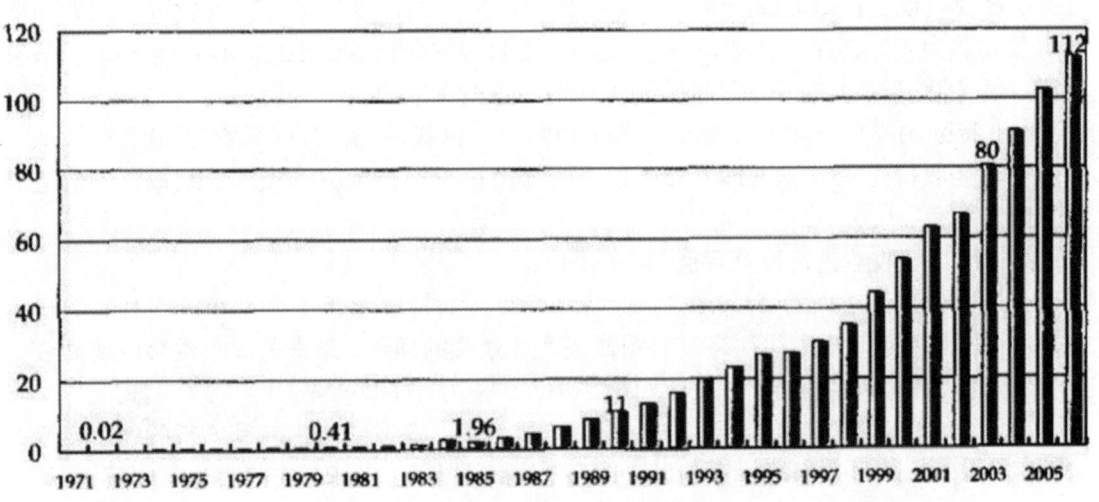

图2-5　某大型超市1971—2006年利润图

2. 透视资产周转率背后的玄机

定义：零售业的核心竞争能力之一，即是利用资产创造营收的能力，这种能力称为"资产周转率"。

读者复习回顾：资产周转率（公式、指标说明）。

20世纪90年代初期，某大型超市的流动资产周转率约有5倍；在2006年，它已经高达7倍。相对地，某大型超市的固定资产周转率却由20世纪90年代的6倍左右，一路下滑到2006年的3.3倍。

（1）固定资产周转率下滑可能的原因

读者复习回顾：固定资产周转率（公式、指标说明）。

这种固定资产周转率的不利发展，可能是卖场单位面积创造的营收下降所致，也可能是购买每一单位卖场面积的价格不断增高所致（例如在欧洲购并其他卖场的成本相当昂贵）。

（2）流动资产周转率上升的原因

在某大型超市的流动资产中，最重要的是存货，因而将存货快速售出，是某大型超市非常重要的能力，"存货周转率"便是推动流动资产周转率上升的原因。

读者复习回顾：存货周转率（公式、指标说明）。

四、不容忽视的兄弟指标（也谈股市）

1. 每股收益的迷思

每股收益是否愈高愈好？

通常每股收益高代表公司获利能力良好，的确是个正面的现象。

若每股收益逐年下降，则代表公司获利跟不上股本增加（如配发股票股利及员工无偿配股）的速度。然而，通过配发股票股利或股份使每股收益下降，有时是为了使每一股股价降低，提高股票的流通性，未必是获利衰退。

2. 市盈率

在投资决策上，每股收益常与"市盈率"搭配运用，以决定合理的股价。例如预期的每股收益为4元，而合理的市盈率为15，则合理的股价为每股60元（4×15），只有在股价显著低于60元时，理性的投资人才会愿意购买股票。

巴菲特强调要拿捏至少25%的"安全边际"，也就是说，合理股价为60元的股票，只有在市场股价为45元（60×0.75）以下时才值得投资，预留可能因误判投资价值造成的风险。

3. 运用每股收益进行投资可能存在的问题

一是过分高估未来的每股收益：保持每股收益的持续增长十分困难，当利润表显示当期亮丽的每股收益时，往往是该公司或该产业景气的顶点，未来每股收益会由盛而衰。这种情形特别容易发生在钢铁、半导体及塑化等景气循环型产业。

二是未能注意市盈率持续下降：当一个公司由于产业成熟未来获利增长的速度变慢、经营风险增加，或整个经济体系的风险上升（如面临战争），其对应的市盈率便随之下降。例如我国台湾地区电子产业的平均市盈率由20年前的45倍，目前已下降到10倍左右。

第五节　现金流量表分析

引例——汉高祖刘邦的三位能臣

汉高祖刘邦是中国历史上第一个"平民创业家"，他创业成功的关键是"用对的人"。

关于自己何以成功，刘邦做了个精辟无比的分析："夫运筹帷幄之中，决胜于千里之外，吾不如子房（张良）；镇国家，抚百姓，给馈饷，不绝粮道，吾不如萧何；连百万之军，战必胜，攻必取，吾不如韩信。此三者，皆人杰也，吾能用之，此吾所以取

天下也。项羽有一范增而不能用，此其所以为我擒也。"（《史记·高祖本纪》）

身为领袖的刘邦，充分认识到经营王朝三大类型活动的重要性，这三大类型活动也正好是企业现金流量表描绘的主要对象。

1. 策略规划活动（以张良为代表）

企业的策略规划，具体表现在现金流量表上的是投资活动。

投资活动决定企业未来能否成功，正确的投资能使企业保持良好的发展，创造更高的市场价值；不正确的投资不仅会造成短命王朝，甚至会使"股王"沦落为"毛股"。

所谓的投资活动，不只是指把钱用在哪里的决策，也包括把错误投资收回来的决策。

2. 后勤支持活动（以萧何为代表）

后勤支持活动具体表现在现金流量表上是筹资活动，也就是资金流。

现代企业的"粮道"就是资金流。资金充足流畅，经营或投资活动就能可攻可守，员工及股东才能人心安定。

3. 市场占有活动（以韩信为代表）

市场占有活动具体表现在企业现金流量表上是经营活动。

经营活动决定企业短期的成功，它的重点是营收及获利的持续增长，以及能从顾客端顺利地收取现金。

一、现金流量表的基本原理和概念（回顾加深）

1. 现金流量表的定义

现金流量表是反映企业在一定会计期间内的经营活动、投资活动以及筹资活动中现金及现金等价物数量流向变化的会计报表。

2. 造成现金改变的三大类活动及其现金流量

（1）经营活动

经营活动指的是所有能影响利润表的营业活动。例如销售及发放薪资。

经营活动产生的现金流量：

① 现金流入。
- 销售商品、提供劳务收到的现金；
- 客户存款，存放款项净增加额；
- 向中央银行借款净增加额，向其他金融机构借入资金净增加额；
- 收到原保险合同保费取得的现金。

② 现金流出。
- 购买商品、接受劳务支付的现金，客户贷款及垫款净增加额；
- 存放中央银行和同业款项净增加额；
- 支付原保险合同赔付款项的现金；
- 支付利息、手续费及佣金的现金。

（2）投资活动

投资活动主要指取得或处分长期资产的活动。例如购买土地、厂房、设备，或出售既有固定资产。

投资活动产生的现金流量：

①现金流入。

·收回投资收到的现金；

·取得投资收益收到的现金；

·处置固定资产、无形资产和其他长期资产收回的现金净额；

·收到其他投资活动有关的现金。

②现金流出。

·购建固定资产、无形资产和其他长期资产支付的现金；

·投资支付现金；

·取得子公司及其他营业单位支付的现金净额；

·支付其他与投资活动有关的现金。

（3）筹资活动

筹资活动是指导致企业资本及债务的规模和构成发生变化的活动。例如企业的借款、还款、支付现金股利、购买公司库存股及现金增资活动。

筹资活动产生的现金流量：

①现金流入。

·吸收投资收到的现金；

·取得借款收到的现金；

·收到其他与筹资活动有关的现金。

②现金流出。

·偿还债务支付的现金；

·分配股利、利润或偿付利息支付的现金；

·支付其他与筹资活动有关的现金。

（4）现金流量表真容一瞥（如表2-15所示）

表2-15 现金流量表

项目	本期金额	上期金额
一、经营活动产生的现金流量		
销售商品、提供劳务收到的现金		
收到的税费返还		
收到其他与经营活动有关的现金		
经营活动现金流入小计		
购买商品、接受劳务支付的现金		
支付给职工以及为职工支付的现金		
支付的各项税费		
支付其他与经营活动有关的现金		
经营活动现金流出小计		
经营活动产生的现金流量净额		

续表

项目	本期金额	上期金额
二、投资活动产生的现金流量		
收回投资收到的现金		
取得投资收益收到的现金		
处置固定资产、无形资产和其他长期资产收回的现金净额		
处置子公司及其他营业单位收到的现金净额		
收到其他与投资活动有关的现金		
投资活动现金流入小计		
购建固定资产、无形资产和其他长期资产支付的现金		
投资支付的现金		
取得子公司及其他营业单位支付的现金净额		
支付其他与投资活动有关的现金		
投资活动现金流出小计		
投资活动产生的现金流量净额		
三、筹资活动产生的现金流量		
吸收投资收到的现金		
取得借款收到的现金		
收到其他与筹资活动有关的现金		
筹资活动现金流入小计		
偿还债务支付的现金		
分配股利、利润或偿付利息支付的现金		
支付其他与筹资活动有关的现金		
筹资活动现金流出小计		
筹资活动产生的现金流量净额		
四、汇率变动对现金及现金等价物的影响		
五、现金及现金等价物净增加额		
加：期初现金及现金等价物余额		
六、期末现金及现金等价物余额		

通过上例可以看出，现金流量表的科目主要分为三个部分，分别是经营活动产生的现金流量、投资活动产生的现金流量和筹资活动产生的现金流量。

在会计操作中，三大活动中现金流量发生额通常是以两个期间的数额列示的，如上期余额、本期余额或年初余额、年末余额等。

二、看懂现金流量表的武功秘籍

1. 了解现金流量表的概念架构

会计恒等式：资产 = 负债 + 所有者权益　　　　　　　　　　　　（公式1）
步骤1，将资产划分为现金资产和非现金资产，公式变为：
现金 + 非现金资产 = 负债 + 所有者权益　　　　　　　　　　　（公式2）
步骤2，移项，公式变为：
现金 = 负债 + 所有者权益 − 非现金资产　　　　　　　　　　　（公式3）
步骤3，若以Δ代表当期变化量（某一会计科目的期末金额减去期初金额），则公式变为：
Δ现金 = Δ负债 + Δ所有者权益 − Δ非现金资产　　　　　　　　（公式4）
说明：当负债增加或所有者权益增加（如办理现金增资），都会使现金流量增加。但若是增加应收账款、存货与固定资产等非现金资产科目，则会使现金流量减少。

2. 编制现金流量表的两种招式：直接法与间接法原理

（1）直接法

直接列举造成经营活动现金流入及流出的项目，也就是经营活动中现金的来源渠道和用途。

（2）间接法

由利润表金额出发，经过加减相关项目的调整，最后得到经营活动现金净流入或净流出的金额。

（3）注意

对于投资和筹资活动的现金流量不存在调整的问题，直接法与间接法没有不同。

目前国际上大部分公司是以间接法来编制现金流量表。

（4）间接法调整口诀（针对经营活动净利润基础上的调整）

①折旧、减值应加回；
②应收增加负调整（−），应收减少正调整（＋）；
③应付增加正调整（＋），应付减少负调整（−）。

小结：将净利润调整为经营性现金净流量，如表2-16所示。

表2-16　净利润调整为经营性现金净流量步骤表

	净利润
＋	折旧摊销等非现金支出
−	存货增加
−	应收款项的增加
＋	应付款项的增加
＋	财务费用
＝	经营性现金净流量

三、现金流量表的构成要素举例

1. 投资活动产生的现金流量

（1）收回投资收到的现金

收回投资收到的现金是指企业出售、转让或到期收回除现金等价物以外的对其他企业的交易性金融资产、持有至到期投资、可供出售金融资产、长期股权投资（不包括处置子公司）收到的现金。

【例2-1】A公司2013年3月，处置交易性金融资产（股票），账面成本为200万元，实际售价为450万元。4月，处置交易性金融资产，账面成本为150万元，实际售价为250万元。本年收到现金股利30万元。

A公司现金流量表中收回投资收到的现金项目的金额为：450＋250＝700（万元）。

（2）取得投资收益收到的现金

取得投资收益收到的现金是指企业因股权性投资和债权性投资而取得的现金股利、利息，以及从子公司、联营企业和合营企业分回利润收到的现金，其中不包括股票股利。

【例2-2】A公司2013年3月，外置交易性金融资产（股票），账面成本为200万元，实际售价为450万元。4月，处置交易性金融资产，账面成本为150万元，实际售价为250万元。本年收到现金股利30万元。

A公司2014年收到现金股利30万元，属于取得投资收益的现金。

（3）处置固定资产、无形资产和其他长期资产收回的现金净额

处置固定资产、无形资产和其他长期资产收回的现金净额是指企业处置固定资产、无形资产和其他长期资产收回的现金，扣除所发生的现金支出后的净额。

【例2-3】A公司出售一台不需要的设备，收到价款40万元，该设备原价50万元，已提折旧20万元，支付该项设备拆卸费0.6万元，运输费0.1万元。处置固定资产、无形资产和其他长期资产收回的现金净额是多少？

A公司收回的现金净额为：40－0.6－0.1＝39.3（万元）。

（4）购建固定资产、无形资产和其他长期资产支付的现金

购建固定资产、无形资产和其他长期资产支付的现金指企业本期购买、建造固定资产、取得无形资产和其他长期资产（如投资性房地产）实际支付的现金，包括购买固定资产、无形资产等支付的价款及相关税费以及用现金支付的应由在建工程和无形资产负担的职工薪酬。

【例2-4】C公司于7月5日，以银行存款500万元购置设备一台，不需要安装，当日即可使用。

C公司购建固定资产、无形资产和其他长期资产支付的现金为500万元，该业务中未提到相关税费，也不用支付职工薪酬。

2. 筹资活动产生的现金流量

分配股利、利润或偿付利息支付的现金是指企业实际支付的现金股利、支付给其他投资单位的利润或用现金支付的借款利息、债券利息。

【例2-5】A公司期初应付现金股利42万元，本期宣布并发放现金股利10万元，期末应付现金股利24万元。

A公司本期分配股利、利润或偿付利息所支付的现金为：42－24＋10＝28（万元）。

四、现金流量表的作用

1. 弥补资产负债表信息的不足

资产负债表是利用资产、负债、所有者权益三个会计要素的期末余额编制的,其资产类项目的本期发生额与本期净增加额得不到合理的列报,这是资产负债表的一个缺陷。而根据现金流量表附表资料,可以将资产负债表的平衡公式变为:

现金资产 = 负债 + 所有者权益 – 非现金资产

根据公式可以看到现金资产来源于负债、所有者权益、非现金资产的转化。

2. 便于从现金流量的角度对企业进行考核

企业没有现金,缺乏购买与支付能力是致命的。企业的经营者由于管理的要求急需了解现金流量信息。

另外,在当前商业信誉存在诸多问题的情况下,与企业有密切关系的部门与个人投资者、银行、财税、工商等不仅需要了解企业的资产、负债、所有者权益的结构情况与经营结果,更需要了解企业的偿还支付能力,了解企业现金流入、流出及净流量信息。

3. 了解企业筹借现金、生成现金的能力

(1) 自己生成血液

"自己生成血液"即企业在经营过程中取得利润。

(2) 输血

"输血"即通过筹资活动吸收投资者投资或借入现金。

4. 分析企业投资和理财活动对经营成果和财务状况的影响

现金流量表提供一定会计期间现金流入和流出的动态财务信息,表明企业在报告期内由经营活动、投资和筹资活动获得多少现金。

企业获得的这些现金是如何运用的,能够说明资产、负债、净资产变动的原因,对资产负债表和利润表起到补充说明的作用。现金流量表是连接资产负债表和利润表的桥梁。

第六节 报表之间的勾稽关系

一、报表表内关系

· **资产负债表**:在截至某一会计期间最后一天的那一时刻,这个公司资产负债情况如何。

■勾稽关系:资产 = 负债(借的)+ 权益(自己的)

· **利润表**:在一段时间里,这个公司损益情况如何,即赚了多少,亏了多少。

■勾稽关系:收入 – 费用 = 利润

· **现金流量表**:在一段时间里,这个公司收进了多少现金,付出去了多少现金,还余下多少现金在银行里。

■勾稽关系:流入的现金 – 流出的现金 = 余下的现金

二、报表表外关系

1. 资产负债表和利润表的关系

资产负债表同损益表的表间关系主要是资产负债表中未分配利润的期末数减去期初数,应该等于损益表的未分配利润项。即:

资产负债表本年未分配利润增加/减少额(期末数与期初数差额)=利润表净利润

【提示】如果存在提取盈余公积分配利润则另外计算。

资产负债表是一个时点报表,而损益表是一个时期报表,两个不同时点之间就是一段时期,这两个时点上的未分配利润的差额,应该等于这段时期内未分配利润的增量。

未分配利润就是企业支付成本费用,取得收入,然后交了税,付完利息后,将余下的利润分给股东之后,最后余下的钱。企业的所有活动产生的经济效果,到最后,都要体现到未分配利润上来。

【提示】如果存在提取盈余公积分配利润则另外计算。

另外,等式"收入 – 费用 = 利润"的结果既会在利润表中反映,也会在资产负债表中反映。它们之间的联系可以用等式"资产 = 负债 + 所有者权益 + 收入 – 费用"表示,如表2-17所示。

表2-17 三大财务报表简表

资产负债表	利润表	现金流量表
资产 　货币资金 　交易性金融资产 　应收账款 　存货 　长期股权投资 　长期债权投资 　固定资产 　其他资产 负债 　短期借款 　应付款项 所有者权益	营业收入 营业成本 期间费用(销管财) 营业利润 …… 利润总额 所得税 净利润	经营活动 投资活动 筹资活动 现金变化额 期初现金余额 期末现金余额

2. 资产负债表和现金流量表的关系

资产负债表同现金流量表之间的关系,主要是资产负债表的现金、银行存款及其他货币资金等项目的期末数减去期初数,应该等于现金流量表最后的现金及现金等价物净流量。即:

资产负债表的货币资金差额(期末数与期初数差额)=现金流量表的现金及等价物增加/减少额

资产负债表是一个时点报表,现金流量表是一个时期报表,资产负债表的货币资金差额,应该等于现金流量表的现金及等价物净流量。

【思考】现金即是实实在在的票子和放在银行里的银行存款,是广义上的现金,而现金等价物是个什么概念呢？

现金等价物：可以把这些东西当成现金来看待。主要包括：交易性金融资产，以及可以马上变现的长期股权投资、长期债权投资等。

现金等价物可以当作现金来看主要是因为它们可以随时变成现金，可以马上在交易市场上卖了以换回现金，这个同现金没有太大的差异；还可以直接作为支付手段，支付给客户。

3. 利润表与现金流量表的关系

利润表与现金流量表之间的关系，要通过很多的运算才可以说明，比较复杂。在此主要讨论这两者的相同之处与不同之处。

（1）相同之处

利润表与现金流量表都是时期报表，都反映一段时期内的一些活动情况。

·利润表：反映的是一段时期内的利润情况。

·现金流量表：则是反映一段时期内的现金流量情况报表。

（2）不同之处在于它们的编制的基础不同

①现金流量表的编制基础是收付实现制。

·含义：又称现金制或实收实付制，是以现金收到或付出为标准，来记录收入的实现和费用的发生。

·处理：按照收付实现制，现金收支行为在其发生的期间全部记作收入和费用，而不考虑与现金收支行为相连的经济业务实质上是否发生。

②利润表的编制基础是权责发生制。

·含义：应收应付制、应计制，该原则要求企业的会计核算应当以权责发生制为基础。

·处理：凡是当期已经实现的收入和已经发生或应当负担的费用，不论款项是否收付，都应作为本期的收入和费用；凡是不属于本期的收入和费用，即使款项已经在当期收付，也不应作为本期的收入和费用。

课后问题与作业练习

➢ 财务报表分析的原理和框架是什么？

➢ 资产包括什么内容？

➢ 利润表的用途是什么？

➢ 利润表的构成要素有哪些？

➢ 现金流量表的用途是什么？

➢ 三大报表之间有什么勾稽关系？

第三单元　财务数据分析的方法和流程

本单元学习目标

1. 了解数据和数据分析的概念；
2. 掌握数据分析的基本步骤；
3. 了解数据分析的方法和工具。
重点掌握数据分析的基本步骤。

财务数据分析的方法和流程
- 数据和数据分析
  - 数据的定义
  - 信息和数据
  - 数据分析概论
  - 财务数据分析
  - 财务数据分析的内容
  - 财务数据分析的原则
- 数据分析的基本步骤
  - 识别需求
  - 收集数据
  - 分析数据
  - 有效性判断和过程改进
  - 数据监控
  - 数据存储和清除
- 数据分析的方法和工具
  - 数据分析的基本方法
  - 结构方程模型
  - 信度分析
  - 财务报表数据分析的方法

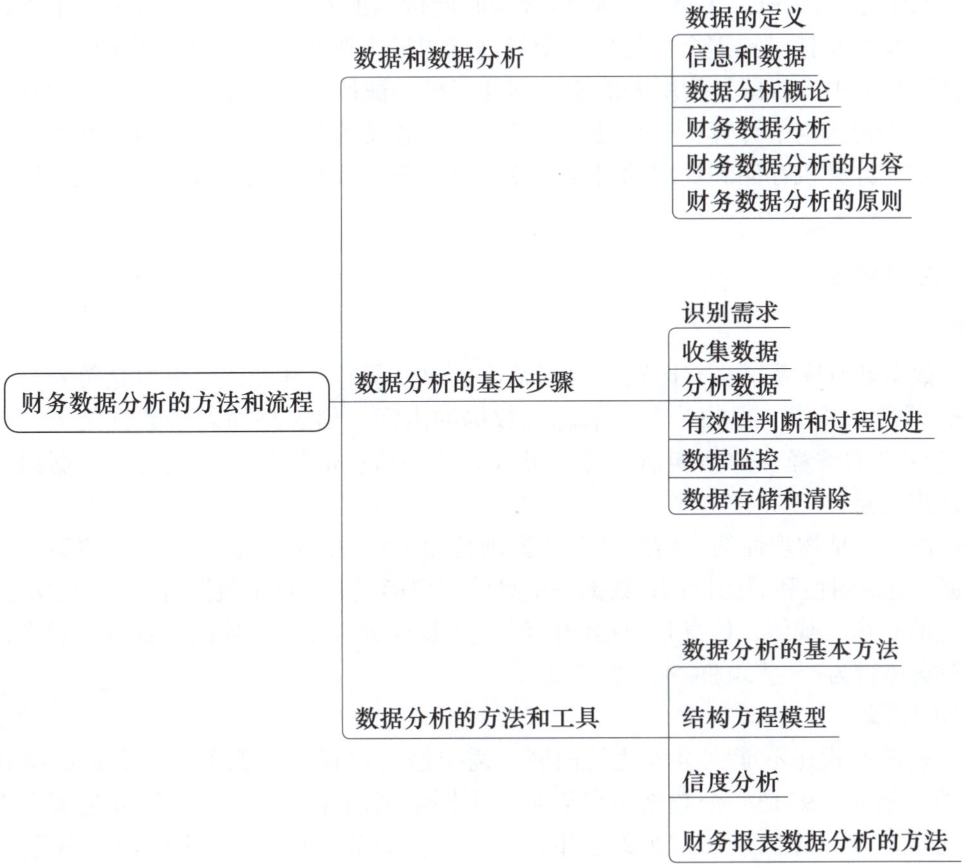

图3-1　思维导图

第一节　数据和数据分析

一、数据的定义

数据是指对客观事件进行记录并可以鉴别的符号，是对客观事物的性质、状态以及相互关系等进行记载的物理符号或这些物理符号的组合。它是可识别的、抽象的符号。

数据不仅指狭义上的数字，还可以是具有一定意义的文字、字母、数字符号的组合、图形、图像、视频、音频等，也是客观事物的属性、数量、位置及其相互关系的抽象表示。例如，"0、1、2……""阴、雨、下降、气温""学生的档案记录、货物的运输情况"等都是数据。数据经过加工后就成为信息。数据就是经过分析和概括后用以描述和解释的事实或数字。而数据集是指特定研究过程中收集的所有数据的集合。数据的内容包括个体、变量和观察值。个体是指收集数据时所依据的对象，变量是指个体中感兴趣的特征，观察值是指对特定个体的各个变量进行测量、观察，收集到的测量值全体。

在计算机科学中，数据是指所有能输入到计算机并被计算机程序处理的符号的介质的总称，是用于输入电子计算机进行处理，具有一定意义的数字、字母、符号和模拟量等的通称。现在计算机存储和处理的对象十分广泛，表示这些对象的数据也随之变得越来越复杂。

二、信息和数据

1. 信息

信息与数据既有联系，又有区别。数据是信息的表现形式和载体，可以是符号、文字、数字、语音、图像、视频等；而信息是数据的内涵，信息是加载于数据之上，对数据作具有含义的解释。数据和信息是不可分离的，信息依赖数据来表达，数据则生动具体表达出信息。

数据是符号，是物理性的，信息是对数据进行加工处理之后所得到的并对决策产生影响的数据，是逻辑性和观念性的；数据是信息的表现形式，信息是数据有意义的表示。数据是信息的表达、载体，信息是数据的内涵，是形与质的关系。数据本身没有意义，数据只有对实体行为产生影响时才成为信息。

2. 数据的语义

数据的表现形式还不能完全表达其内容，需要经过解释，数据和关于数据的解释是不可分的。例如，93是一个数据，可以是一个同学某门课的成绩，也可以是某个人的体重，还可以是计算机系2013级的学生人数。数据的解释是指对数据含义的说明，数据的含义称为数据的语义，数据与其语义是不可分的。

3. 数据的分类

（1）按性质分

①定位的，如各种坐标数据。

②定性的，如表示事物属性的数据（居民地、河流、道路等）。

③定量的，反映事物数量特征的数据，如长度、面积、体积等几何量或重量、速度等物理量。

④定时的，反映事物时间特性的数据，如年、月、日、时、分、秒等。

（2）按表现形式分

①数字数据，如各种统计或量测数据。数字数据在某个区间内是离散的值。

②模拟数据，由连续函数组成，是指在某个区间连续变化的物理量，又可以分为图形数据（如点、线、面）、符号数据、文字数据和图像数据等，如声音的大小和温度的变化等。

（3）按性质分

①分类数据：数据可以依据具体特征划分成若干类，定性数据，如名义尺度、顺序尺度。

②数值型数据：数据可以用数值表示有多少数量，定量数据，如区间尺度、比率尺度。

（4）按数值类型分

①名义尺度：表示个体属性的标签或者名称，如基金类型。

②顺序尺度：具有名义数据的性能，且数据顺序或者等级之间差距有意义，如质量等级等。

③区间尺度：数据具有顺序数据的所有特征，且以相同的刻度或单位表示数之间的间隔，如考试分数等。

④比率尺度：数据具有区间数据的所有性能，且两个数据的比值有意义，如距离、时间、成本等。

另外，按记录方式分为地图、表格、影像、磁带、纸带，按数字化方式分为矢量数据、格网数据、截面数据和时间序列数据等。在地理信息系统中，数据的选择、类型、数量、采集方法、详细程度、可信度等，取决于系统应用需求、功能、结构和数据处理、管理与分析的要求。

三、数据分析概论

简单来说，数据分析就是对数据进行分析。较为专业的说法，数据分析是指用适当的统计分析方法对收集来的大量数据进行分析，将它们加以汇总和理解并消化，以求最大化地开发数据的功能，发挥数据的作用。数据分析是为了提取有用信息和形成结论而对数据加以详细研究和概括总结的过程。这里的数据也称观测值，是通过实验、测量、观察、调查等方式获取的结果，常常以数量的形式展现出来。

数据分析的目的是把隐藏在大批看似杂乱无章的数据背后的信息集中和提炼出来，总结出所研究对象的内在规律。在实际工作中，数据分析能够帮助管理者进行判断和决策，以便采取适当的策略与行动。例如，企业的高层希望通过市场分析和研究，把握当前产品的市场动向，从而制定合理的产品研发和销售计划，这就必须依赖数据分析才能完成。

在统计学领域，有些学者将数据分析划分为描述性数据分析、探索性数据分析以及验证性数据分析。其中，探索性数据分析侧重于在数据之中发现新的特征，而验证性数据分析则侧重于验证已有假设的真伪证明。

从另一个角度看，描述性数据分析属于初级数据分析，常见的分析方法有对比分析法、平均分析法、交叉分析法等。而探索性数据分析以及验证性数据分析属于高级数据分析，常见的分析方法有相关分析、因子分析、回归分析等。我们日常学习和工作中涉及的数据分析主要是描述性数据分析,也就是大家常用的初级数据分析。

四、财务数据分析

财务数据分析,又称财务分析,是通过收集、整理企业财务会计报告中的有关数据,并结合其他有关补充信息,对企业的财务状况、经营成果和现金流量情况进行综合比较和评价,为财务会计报告使用者提供管理决策和控制依据的一项管理工作。

财务数据分析的对象是企业的各项基本活动。财务报表分析就是从报表中获取符合报表使用人分析目的的信息,认识企业活动的特点,评价其业绩,发现其问题。

财务报表能够全面反映企业的财务状况、经营成果和现金流量情况。但是单纯从财务报表上的数据还不能直接或全面说明企业的财务状况,特别是不能说明企业经营状况的好坏和经营成果的高低,只有将企业的财务指标与有关的数据进行比较才能说明企业财务状况所处的地位,因此要进行财务报表分析。

做好财务数据分析工作,可以正确评价企业的财务状况、经营成果和现金流量情况,揭示企业未来的报酬和风险;可以检查企业预算完成情况,考核经营管理人员的业绩,为建立健全合理的激励机制提供帮助。

五、财务数据分析的内容

财务数据分析是由不同的使用者进行的,他们各自有不同的分析重点,也有共同的要求。从企业总体来看,财务数据分析的基本内容,主要包括以下三个方面:

一是分析企业的偿债能力,分析企业权益的结构,估量对债务资金的利用程度。

二是评价企业资产的营运能力,分析企业资产的分布情况和周转使用情况。

三是评价企业的盈利能力,分析企业利润目标的完成情况和不同年度盈利水平的变动情况。

以上三个方面的分析内容互相联系,互相补充,可以综合描述出企业生产经营的财务状况、经营成果和现金流量情况,以满足不同使用者对会计信息的基本需要。

其中偿债能力是企业财务目标实现的稳健保证,而营运能力是企业财务目标实现的物质基础,盈利能力则是前两者共同作用的结果,同时也对前两者的增强起推动作用。

六、财务数据分析的原则

财务数据分析的原则是指各类报表使用人在进行财务分析时应遵循的一般规范,可以概括为:目的明确原则;实事求是原则;全面分析原则;系统分析原则;动态分析原则;定量分析与定性分析结合原则;成本效益原则。

第二节 数据分析的基本步骤

一、识别需求

明确数据分析需求是数据分析的出发点。明确数据分析需求就是要明确本次数据分析要研究的主要问题和预期的分析需求等,简单的说就是定义问题。

例如为建立牙膏销售量与价格、广告投入之间的关系及预测在不同价格和广告费用下的牙膏销售量，现收集了 30 个销售周期 A 公司牙膏销售量、价格、广告费用，及同期其他厂家同类牙膏的平均售价。如表 3-1 所示。

表3-1　A公司30个销售周期销售情况表

销售周期	A公司价格（元）	其他厂家价格（元）	广告费用（百万元）	价格差（元）	销售量（百万支）
1	3.85	3.80	5.50	−0.05	7.38
2	3.75	4.00	6.75	0.25	8.51
……	……	……	……	……	……
29	3.80	3.85	5.80	0.05	7.93
30	3.70	4.25	6.80	0.55	9.26

试问如何预测不同价格和广告费用下的销售量，找到牙膏销售量与销售价格和广告投入之间的关系？

针对这个具体问题，最根本的目标是预测不同价格和广告费用下的销售量，而且也决定了途径，即找出牙膏销售量与销售价格和广告投入之间的关系。所以预期的分析目标确定了，就是预测不同价格和广告费用下的销售量；主要问题也确定了，就是找到牙膏销售量与销售价格和广告投入之间的关系。

当对研究对象的内在特性和各因素间的关系有比较充分的认识时，一般用机理分析方法进行数据分析。但是如果由于客观事物内部规律的复杂性及人们认识程度的限制，无法分析实际对象内在的因果关系，建立合乎机理规律的数学模型，那么通常的办法是搜集大量的数据，基于对数据的统计分析找到相关因素的关系。

预测牙膏销量的问题，是一个"灰箱"问题，无法准确地在已掌握市场运行规律的基础上去推理分析药膏销量与价格和广告投入之间的关系。再者，要考虑到市场中不只是只有一家牙膏公司。显然，是无法通过简单推理分析来确定销量与价格和广告投入之间的关系的。

二、收集数据

正确收集数据是指从分析目标出发，排除干扰因素，正确收集服务于既定分析目标的数据。正确的数据对于实现数据分析目的将起到关键性的作用。如何正确地收集数据呢？简单地说就是用恰当的数据收集方法收集正确的数据。

总体上讲有三类原始数据收集的方法，包括实验方法、调查方法和观察方法等。实验研究是一种受控的观测方法，通过一个或多个自变量的变化来评估它对一个或多个因变量产生的效应。统计调查研究（survey research）已经广泛应用于各个领域，包括政治学、社会学、经济学、教育学和管理学科，它是以研究样本的数据为基础辨析总体状况的研究方法。实地研究（field research）是对自然状态下的研究对象进行直接观察，收集一段时期内若干变量的数据。每种数据收集的方法都有自己的优缺点和适用范围，这里不详谈。

针对这个问题将采用样本统计调查（sample survey）的方法，但是该收集哪些数据呢？研究的主要问题就是发现A公司牙膏销量与牙膏价格和广告投入的关系。正确的数据肯定包含该公司各个销售周期的销售量、销售价格和广告投入。但是从上面的分析中可以看到，A公司的牙膏销量绝对和其他公司的牙膏价格有关系，因此把其他牙膏公司的销售价格也作为数据收集对象。

三、分析数据

在明确数据分析目标基础上收集到的数据，往往还需要进行必要的加工整理后才能真正用于分析建模。数据的加工整理通常包括数据缺失值处理、数据的分组、基本描述统计量的计算、基本统计图形的绘制、数据取值的转换、数据的正态化处理等，它能够帮助人们掌握数据的分布特征，是进一步深入分析和建模的基础。

数据分析是用适当的分析方法及工具，对处理过的数据进行分析，提取有价值的信息，形成有效结论的过程。

常用的数据分析工具，如Excel的数据透视表，熟练掌握它就能解决大多数的问题。需要的话，可以再有针对性地学习SPSS、SAS等。

数据挖掘是一种高级的数据分析方法，侧重解决四类数据分析问题：分类、聚类、关联和预测，重点在寻找模式与规律。

四、有效性判断和过程改进

数据分析的第一步是提高数据质量。数据科学家要纠正拼写错误，处理缺失数据以及清除无意义的信息。这是数据价值链中最关键的步骤。垃圾数据，即使是通过最好的分析，也将产生错误的结果，并误导业务本身。直接分析这些数据将导致错误的结论，除非数据分析师采取措施来验证和清洗数据。尤为重要的是，这一步将规模化执行，因为连续数据价值链要求传入的数据会立即被清洗，且清洗频率非常高。这通常意味着此过程将自动执行，但这并不意味着人无法参与其中。

数据价值链是一个可重复的过程，能够对业务和数据价值链本身产生连续的改进。基于模型的结果，业务将根据驱动手段作出改变，数据科学团队将评估结果。在结果的基础上，企业可以决定下一步计划，而数据科学团队继续进行数据收集、数据清理和数据建模。企业重复这个过程越快，就会越早修正发展方向，越快得到数据价值。理想情况下，多次迭代后，模型将产生准确的预测，业务将达到预定的目标，结果数据价值链将用于监测和报告，同时团队中的每个人将开始解决下一个业务挑战。

五、数据监控

数据处理中的数据质量监控，从以下几个方面进行：

- 数据容量（Volume）：数据的大小决定所考虑的数据的价值和潜在的信息。
- 数据种类（Variety）：数据类型的多样性。
- 数据速度（Velocity）：获得数据的速度。
- 数据可变性（Variability）：妨碍了处理和有效地管理数据的过程。
- 数据真实性（Veracity）：数据的质量。
- 数据复杂性（Complexity）：数据量巨大，来源多渠道。

总而言之，数据是需要更新处理模式才能具有更强的决策力、洞察发现力和流程优化能力的海量、高增长率和多样化的信息资产。

六、数据存储和清除

数据存储对象包括数据流在加工过程中产生的临时文件或加工过程中需要查找的信息。

数据以某种格式记录在计算机内部或外部存储介质上。数据存储要命名，这种命名要反映信息特征的组成含义。数据流反映了系统中流动的数据，表现出动态数据的特征；数据存储反映系统中静止的数据，表现出静态数据的特征。

网络存储技术（Network Storage Technologies）是基于数据存储的一种通用网络术语。网络存储结构大致分为三种：直连式存储（DAS：Direct Attached Storage）、网络存储设备（NAS：Network Attached Storage）和存储网络（SAN：Storage Area Network）。

数据清除是指彻底擦除存储设备（如硬盘、闪存）中的数据，以达到保护机密信息数据的目标。

大多数公司只知道用 Format、Fdisk 或 Delete 等命令来重新格式化他们的硬盘，却不了解这些命令根本就没有将信息删除掉，它们只是从指示器转移到了文件中，只需启动一个简单的命令就可以再次恢复。有些公司已经意识到了这一点，但他们一般采取的办法是销毁旧硬盘或用消磁器消磁。芬兰 Blacco 提供专业化擦除数据服务的彻底安全有效数据清除软件解决方案，获得众多国际组织认证，支持多种设备。

可以清除的媒介设备有磁盘、闪存设备、CD和DVD。当设备清除完成后，上面应当没有任何残留数据，即使是先进的取证工具也无法恢复任何数据。清除技术可以是擦除数据的特定软件、连接存储并擦除数据的特定设备，或者是从物理上破坏媒介的一种过程，使得数据无法从存储设备上恢复。

方法是建立一项数据清除策略，作为数据保存策略的一种补充。数据保存策略和程序在美国目前的许多法律中有着明确的要求，诸如萨班斯法案（SOX）和健康保险流通与责任法案（HIPAA）。虽然在这些以及其他一些法案中并没有明确提到数据清除，但该策略能够确保不再使用的设备或媒介上的内容已被安全删除、破坏或覆盖写入，从中检索出有价值的数据变得十分困难或根本不可能。数据清除策略同样能够降低数据和隐私泄露的可能性，从而减少企业可能面临的各项风险。

第三节 数据分析的方法和工具

一、数据分析的基本方法

数据分析的基本方法主要包括描述性统计分析、探索性数据分析和验证性数据分析。

1. 描述性统计分析

所谓描述性统计分析，就是对一组数据的各种特征进行分析，以便于描述测量样本的各种特征及其所代表的总体的特征，是用来概括、表述事物整体状况以及事物间关联、类属关系的统计方法。通过统计处理可以简洁地用几个统计值来表示一组数据的集中性和离散型（波动性大小），将调查样本中包含的大量数据资料进行整理、概括和计算，是推断性统计的基础。

描述性统计是以揭示数据分布特性的方式汇总并表达定量数据的方法。主要包括数据的频数分析、数据的集中趋势分析、数据的离散程度分析、数据的分布，以及一些基本的统计图形。特征包括表示定量数据，揭示数据分布的特征。描述性统计是一类统计方法的汇总，作用是提供了一种概括和表征数据的有效且相对简便的方法。通常用图示法来表述，易于看懂，能发现质量特性值（总体）的分布状况、趋势走向的一些规律，便于采取措施。用于汇总和表征数据，通常是对数据进一步定量分析的基础，或是对推断性统计方法的有效补充。

常见的描述性统计方法可分为三类：用数据的统计量来描述，如：均值、标准差、中位数、偏度、峰度等；用图示技术来描述，如：直方图、散布图、趋势图、排列图、条形图和饼图等；用文字语言分析和描述，如：统计分析表、分层、因果图、亲和图和流程图等。

常见描述性统计的应用范围：描述性统计适用于能够收集到定量数据的所有领域，它能提供有关产品、过程或质量管理体系的信息，也可用于管理。

具体方法例如：

缺失值填充：常用方法包括剔除法、均值法、最小邻居法、比率回归法、决策树法。

正态性检验：很多统计方法都要求数值服从或近似服从正态分布，所以之前需要进行正态性检验。常用方法：非参数检验的K–量检验、P–P图、Q–Q图、W检验、动差法。

2. 探索性数据分析

所谓探索性数据分析（Exploratory Data Analysis，以下简称EDA），是指对已有的数据（特别是调查或观察得来的原始数据）在尽量少的先验假定下进行探索，通过作图、制表、方程拟合、计算特征量等手段探索数据的结构和规律的一种数据分析方法。特别是当我们对这些数据中的信息没有足够的经验，不知道该用何种传统统计方法进行分析时，探索性数据分析就会非常有效。探索性数据分析在上世纪60年代被提出，其方法由美国著名统计学家约翰·图基（John Tukey）命名。EDA的出现主要是在对数据进行初步分析时，往往还无法进行常规的统计分析。这时候，如果分析者先对数据进行探索性分析，辨析数据的模式与特点，并把它们有序地发掘出来，就能够灵活地选择和调整合适的分析模型，并揭示数据相对于常见模型的种种偏离。在此基础上再采用以显著性检验和置信区间估计为主的统计分析技术，就可以科学地评估所观察到的模式或效应的具体情况。探索性数据分析有别于初始性数据分析（Initial Data Analysis–IDA）。初始性数据分析的聚焦点是分析鉴别统计模型和科研假设测试所需的条件是否达到，以保证验证性分析的可靠性。在这个分析过程中对不符合条件的数据进行缺值填补、数据转换、异常值舍弃等处理以增强分析的准确性。探索性数据分析包含初始性数据分析，但它的出发点不仅是确定数据质量，而且更重视从数据中发现数据分布的模式（Patten）和提出新的假设。

所以概括起来说，分析数据可以分为探索和验证两个阶段。探索阶段强调灵活探求线索和证据，发现数据中隐藏的有价值的信息，而验证阶段则着重评估这些证据，相对精确地研究一些具体情况。在验证阶段，常用的主要方法是传统的统计学方法；在探索阶段，主要的方法就是 EDA。EDA 的特点有三个：一是在分析思路上让数据说话，不强调对数据的整理。传统统计方法通常是先假定一个模型，例如数据服从某个分布（特别常见的是正态分布），然后使用适合此模型的方法进行拟合、分析及预测。但实际上，多数数据（尤其是实验数据）并不能保证满足假定的理论分布。因此，传统方法的统计结果常常并不令人满意，使用上受到很大的局限。EDA 则可以从原始数据出发，深入探索数据的内在规律，而不是从某种假定出发，套用理论结论，拘泥于模型的假设。二是 EDA 分析方法灵活，而不是拘泥于传统的统计方法。传统的统计方法以概率论为基础，使用有严格理论依据的假设检验、置信区间等处理工具。EDA 处理数据的方式则灵活多样，分析方法的选择完全从数据出发，灵活对待，灵活处理，什么方法可以达到探索和发现的目的就使用什么方法。这里特别强调的是 EDA 更看重的是方法的稳健性、耐抗性，而不刻意追求概率意义上的精确性。三是 EDA 分析工具简单直观，更易于普及。传统的统计方法都比较抽象和深奥，一般人难于掌握，EDA 则更强调直观及数据可视化，更强调方法的多样性及灵活性，使分析者能一目了然地看出数据中隐含的有价值的信息，显示出其遵循的普遍规律及与众不同的突出特点，促进发现规律，得到启迪，满足分析者的多方面要求，这也是 EDA 对于数据分析的主要贡献。

总之，探索性数据分析强调灵活地探求线索和证据，重在发现数据中可能隐藏着的有价值的信息，比如数据的分布模式、变化趋势、可能的交互影响、异常变化等等，而传统的统计方法则侧重于评估已经发现的证据，通常要求分析人员具备一定的统计学基础。根据不同的业务目的和数据资源选用不同的技术，或者综合使用这两类技术，将会使我们更快地获得更多的发现。对于大多不具备统计学功底但数据分析任务却越来越多的企业人员（如市场分析人员、质量管理人员等）来说，重视、学习并用好探索性数据分析往往能事半功倍。

3. 验证性数据分析

验证性数据分析又叫验证性因素分析，验证性因素分析是在探索性因素分析的基础上发展起来的。探索性因素分析是基于数据统计分析基础上的因素生成方法，它只考虑数据之间的纯数字特征而没有任何理论前提；根据探索性因素分析的基本理论，因素之间的相关性应该较小，才能认为所编制的测验是一个较好的测验，即测验应有较小的会聚效度。在探索性因素分析中，由于因素的数量以及因素之间的关系都是未知的，所以所有的因素负荷、因素相关、唯一性方差都是待估的。在验证性因素分析中，研究中可以根据已有的知识与研究，假设因素的数量与因素之间的关系，从而减少待估量，并且可以对假设的模型进行验证。从技术层面来讲，验证性因素分析是结构方程模型的一种模型，其数学原理与统计程序都是结构方程模型的一种特殊应用。验证性因素分析检验的是测量变量与潜在变量的假设关系，是结构方程模型最基础的测量部分，可以独立应用在信效度的检验与理论有效性的确认上。

对一个验证性因素分析模型作取舍时，拟合优度是一个重要指标，即根据数据得出的模型参数与理论模型的参数值之间的吻合程度。验证性因素分析模型中有真正总体方差、协方差、估计总体协方差、样本协方差和估计协方差，相应地存在整体差异、近似差异、估计差异和样本差异四类差异。拟合度是检验模型估计协方差矩阵和样本协方差的相似程度的指标，是直接检验样本协方差矩阵和估计的协方差矩阵间的相似程度的统计量。拟合度的理论期望值为 1。拟合度越接近 1，说明样本协方差和估计的协方差矩阵的相似程度越大，模型拟合度越好。在实际研究中，当拟合度小于 5 时，可以认为模型的拟合度比较好。

当我们进行一个验证性研究时，首先要形成明确、完善的假设，再根据假设收集资料，最后检验修改原假设。由于其目的在于对假设进行检验，因而对 CFA 而言，假设的质量是研究成败的关键。

进行一个验证性因素分析的基本程序为：

（1）模型界定

所谓界定，是指研究者根据特定的研究问题及现有专业知识明确提出自己的具体的理论模型，即对观测变量的数目、潜在变量的数目、潜在变量与观测变量间的关系、潜在变量之间的相互关系、独特性因素与观测变量的关系、独特性因子之间的相互关系等形成明确的假设，用方程式的形式表述出来。

（2）模型确定性

模型中的所有参数是否都只有一种方法求解，也就是模型是否有解及解的唯一性问题。如果模型中某个参数的确定性得不到满足，则该参数可能在数学上无解或存在着无穷多个等价的解，因此，对该模型的其他参数的任何估计和解释也就失去了意义，这种情形称为模型的不确定性。相反，如果对于模型中的每个参数都有解并且都只有一种方法可求解，我们就说该模型是恰确定的，简称恰定的。进一步地，若模型中每个参数都有解并且都有多种方法可求解，则称模型为过度确定的，简称超定的。若模型中每个参数都有解，且某些而不是全部参数可由多种方法求解，则称模型为部分过度确定的，简称半超定的。

对验证性因素分析而言，模型的确定性是对模型进行参数估计的必要前提。进行验证性因素分析的一个基本前提和步骤就是手工证实模型中每个参数的确定性状态，这也是目前国际上通行的证实模型的确定性的唯一普适方法。

（3）模型估计以及矩阵表示

验证性因素分析需要有一个良好的模型估计以及可以利用矩阵进行表示。

（4）模型合理性检验与修订

对探索型因素分析而言，模型一旦估计出来，统计分析也就完结了。但在验证型因素分析中，模型的估计仅仅是第一步，更为重要的是对假设的模型的合理性作出检验。合理性检验，包括每个参数的合理性（如方差、协方差的非负性）检验与显著性检验，整个模型的总的适切性检验等等。检验不仅为模型合理性提供了量化依据，也为下一步研究、为模型改进指明了方向。进行研究时，为建立和检验理论模型应采用交错效度法，即模型的修改和检验不能使用同一组数据。

二、结构方程模型

结构方程模型（Structural Equation Modeling，SEM）是社会科学研究中的一个非常好的方法。该方法在20世纪80年代就已经成熟，可惜国内了解的人并不多。"在社会科学以及经济、市场、管理等研究领域，有时需处理多个原因、多个结果的关系，或者会碰到不可直接观测的变量（即潜变量），这些都是传统的统计方法不能很好解决的问题。20世纪80年代以来，结构方程模型迅速发展，弥补了传统统计方法的不足，成为多元数据分析的重要工具。

结构方程模型是建立在回归模型（Regression Models）的基础上，针对潜变量（Latent Variables）的统计方法。结构方程模型的优点在于：

1. 同时处理多个因变量

结构方程分析可同时考虑并处理多个因变量。在回归分析或路径分析中，就算统计结果的图表中展示多个因变量，其实在计算回归系数或路径系数时，仍是对每个因变量逐一计算。所以图表看似对多个因变量同时考虑，但在计算对某一个因变量的影响或关系时，都忽略了其他因变量的存在及其影响。

2. 容许自变量和因变量含测量误差

态度、行为等变量，往往含有误差，也不能简单地用单一指标测量。结构方程分析容许自变量和因变量均含测量误差。变量也可用多个指标测量。用传统方法计算的潜变量间的相关系数，与用结构方程分析计算的潜变量间的相关系数，可能相差很大。

3. 同时估计因子结构和因子关系

假设要了解潜变量之间的相关，每个潜变量需要用多个指标或题目测量，一个常用的做法是对每个潜变量先用因子分析计算潜变量（即因子）与题目的关系（即因子负荷），进而得到因子得分，作为潜变量的观测值，然后再计算因子得分，作为潜变量之间的相关系数。这是两个独立的步骤。在结构方程中，这两步同时进行，即因子与题目之间的关系和因子与因子之间的关系同时考虑。

4. 容许更大弹性的测量模型

传统上，我们只容许每一题目（指标）从属于单一因子，但结构方程分析容许更加复杂的模型。例如，我们用英语书写的数学试题，去测量学生的数学能力，则测验得分（指标）既从属于数学因子，也从属于英语因子（因为得分也反映英语能力）。传统因子分析难以处理一个指标从属多个因子或者考虑高阶因子等有比较复杂的从属关系的模型。

5. 估计整个模型的拟合程度

在传统路径分析中，我们只估计每一路径（变量间关系）的强弱。在结构方程分析中，除了上述参数的估计外，我们还可以计算不同模型对同一个样本数据的整体拟合程度，从而判断哪一个模型更接近数据所呈现的关系。

简单而言，与传统的回归分析不同，结构方程分析能同时处理多个因变量，并可比较及评价不同的理论模型。与传统的探索性因子分析不同，在结构方程模型中，我们可以提出一个特定的因子结构，并检验它是否吻合数据。通过结构方程多组分析，我们可以了解不同组别内各变量的关系是否保持不变，各因子的均值是否有显著差异。

三、信度分析

信度（Reliability）即可靠性，它是指采用同样的方法对同一对象重复测量时所得结果的一致性程度。信度指标多以相关系数表示，大致可分为三类：稳定系数（跨时间的一致性），等值系数（跨形式的一致性）和内在一致性系数（跨项目的一致性）。

信度分析的方法主要有以下四种：重测信度法、复本信度法、折半信度法和克隆巴赫（信度）系数法。

1. 重测信度法

这一方法是用同样的问卷对同一组被调查者间隔一定时间重复施测，计算两次施测结果的相关系数。显然，重测信度属于稳定系数。重测信度法特别适用于事实式问卷，如性别、出生年月等在两次施测中不应有任何差异，大多数被调查者的兴趣、爱好、习惯等在短时间内也不会有十分明显的变化。如果没有突发事件导致被调查者的态度、意见突变，这种方法也适用于态度、意见式问卷。由于重测信度法需要对同一样本试测两次，被调查者容易受到各种事件、活动和他人的影响，而且间隔时间长短也有一定限制，因此在实施中有一定困难。

2. 复本信度法

复本信度法是让同一组被调查者一次填答两份问卷复本，计算两个复本的相关系数。复本信度属于等值系数。复本信度法要求两个复本除表述方式不同外，在内容、格式、难度和对应题项的提问方向等方面要完全一致，而在实际调查中，很难使调查问卷达到这种要求，因此采用这种方法者较少。

3. 折半信度法

折半信度法是将调查项目分为两半，计算两半得分的相关系数，进而估计整个量表的信度。折半信度属于内在一致性系数，测量的是两半题项得分间的一致性。这种方法一般不适用于事实式问卷（如年龄与性别无法相比），常用于态度、意见式问卷的信度分析。

4. 克隆巴赫（信度）系数（Cronbach's alpha）法

克隆巴赫（信度）系数（Cronbach's alpha），是心理或教育测验中最常用的信度评估工具。其依据一定公式估量测验内部的一致性，作为信度的指标。它克服了部分折半法的缺点，是目前社会研究最常使用的信度指标，它是测量一组同义或平行测"总和"的信度。

克隆巴赫系数公式：$\alpha = (n/n - 1)(1 - \sum S_i^2 / S_t^2)$

α 为信度系数，n 为测验题目数，S_i^2 为每题各被试得分的方差，S_t^2 为所有被试所得总分的方差。

一般来说，该系数愈高，即工具的信度愈高。在基础研究中，信度至少应达到 0.80 才可接受，在探索性研究中，信度只要达到 0.70 就可接受，介于 0.70 ~ 0.98 均属高信度，而低于 0.35 则为低信度，必须予以拒绝。

四、财务报表数据分析的方法

想要透彻了解企业经营业绩与财务数据，一份实用的财务报表必不可少，而拿到了财务报表后，想要从复杂的会计程序与数据中看出有用信息，还需要掌握实用的分析方法才行。

下面就为大家分享财务报表数据的五种分析方法。

1. 比较分析

比较分析是为了说明财务数据之间的数量关系与数量差异,为进一步的分析指明方向。这种比较可以是将实际与计划相比,可以是本期与上期相比,也可以是与同行业的其他企业相比。

2. 趋势分析

趋势分析是为了揭示财务状况和经营成果的变化及其原因、性质,帮助预测未来。用于进行趋势分析的数据既可以是绝对值,也可以是比率或百分比数据。

3. 因素分析

因素分析是为了分析几个相关因素对某一财务指标的影响程度,一般要借助于差异分析的方法。

4. 比率分析

比率分析是通过对财务比率的分析,了解企业的财务状况和经营成果,往往要借助于比较分析和趋势分析方法。

上述各方法有一定程度的重合。在实际工作当中,比率分析方法应用最广。财务比率分析最主要的好处就是可以消除规模的影响,用来比较不同企业的收益与风险,从而帮助投资者和债权人作出理智的决策。它可以评价某项投资在各年之间收益的变化,也可以在某一时点比较某一行业的不同企业。由于不同的决策者信息需求不同,所以使用的分析技术也不同。

一般来说,用三个方面的比率来衡量风险和收益的关系。

(1)偿债能力

短期偿债能力:短期偿债能力是指企业偿还短期债务的能力。短期偿债能力不足,不仅会影响企业的资信,增加今后筹集资金的成本与难度,还可能使企业陷入财务危机,甚至破产。一般来说,企业应该以流动资产偿还流动负债,而不应靠变卖长期资产,所以用流动资产与流动负债的数量关系来衡量短期偿债能力。

长期偿债能力:长期偿债能力是指企业偿还长期利息与本金的能力。一般来说,企业借长期负债主要是用于长期投资,因而最好是用投资产生的收益偿还利息与本金。通常以负债比率和利息收入倍数两项指标衡量企业的长期偿债能力。

(2)营运能力

营运能力是以企业各项资产的周转速度来衡量企业资产利用的效率。周转速度越快,表明企业的各项资产进入生产、销售等经营环节的速度越快,那么其形成收入和利润的周期就越短,经营效率自然就越高。

(3)盈利能力

盈利能力是各方面关心的核心,也是企业成败的关键,只有长期盈利,企业才能真正做到持续经营。因此无论是投资者还是债权人,都对反映企业盈利能力的比率非常重视。

5. 现金流分析

在财务比率分析当中,没有考虑现金流的问题,而现金流对于一个企业具有重要意义，因此，下面我们就来具体地看一看如何对现金流进行分析。

分析现金流要从两个方面考虑。一个方面是现金流的数量，如果企业总的现金流为正，则表明企业的现金流入能够保证现金流出的需要。但是，企业是如何保证其现金流出的需要的呢？这就要看其现金流各组成部分的关系了。这方面的分析我们在前面已经详细论述过，这里不再重复。另一个方面是现金流的质量，包括现金流的波动情况、企业的管理情况，如营业收入的增长是否过快，存货是否已经过时或流动缓慢，应收账款的可收回性如何，各项成本控制是否有效等等。最后是企业所处的经营环境，如行业前景，行业内的竞争格局，产品的生命周期等。所有这些因素都会影响企业产生未来现金流的能力。

对企业财务状况和经营成果的分析主要通过比率分析实现。常用的财务比率衡量企业三个方面的情况，即偿债能力、营运能力和盈利能力。对现金流的分析一般不能通过比率分析实现，而是要求从现金流的数量和质量两个方面评价企业的现金流动情况，并据此判断其产生未来现金流的能力。比率分析与现金流分析作用各不相同，不可替代。

课后问题与作业练习
- 简述数据分析的基本步骤。
- 解释描述性统计分析、探索性数据分析和验证性数据分析。
- 解释结构方程模型。

第四单元　财务数据的采集和整理

本单元学习目标

1. 理解财务数据采集的基本方法；
2. 理解数据整理的基本方法；
3. 掌握数据采集的基本操作。
重点掌握 Excel 软件基本界面和操作基础。

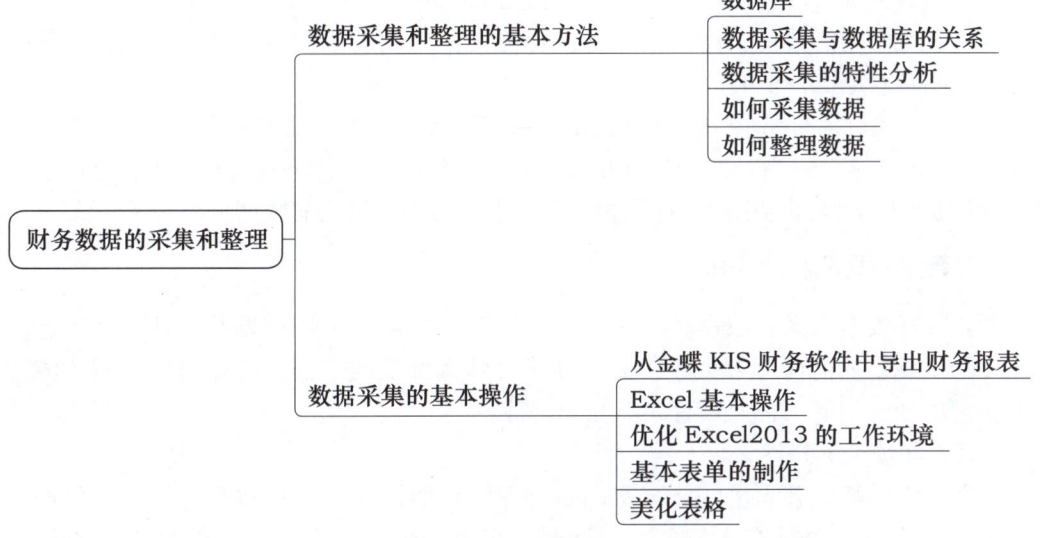

图4-1　思维导图

第一节　数据采集和整理的基本方法

一、数据库

数据库（Database）是按照数据结构来组织、存储和管理数据的建立在计算机存储设备上的仓库。简单来说是本身可视为电子化的文件柜——存储电子文件的处所，用户可以对文件中的数据进行新增、截取、更新、删除等操作。

在经济管理的日常工作中，常常需要把某些相关的数据放进这样的"仓库"，并根据管理的需要进行相应的处理。

例如，企业或事业单位的人事部门常常要把本单位职工的基本情况（职工号、姓名、年龄、性别、籍贯、工资、简历等）存放在表中，这张表就可以看成是一个数据库。有了这个"数据仓库"我们就可以根据需要随时查询某职工的基本情况，也可以查询工资

在某个范围内的职工人数等等。这些工作如果都能在计算机上自动进行，那我们的人事管理就可以达到极高的水平。此外，在财务管理、仓库管理、生产管理中也需要建立众多的这种"数据库"，使其可以利用计算机实现财务、仓库、生产的自动化管理。

二、数据采集与数据库的关系

数据库设计的基本目标可以简单的概括为：
一是存储数据：将用户所需要的各种数据进行有效的存储和管理。
二是读取数据：使不同的用户能取到他们各自所需要的数据。
三是修改数据：根据用户要求，更新原来存储的数据，并保持数据的一致性和完整性。
因此，设计一个数据库管理系统必须满足两方面的要求。

第一个是数据的要求，即数据库中存储的数据符合用户的需要，是以用户的工作目标、业务流程和数据内容为基础的，因而能使用户获得正确的数据。

第二个是性能的要求，即数据库的设计能使用户足够快而方便地取到数据，使需要数据的人能有效地执行他们的任务。

为实现上述目标与要求，必须调查用户系统的数据要求和处理要求，也就是着手数据库设计的前期工作——数据的采集和整理。这一工作的好坏，将直接影响数据库的质量，即影响着数据库的设计与用户目标是否一致，以及与用户机构的数据要求是否一致。

三、数据采集的特性分析

为了做好数据采集和数据整理工作，必须对数据采集工作有哪些特性，在思想上有个充分的认识，才能懂得数据采集和整理是件什么性质的工作，应该怎样去做才能达到要求。粗略分析一下，它大致有如下几个特性。

1. 冗长而烦琐的特性

用户系统中蕴藏着大量的、丰富的数据库设计所需要的各种数据，但这些数据并不是以书面文字形式呈现在人们面前，而是分散在不同的业务部门、各种工作流程和工序中，它们大都是以一种未被加工过的、零碎的、分散的形式出现的，有的甚至是人们头脑里的经验、习惯做法等。要将分散的、不系统的数据，经过采集、整理、加工和归纳等工作，变成能说明各种问题的有用数据，需要人们花费大量的时间和精力，这是一件冗长而烦琐的工作。不认识这种特性或者对这种特性缺乏足够的思想准备，就会对数据采集和整理工作缺乏耐心和决心，抓到些不完整的数据就一知半解地分析和评述了。这样作出的结论，不会是或不完全是用户系统的真实的映象。

2. 科学性

数据采集并不是单纯地收集一些数据，说明某一个具体事，而是将系统工程学、计算机科学、数学，甚至心理学等知识运用到某个特定的研究对象——用户系统上，对它进行客观的、真实的描述，进而提出改造它的科学设想。

这是一项科学性、技术性很强的工作，它需要符合两方面的科学性。一方面，要符合系统工程学、计算机科学等学科的系统性；另一方面，要符合具体工作单位的实践性。具有不同学术水平和经验的人，会采集到不同质量的数据，以及用这些数据说明问题的深度和范围也大不相同，这种差异的存在，恰好反映出数据采集和整理工作的科学特性。

3. 概括与抽象的特性

采集到的各种零碎的原始数据,不仅要经过分类和整理,用恰当的形式,正确、形象地反映各种数据,而且要进行综合和分析,抽象出对于对象和过程的本质属性的表述,如确定用户系统存在什么问题、陈述数据库设计的目标等,都需要通过对数据资料的概括和抽象才能得到的。

准确地、本质地又是全局性地进行概括和抽象,是一件很困难的工作。但是,这项工作必须做好,并且写出各种书面文件,因为这些文件在数据库的设计、开发和运行的长时期过程中将一直起作用,也是今后修改数据库的数据依据。

4. 富有创造性的精神

数据采集和整理既是一项冗长而烦琐的工作,又是一项富有创造性的工作。因为采集到的数据要设计出一个数据库系统,既要考虑系统的长远利益,又要照顾眼前的现实;既要采用先进的技术设备,又要考虑是否适合工作单位的具体环境;既要选择最佳方案,又要充分估计其经费、时间、效果等代价……这就需要人们研究出几种方案,进行比较、论证。做这些工作时,并没有现成的公式,而要针对具体情况进行具体分析,这就需要有创造性,要有创新精神。

四、如何采集数据

数据采集工作是一个由粗到细,由一般到具体的逐步深化的过程。为使数据采集工作有条不紊地进行,避免不必要的重复和返工,应该采取一套科学的、有效的方法。以管理信息为例,常用的方法有以下几种。

1. 搜集用户系统的公文档案资料

搜集的内容包括:

(1) 工作单位或部门的规划、计划和工作总结等。

(2) 业务工作应该遵循的国际或国家级的标准文本,规划手册等。

(3) 各种业务的工作细则、岗位职责等。

(4) 各种业务的专题报告和公文资料等。

(5) 各种类型的统计报表。

搜集公文档案资料是一项必不可少的数据采集工作,这些资料大多是用文字写成的书面资料,是经过专家或业务人员整理,加工成有针对性地叙述某方面问题的技术资料。这种资料的系统性和完整性都比较好,可靠程度也比较高,可供系统设计人员仔细阅读,以便比较准确地了解用户系统的工作环境和条件。

但是,现存公文档案资料分散在各种不同的业务人员手中,事先不可能详细了解,到底有些什么资料,谁收藏这些资料,这就需要系统设计人员去挖掘、去发现。因此能否将分散在各处的现存资料更多地搜集起来,取决于设计人员努力工作的程度。

2. 听取业务人员的情况介绍

听取的内容包括:

(1) 中、高级管理人员介绍本岗位、本部门的工作任务和执行情况。

(2) 人员和组织的分工情况。

（3）业务工作流程、多工序间的关系。

（4）对使用新技术、新设备有什么要求、想法等。

听取业务人员介绍情况也是数据采集的有效方法，通过业务人员的讲授，能听到比较生动、具体的情况，因此容易理解各种细节，印象较深。而且，业务人员介绍情况时会谈到当前工作存在的问题，遇到的困难和矛盾，甚至列举一些事例说明其重要性，这有利于系统设计人员明确用户系统的问题和数据库设计的目标等技术要求。

但是，在用户系统内部，不同人介绍的内容会有某些差异，甚至对同一事物会有不同的看法，事实也会有某些出入，有时还需要做些核实工作。

3. 深入现场，进行典型调查

调查的方面包括：

（1）观察现场的工作环境、工作条件。

（2）观察工作人员的工作情况，单位时间内处理的业务数量。

（3）了解有哪些工序，各工序间的关系和衔接等。

（4）收集各种工作清样，实物图片等。

（5）收集本部门的统计报表。

亲临现场，观察了解，可以亲自看到用户系统中许多有用的数据资料，了解业务工作中数据是怎样流动的及其各种复杂情况。根据收集到的实物资料、工作清样，可以看清业务工作的底数，帮助系统设计人员检验自己对用户系统的理解是否符合实际。

4. 个别访问

访问的方面包括：

（1）工序流程的细节。

（2）数据的输入、转换和输出的详情。

（3）各部门之间的业务界面关系。

（4）处理业务工作的经验、约定、辅助工具等。

个别访问是一种有针对性地采集数据的方式，要解决的问题明确，访问对象又是熟知这方面情况的，所以访问时能得到满意的结果。而且，在个别访问中常常会了解到业务人员处理工作的一些个人经验、不成文的约定和"土"办法等。这些隐含在业务人员头脑中的数据、办法对数据库设计工作也是重要的，它会涉及数据库设计的细节方面的考虑。

五、如何整理数据

数据整理是对调查、观察、实验等研究活动中所搜集到的资料进行检验、归类编码和数字编码的过程。它是数据统计分析的基础。

在20世纪90年代中晚期，为了揭示一些隐含数据性质、趋势和模式，很多商家开始探讨把传统的统计和人工智能分析技术应用到大型数据库的可行性问题，这些探讨最终发展成为基于统计分析技术的正规数据整理工具。

数据整理的基本指导方法包括归纳法、演绎法和预防法。

1. 归纳法

所谓归纳法或称归纳推理（Inductive reasoning），是在认识事物过程中所使用的思维方法，有时叫作归纳逻辑，是指人们以一系列经验事物或知识素材为依据，寻找出其服从的基本规律或共同规律，并假设同类事物中的其他事物也服从这些规律，从而将这些规律作为预测同类事物的其他事物的基本原理的一种认知方法。归纳法在数据整理的具体应用包括直方图和数据分层法。

（1）直方图

直方图又称质量分布图，是一种几何形图表，它是根据从生产过程中收集来的质量数据分布情况，画成以组距为底边、以频数为高度的一系列连接起来的直方型矩形图。如图4-2所示。

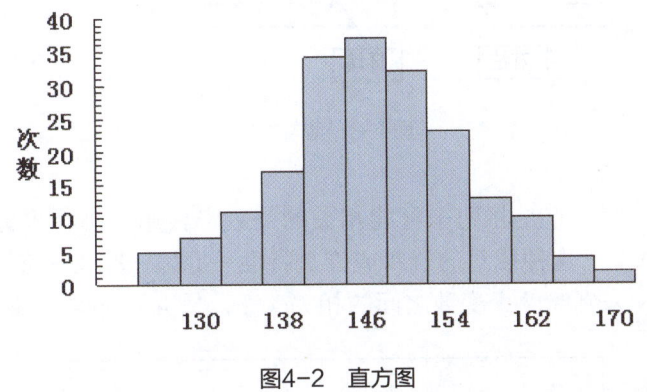

图4-2 直方图

（2）数据分层法

数据分层法是指将性质相同的，在同一条件下收集的数据归纳在一起，以便进行比较分析。因为在实际生产中，影响质量变动的因素很多，如果不把这些因素区别开来，难以得出变化的规律。数据分层可根据实际情况按多种方式进行。例如，按不同时间、不同班次进行分层，按使用设备的种类进行分层，按原材料的进料时间、原材料成分进行分层，按检查手段、使用条件进行分层，按不同缺陷项目进行分层，等等。数据分层法经常与统计分析表结合使用。

2. 演绎法

所谓演绎法或称演绎推理（Deductive reasoning）是指人们以一定的反映客观规律的理论认识为依据，从服从该认识的已知部分推知事物的未知部分的思维方法，是由一般到个别的认识方法。演绎法是认识"隐性"知识的方法。演绎法的具体应用包括鱼骨图、散布图和回归分析预测法。

（1）鱼骨图

鱼骨图又名特性因素图，是由日本管理大师石川馨先生所发展出来的，故又名石川图。鱼骨图是一种发现问题"根本原因"的方法，它也可以称之为"因果图"。鱼骨图原本用于质量管理，如图4-3所示。

问题的特性总是受到一些因素的影响，我们通过头脑风暴找出这些因素，并将它们与特性值一起，按相互关联性整理而成的层次分明、条理清楚，并标出重要因素的图形就叫特性要因图。因其形状如鱼骨，所以又叫鱼骨图（以下称鱼骨图），它是一种透过现象看本质的分析方法，又叫因果分析图。同时，鱼骨图也用在生产中，来形象地表示生产车间的流程。下图是鱼骨图的一个例子：怎样识别产品不合格或客户不满意的原因？

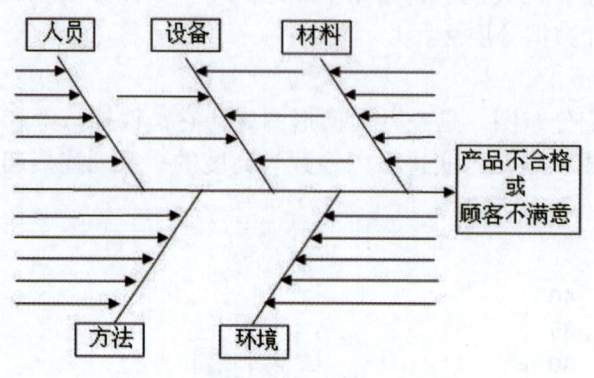

图4-3　鱼骨图

（2）散布图

散布图又叫相关图，它是将两个可能相关的变数资料用点画在坐标图上，看成对的资料之间是否有相关性。这种成对的资料或许是特性—原因，特性—特性—原因的关系。通过对其观察分析，来判断两个变数之间的相关关系。图4-4表现了不同的散布图。

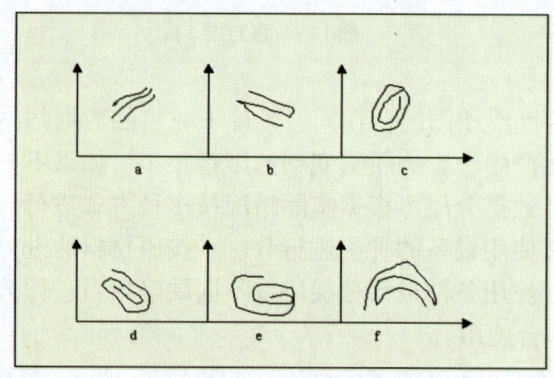

图4-4　散布图

图形a和b表明X和Y之间有强的相关关系，且图形a表明是强正相关，即X增大时，Y也显著增大；图形b表明是强负相关，即X增大时，Y却显著减小。

图形c和d表明X和Y之间存在一定的相关性。图形c为弱正相关，即X增大时，Y也大体增大；图形d为弱负相关，即X增大，Y反会大致减小。

图形e表明X和Y之间不相关，X变化对Y没有什么影响。

图形f表明X和Y之间存在相关关系，但这种关系比较复杂，是曲线相关，而不是线性相关。

（3）回归分析预测法

回归分析预测法，是在分析市场现象自变量和因变量之间相关关系的基础上，建立变量之间的回归方程，并将回归方程作为预测模型，根据自变量在预测期的数量变化来预测因变量，关系大多表现为相关关系，因此，回归分析预测法是一种重要的市场预测方法。当我们在对市场现象未来发展状况和水平进行预测时，如果能将影响市场预测对象的主要因素找到，并且能够取得其数量资料，就可以采用回归分析预测法进行预测。回归分析的具体应用我们将在中级教程详细讲解。

3. 预防法（控制图法）

预防法主要是利用数据呈现管理的状态，从而采取措施防止问题发生。控制图是预防法的主要工具。控制图是由美国的贝尔电话实验所的休哈特（W.A.Shewhart）博士在1924年首先提出。之后控制图就一直成为科学管理的一个重要工具，特别在质量管理方面成了一个不可或缺的管理工具。它是一种有控制界限的图，用来区分引起质量波动的原因是偶然的还是系统的，可以提供系统原因存在的信息，从而判断生产过程是否处于受控状态。如图 4-5 所示。

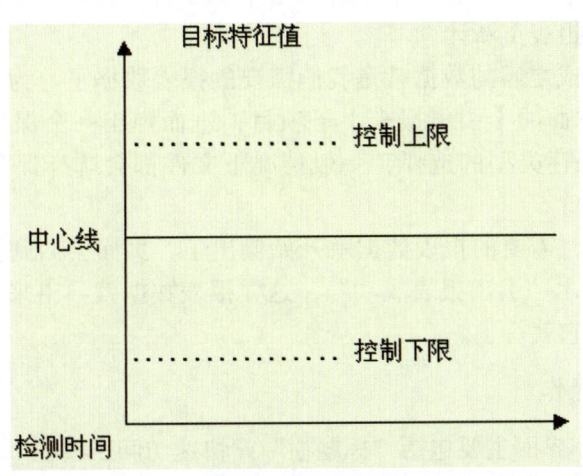

图4-5 预防图

如上图所示，图中中心线表示计划目标值，虚线表示控制上下限。

控制图是如何贯彻预防原则的呢？这可以由以下两点看出：

一是应用控制图对生产过程不断监控，当异常因素刚一露出苗头，甚至在未造成不合格品之前就能及时被发现，在这种趋势造成不合格品之前就采取措施加以消除，起到预防的作用。

二是在现场，更多的情况是控制图显示异常，表明异常原因已经发生，这时一定要贯彻"查出异因，采取措施，保证消除，不再出现，纳入标准"，否则，控制图就形同虚设，不如不搞。每贯彻一次（即经过一次这样的循环）就消除一个异常因素，使它不再出现，从而起到预防的作用。

第二节　数据采集的基本操作

一、从金蝶 KIS 财务软件中导出财务报表

具体操作如下：

首先打开金蝶KIS财务软件，计入软件主界面，选中并单击主功能区【报表与分析】项。

然后点击【我的报表】下面的子项目【利润表】进入报表系统。

进入报表系统后，点击【工具】，这样会弹出一个下滑选项，再选择并点击【公式取数参数】，进而会弹出【设置公式取数参数】，在这里我们就可以选择需要导出数据的期间，选择完后单击【确定】回到报表系统主界面。

回到报表系统界面后，需要点击【感叹号】或点击工具栏中【数据】下面的【报表重算！】子项目进行报表重新计算。

"报表重算"完成之后的数据就是我们需要的报表数据了。为了引出报表数据，就需要点击【文件】下面的【引出报表】子项目，进而弹出一个保存数据的对话框，在这儿需要注意文件保存类型的选择，一般情况下文件都会选择保存为".XLS"文件类型，然后单击【保存】。

点击【保存】后，需要的报表数据就开始输出了，页面会回到报表系统界面。当输出成功后，系统会提示"引出报表成功"，这样报表数据就导出来了，我们需要时直接去保存它的地址打开它就行了。

二、Excel 基本操作

Excel 2013 的操作界面主要包括"标题栏""快速访问工具栏""功能区""工作表编辑区""名称框""编辑栏""滚动条""状态栏"等组成部分，如图 4-6 所示。

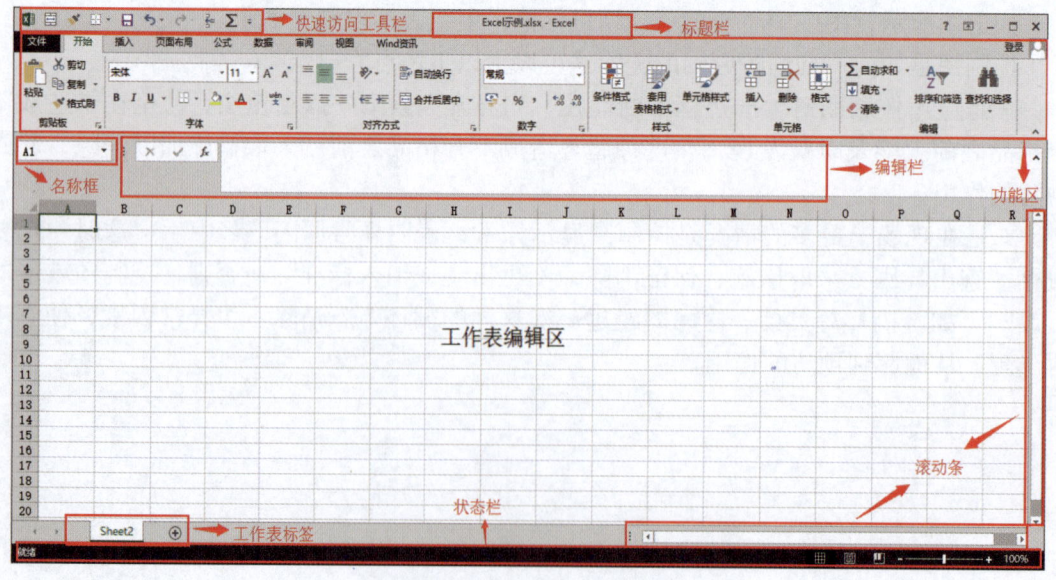

图4-6　Excel 2013工作界面图

1. 标题栏

标题栏主要用于显示正在编辑的工作簿的文件名以及所使用的软件后缀名，另外，还包括功能区显示选项、最小化、最大化、还原和关闭按钮。

2. 快速访问工具栏

快速访问工具栏中的命令始终可见，主要包括 Excel 图标、保存按钮、撤销按钮、恢复按钮等，此外，还可以通过单击自定义快速访问工具栏按钮，在快速访问工具栏中添加常用命令。

3. 功能区

功能区主要包括【文件】、【开始】、【插入】、【页面布局】、【公式】、【数据】、【审阅】、【视图】、【常用工具】、【开发工具】等选项卡，以及工作时需要用到的命令，如【搜索文本框】、【登录】按钮、【共享】按钮和【帮助】按钮等。

单击功能区上的任意选项卡，可显示其按钮和命令。例如，在 Excel 2013 中单击【开始】选项卡，即可打开【字体】、【对齐方式】、【数字】、【样式】、【单元格】、【编辑】等方面的命令。

4. 名称框和编辑栏

在左侧的名称框中，用户可以给一个或一组单元格定义一个名称，也可以从名称框中直接选取定义过的名称来选中相应的单元格。选中单元格后可以在右侧的编辑栏中输入单元格的内容，如公式、文字或数据等。

5. 工作表区

工作表区是由多个单元表格行和单元表格列组成的网状编辑区域，用户可以在此区域内进行数据处理。

6. 工作表标签

工作表标签通常是一个工作表的名称。默认情况下，Excel 2013 自动显示当前默认的一个工作表"Sheet1"，用户可以根据需要，单击左侧的【添加】按钮生成新的工作表。

7. 滚动条

滚动条主要包括水平滚动条和垂直滚动条，分别位于工作表区的下方和右侧，拖动滚动条可快速滚动并浏览工作表中的数据。

8. 状态栏

状态栏位于工作簿窗口的下方，主要包括视图切换区以及比例缩放区。

三、优化 Excel 2013 的工作环境

1. 自定义快速访问工具栏

在日常工作中，除了可以自定义功能区外，用户还可以将一些常用命令添加到"快速访问工具栏"中，接下来以向 Excel 2013 "快速访问工具栏"中添加"冻结窗格"命令为例进行详细介绍。具体操作如下。

第 1 步：执行添加命令按钮

打开工作簿，①单击"快速访问工具栏"右侧的下拉按钮；②在弹出的下拉列表中选择【其他命令】选项。如图 4-7 所示。

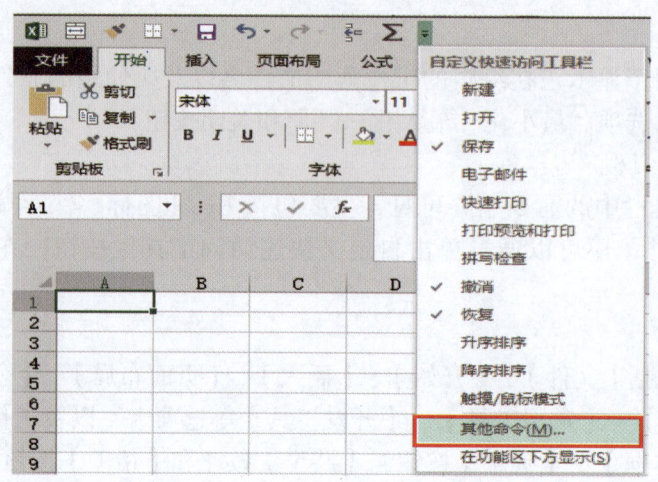

图4-7　Excel中添加执行命令步骤图（1）

第2步：执行添加命令

进入【Excel选项】对话框，①在【常用命令】列表中选择【冻结窗格】命令；②单击【添加】按钮。最后单击【确定】按钮即可。如图4-8所示。

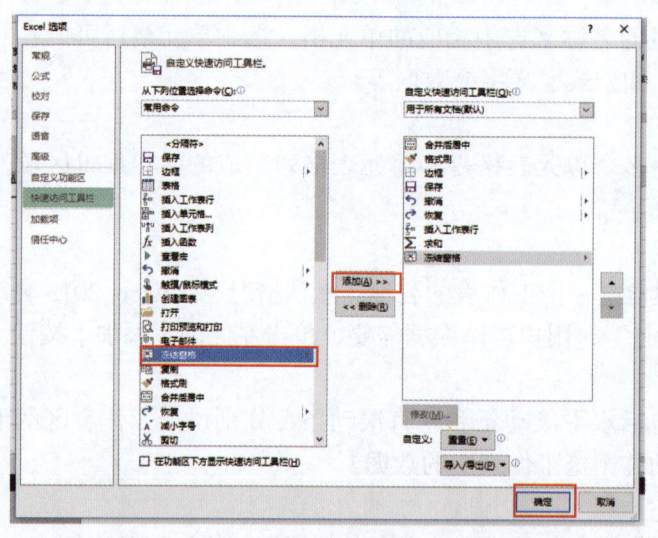

图4-8　Excel中添加执行命令步骤图（2）

第3步：查看添加效果

返回工作簿，即可在"快速访问工具栏"中看到添加的"冻结窗格"命令。如图4-9所示。

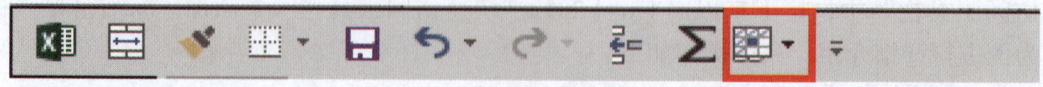

图4-9　查看添加效果图

小提示：如果要删除"快速访问工具栏"中的命令，在"快速访问工具栏"中用鼠标右键单击要删除的命令按钮,在弹出的快捷菜单中选择【从快速访问工具栏删除】命令,即可将其删除。

2. 管理 Excel 2013 工作簿视图

Excel 2013 提供有"工作簿视图"功能,包括普通视图、分页预览视图和页面布局视图。默认情况下,Excel 2013 的视图方式是普通视图,如果工作表中的数据行数较多,可以采用分页预览视图来浏览 Excel 数据,还可以使用页面布局视图来设置页眉和页脚。具体操作如下。

第 1 步:执行分页浏览命令

在工作簿窗口中,①单击【视图】选项卡;②在【工作簿视图】组中单击【分页预览】按钮。此时,即可将工作表中的数据进行分页,如图 4-10 所示。

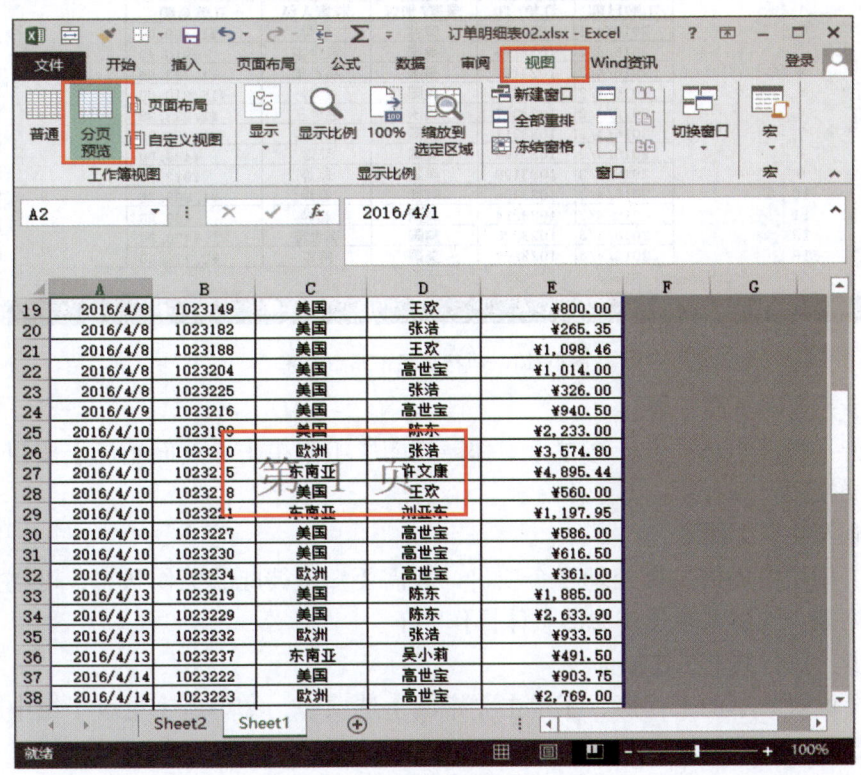

图4-10　执行分页浏览步骤图

第 2 步:执行页面布局命令

①单击【视图】选项卡;②在【工作簿视图】组中单击【页面布局】按钮。

此时,即可进入页面布局视图,单击页眉区域即可设置页眉。同样,单击页脚区域即可设置页脚。如图 4-11 所示。

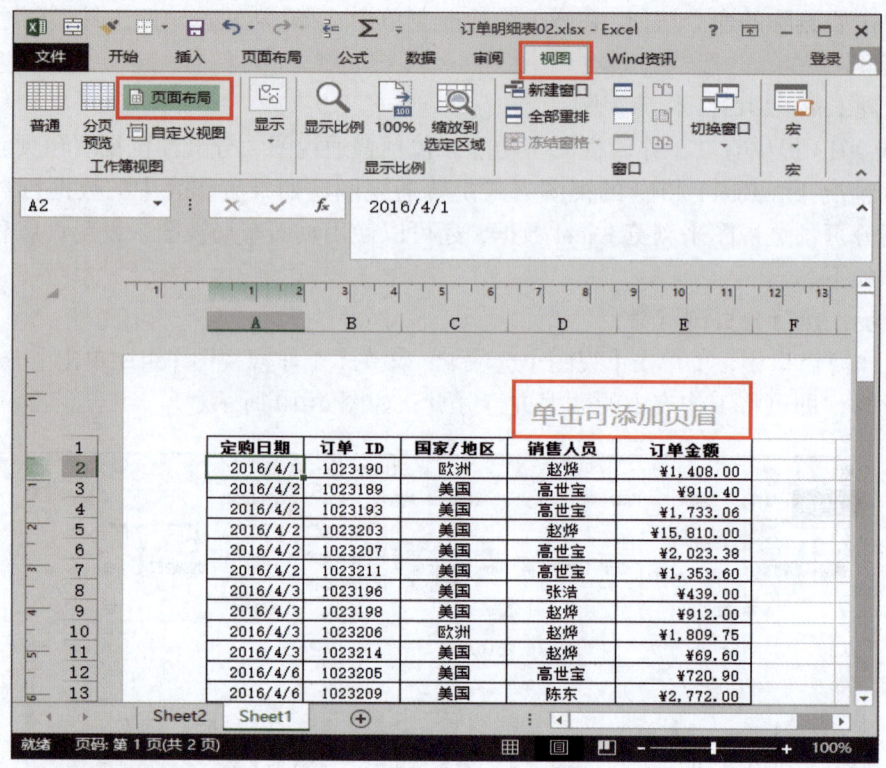

图4-11 执行页面布局命令图

第3步：退出页面布局

①单击【视图】选项卡；②在【工作簿视图】组中单击【页面布局】按钮，即可退出页面布局视图。

3. 与他人共享工作簿

如果工作组中的成员要处理多个项目，并需要知道彼此的工作状态，可在共享工作簿中使用列表。设置共享工作簿的具体操作如下。

第1步：执行共享工作簿命令

打开要设置共享的工作簿，①单击【审阅】选项卡；②单击【更改】组中的【共享工作簿】按钮，如图4-12所示。

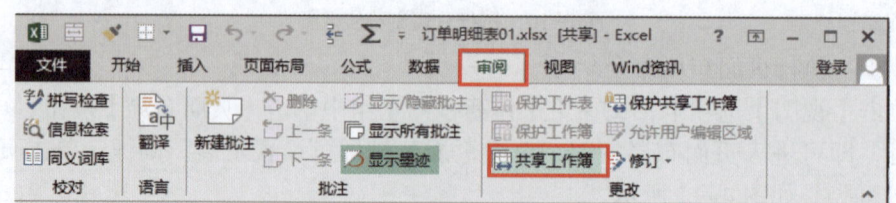

图4-12 执行共享工作簿命令步骤图

第2步：设置编辑选项

此时，即可弹出【共享工作簿】对话框，①勾选【编辑】选项卡中的"允许多用户同时编辑，同时允许工作簿合并"选项；②单击【确定】按钮。如图4-13所示。

图4-13　设置编辑选项步骤图

小提示：共享工作簿之前，必须在 Excel 选项对话框中取消勾选"保存时从文件属性中删除个人信息"复选框。

4. 让 Excel 程序自动保存文档

Excel 具有自动保存功能，默认情况下，每隔 10 分钟自动保存一次，可以在断电或死机的情况下最大限度地减小损失。用户可以根据需要更改自动保存的时间间隔，让 Excel 程序按一定时间间隔自动保存文档。具体操作如下。

第 1 步：执行选项命令

在打开的工作簿中单击【文件】按钮，在【文件】界面中单击【选项】选项卡。如图4-14所示。

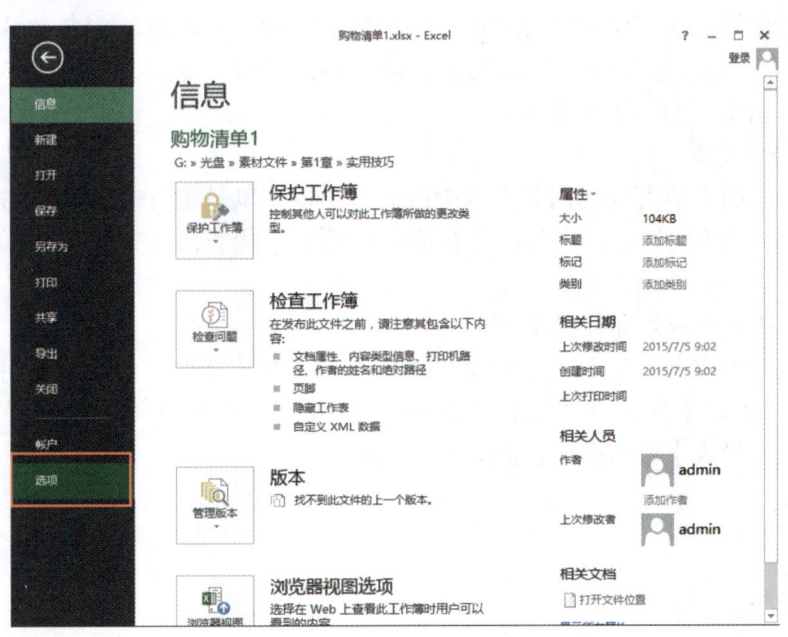

图4-14　Excel程序自动保存文档步骤（1）

第 2 步：执行保存工作簿命令

打开【Excel 选项】对话框，①单击【保存】选项卡；②在【保存工作簿】组合框中将【保存自动恢复信息时间间隔】复选框右侧的微调框中的数值改为"10"；③单击【确定】按钮，即可完成时间间隔的修改。如图 4-15 所示。

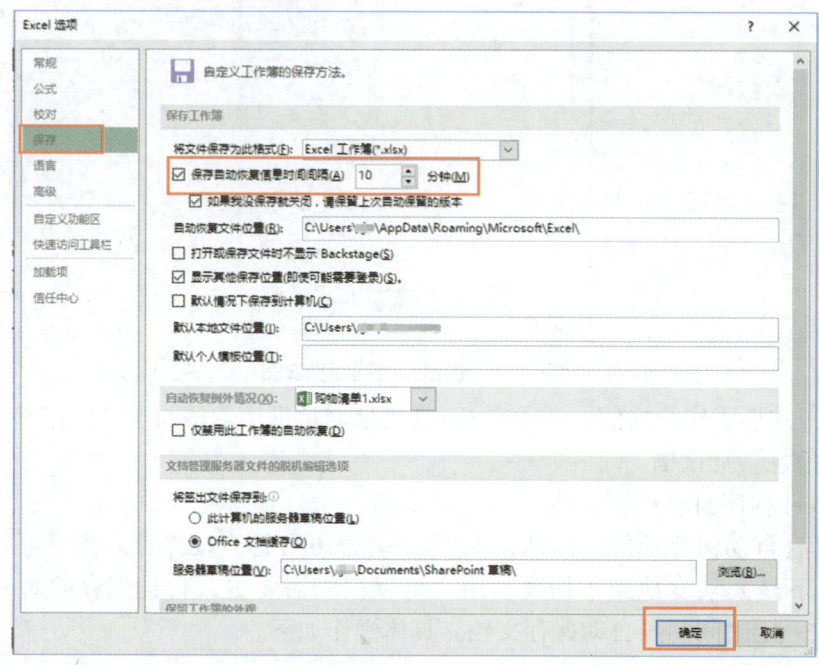

图4-15　Excel程序自动保存文档步骤（2）

四、基本表单的制作

工作簿文件创建后，可以通过"导入外部数据"功能，快速将 TXT 格式的员工信息导入 Excel 文件，还可以在电子表格中录入各种类型的数据，如文本、时间、日期、编号、身份证号码、出生日期、年龄等。

1. 导入 TXT 文本

电子表格中的参数可以是网页文件中的数据，也可以是 TXT 文件中的数据。文本数据编辑好后，可以使用 Excel 自带的【获取外部数据】功能，从 TXT 文件中导入数据。具体操作如下。

第 1 步：执行获取外部数据命令

打开创建的工作簿，①单击【数据】选项卡；②在【获取外部数据】组中单击【自文本】按钮；③在【导入文本文件】对话框中选择要导入的文本文件"员工档案信息"；④单击【导入】按钮即可。如图4-16所示。

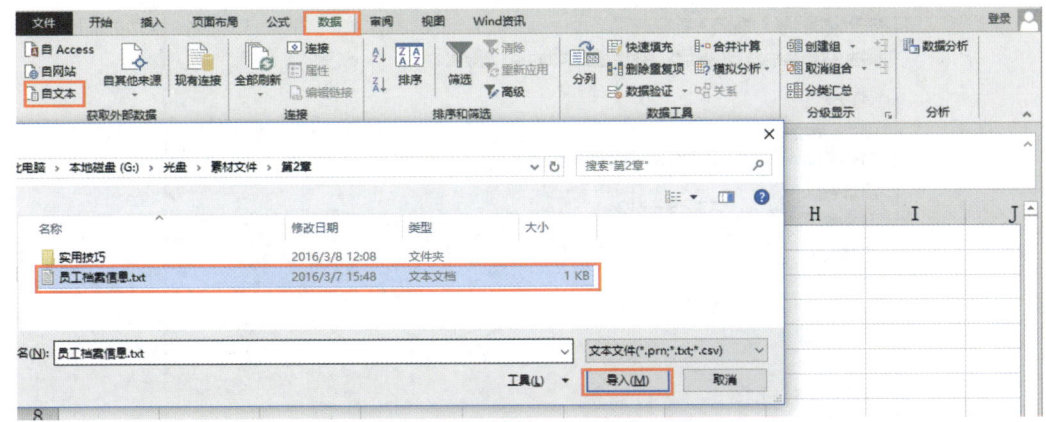

图4-16 执行获取外部数据命令步骤图

第2步：判定数据具体分隔符

进入【文本导入向导–第1步，共3步】对话框，①选择【分隔符号】单选框；②单击【下一步】按钮。如图4-17所示。

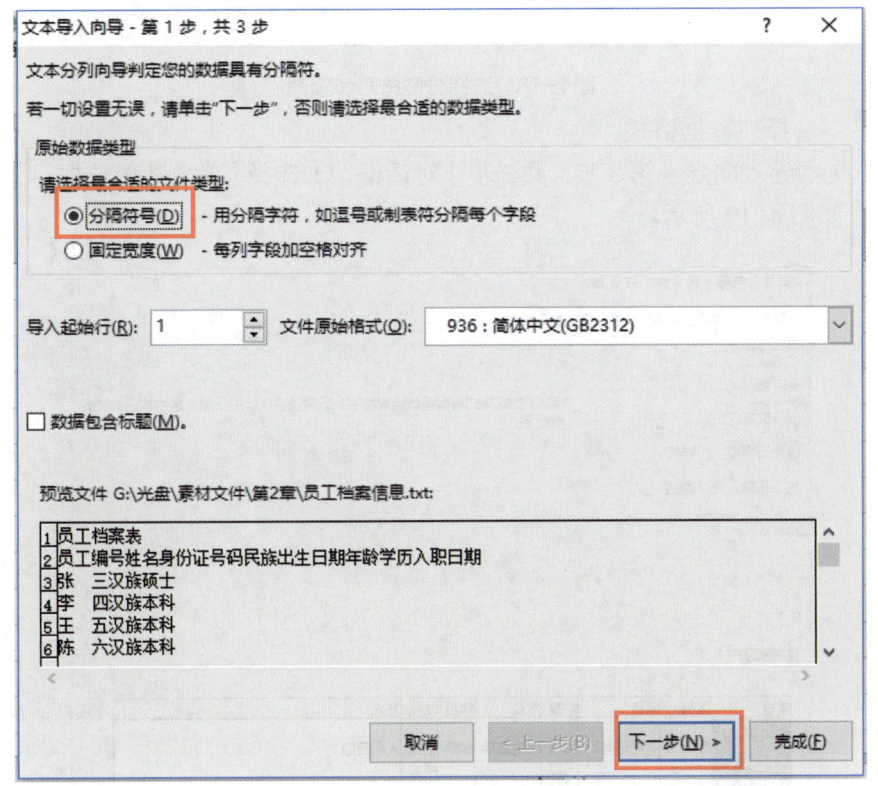

图4-17 判定数据具体分隔符步骤图

第3步：选择分隔符号

进入【文本导入向导–第2步，共3步】对话框，①选择【Tab键】复选框；②单击【下一步】按钮。如图4-18所示。

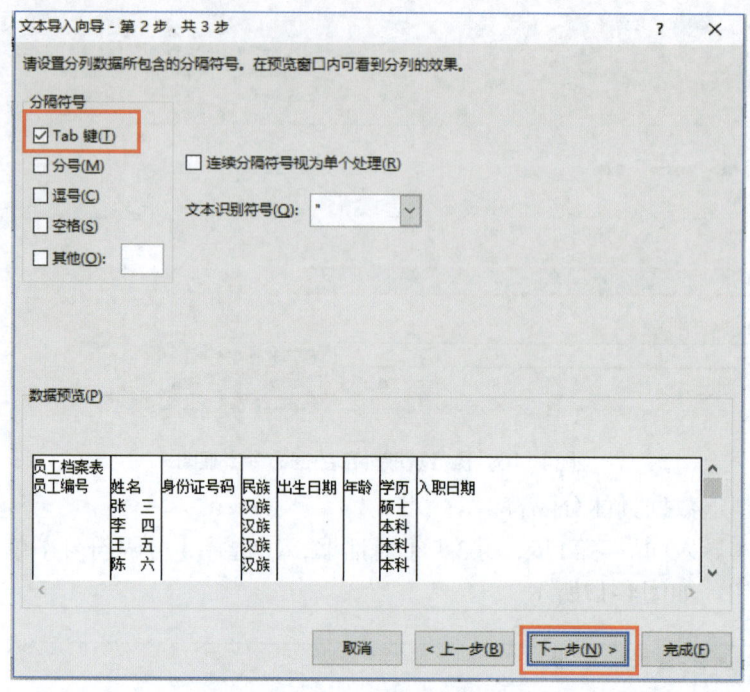

图4-18 选择分隔符号步骤图

第4步：选择列数据格式

进入【文本导入向导–第3步，共3步】对话框，①选择【常规】单选框；②单击【完成】按钮。如图4-19所示。

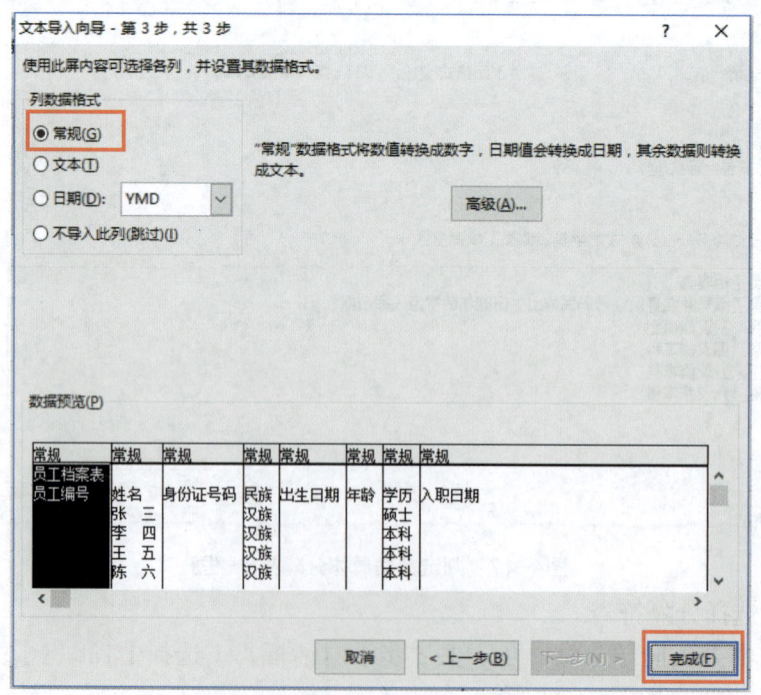

图4-19 选择列数据格式步骤图

第 5 步：选择数据放置位置

弹出【导入数据】对话框，①单击【现有工作表】单选框，默认显示“=Sheet2!$A$1”；②单击【确定】按钮。如图 4-20 所示。

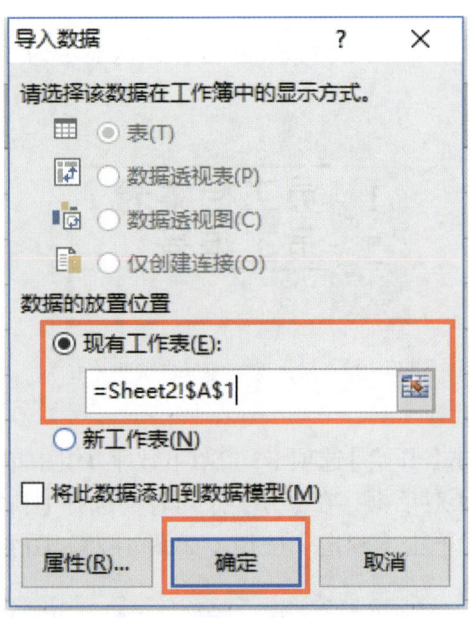

图4-20　选择数据放置位置步骤图

第 6 步：查看导入的数据

此时，即可将文本文件中的员工信息导入 Excel 工作簿中。如图 4-21 所示。

	A	B	C	D	E	F	G	H
1	员工档案表							
2	员工编号	姓名	身份证号码	民族	出生日期	年龄	学历	入职日期
3		张　三		汉族			硕士	
4		李　四		汉族			本科	
5		王　五		汉族			本科	
6		陈　六		汉族			本科	
7		林　强		蒙族			本科	
8		彭　飞		汉族			硕士	
9		范　涛		汉族			本科	
10		郭　亮		汉族			本科	
11		黄　云		汉族			本科	
12		张　浩		汉族			本科	
13								

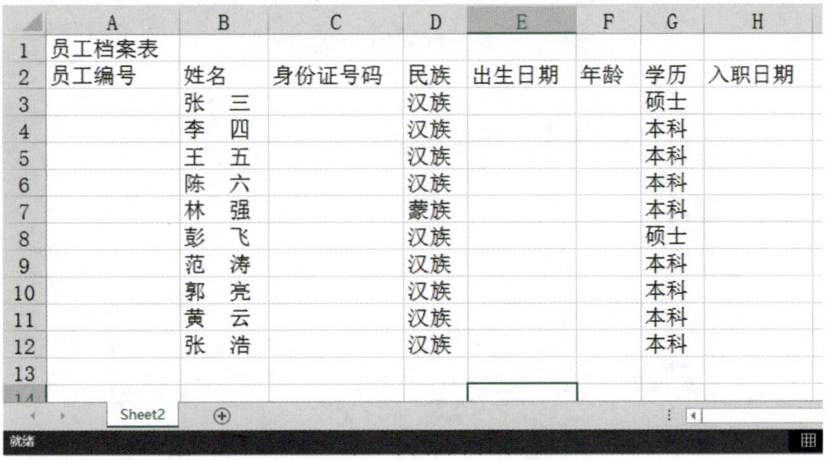

图4-21　查看导入的数据步骤图

小提示：除了直接在电子表格中输入数据或调用 TXT 数据外，还可以从相关网站中直接获取表格数据，执行【获取外部数据】→【自网站】命令，进入【新建 Web 查询】窗口，输入网页地址，打开表格所在的网页，单击表格左上角的绿色箭头，单击【导入】按钮，即可将网页中的表格数据导入 Excel 文件。

2. 录入数字编号

通常情况下，员工编号是以数字连续编号组成，如001，002，003……录入数字编号的具体操作如下。

第1步：输入数字

在单元格A3中输入"001"，按下Enter键，默认显示为"1"。如图4-22所示。

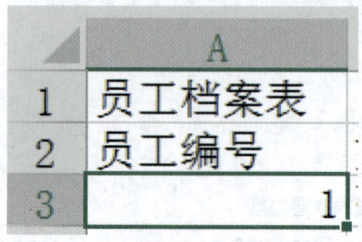

图4-22　录入数字编号步骤图（1）

第2步：修改数字格式

选中单元格A3，①单击【开始】选项卡；②在【数字】组中单击【对话框启动器】按钮。③弹出【设置单元格格式】对话框，在【分类】列表中选择【自定义】选项；④在【类型】文本框中输入"000"；⑤单击【确定】按钮。如图4-23、图4-24所示。

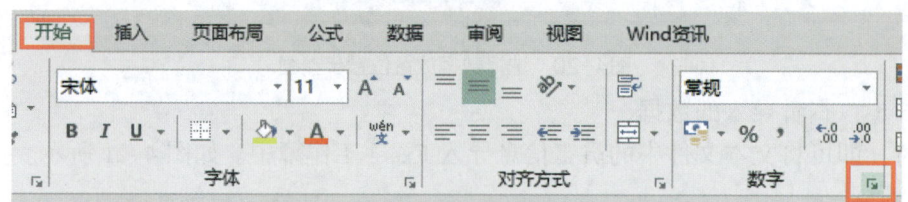

图4-23　录入数字编号步骤图（2）

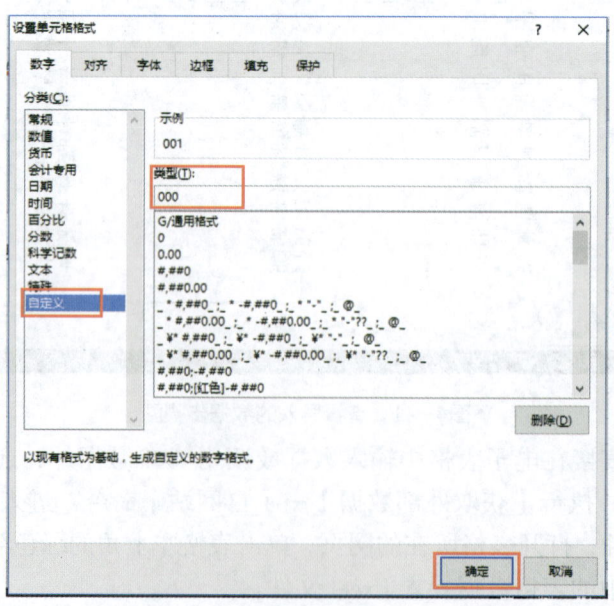

图4-24　录入数字编号步骤图（3）

第 3 步：查看设置效果

返回工作簿，此时单元格 A3 中的数字格式就变成了“001”。如图 4–25 所示。

	A
1	员工档案表
2	员工编号
3	001

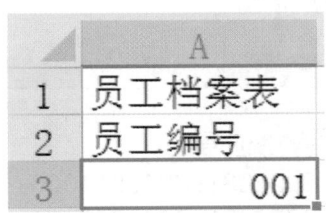

图4–25　录入数字编号步骤图（4）

第 4 步：填充编号

选中单元格 A3，将鼠标指针移动到单元格 A3 的右下角，此时鼠标指针变成“十”字形状。同时按住 Ctrl 键和鼠标左键不放，拖动指针向下到单元格 A12，释放鼠标，即可完成数字编号的填充。如图 4–26 所示。

	A	B
1	员工档案表	
2	员工编号	姓名
3	001	张　三
4	002	李　四
5	003	王　五
6	004	陈　六
7	005	林　强
8	006	彭　飞
9	007	范　涛
10	008	郭　亮
11	009	黄　云
12	010	张　浩

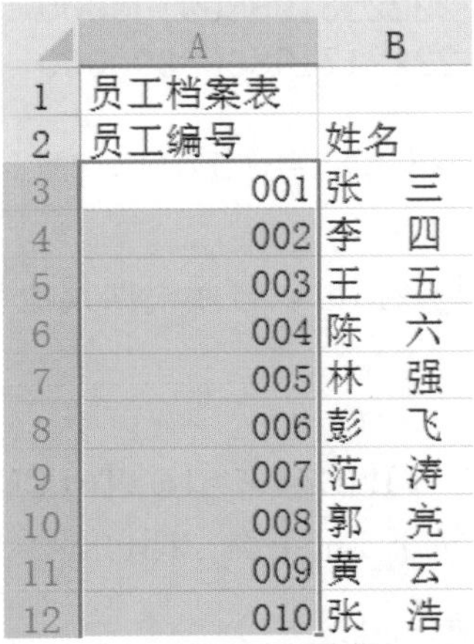

图4–26　录入数字编号步骤图（5）

3. 录入身份证号码

在 Excel 中输入身份证号码时，由于数位较多，经常出现科学计数形式。要想显示完整的身份证号码，可以先输入英文状态下的单引号“ ’ ”，然后再输入身份证号码。具体操作如下。

第 1 步：输入单引号及身份证号码

在输入身份证号码之前，先将输入法切换到“英文状态”，然后在单元格 C3 中输入一个单引号“ ’ ”，在单引号后输入身份证号码。如图 4–27 所示。

姓名	身份证号码	民族	出生日期
张　三	’222223198906014000		
李　四		汉族	

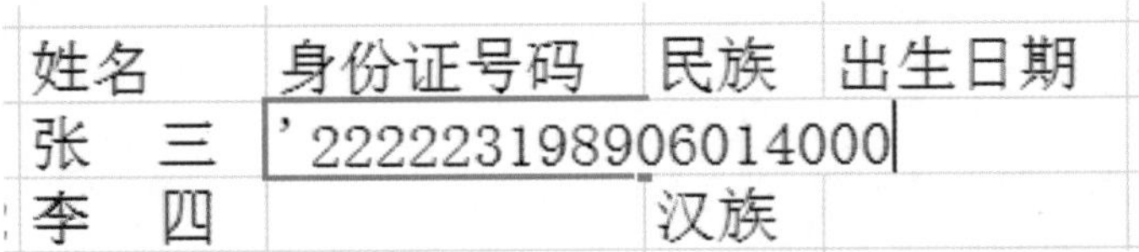

图4–27　录入身份证号码步骤图（1）

第 2 步：查看输入效果并录入其他员工的身份证号码

按下 Enter 键，此时身份证号码就完整地显示出来了。使用同样的方法，录入其他员工的身份证号码即可。如图 4–28 所示。

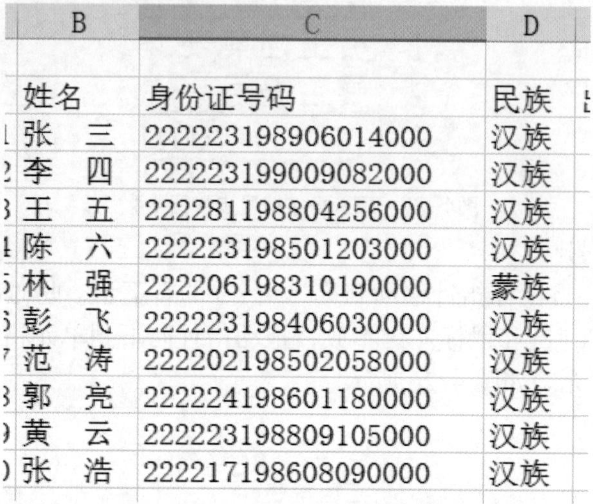

B	C	D
姓名	身份证号码	民族
张　三	222223198906014000	汉族
李　四	222223199009082000	汉族
王　五	222281198804256000	汉族
陈　六	222223198501203000	汉族
林　强	222206198310190000	蒙族
彭　飞	222223198406030000	汉族
范　涛	222202198502058000	汉族
郭　亮	222224198601180000	汉族
黄　云	222223198809105000	汉族
张　浩	222217198608090000	汉族

图4–28　录入身份证号码步骤图（2）

4. 应用公式录入数据

在 Excel 中录入数据时，有些数据可以直接根据其他数据计算得到，此时即可应用公式和函数录入数据。具体操作如下。

第 1 步：计算出生日期

在单元格 E3 中输入公式“=IF(C3<>"",TEXT((LEN(C3)=15)*19&MID(C3,7,6+(LEN(C3)=18)*2),"#-00-00")+0,)”，按下 Enter 键，即可显示日期代码。如图 4–29 所示。

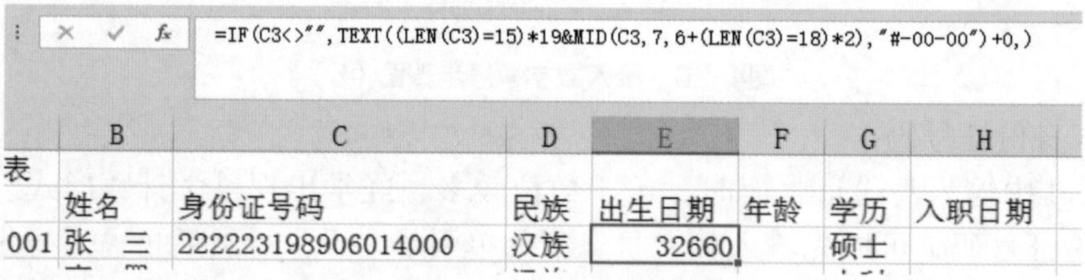

=IF(C3<>"",TEXT((LEN(C3)=15)*19&MID(C3,7,6+(LEN(C3)=18)*2),"#-00-00")+0,)

	B	C	D	E	F	G	H
表							
	姓名	身份证号码	民族	出生日期	年龄	学历	入职日期
001	张　三	222223198906014000	汉族	32660		硕士	

图4–29　应用公式录入数据步骤图（1）

第 2 步：设置数字显示格式

选中日期所在的单元格区域 E3:E12，①单击【开始】选项卡；②在【数字】组中选择【日期】选项。如图 4–30 所示。

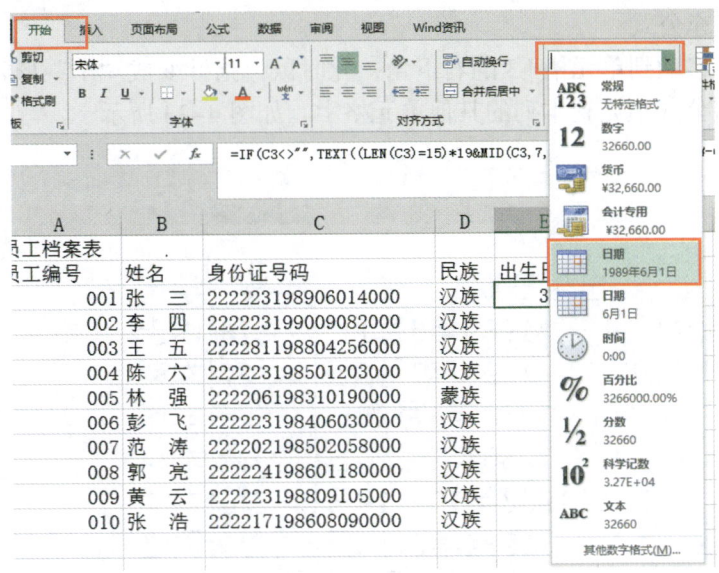

图4-30 应用公式录入数据步骤图（2）

第3步：填充公式

将鼠标指针移动到单元格E3的右下角，此时鼠标指针变成"十"字形状，双击鼠标左键，此时即可将公式填充到本列的其他单元格中。如图4-31所示。

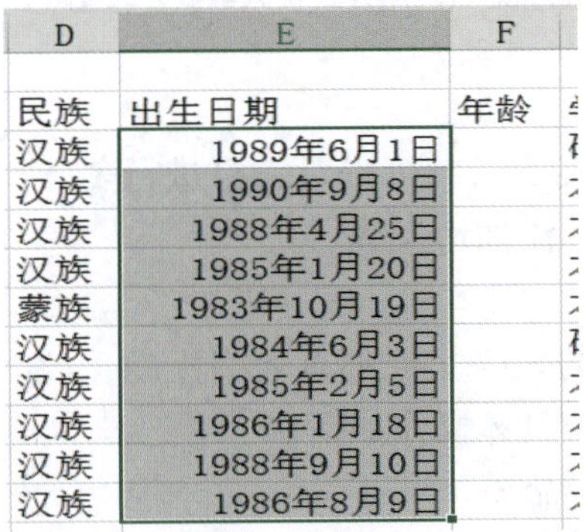

图4-31 应用公式录入数据步骤图（3）

第4步：计算年龄

在单元格F3中输入公式"=YEAR(NOW())-MID(C3,7,4)"，按下Enter键确认即可。如图4-32所示。

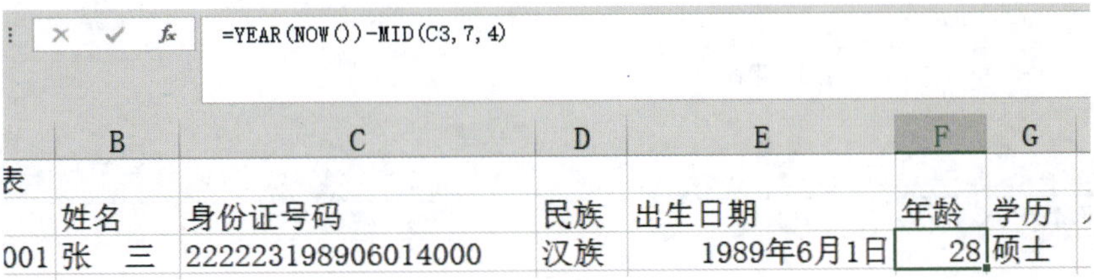

图4-32 应用公式录入数据步骤图（4）

第5步：填充公式

将鼠标指针移动到单元格F3的右下角，此时鼠标指针变成"十"形状，双击鼠标左键，此时即可将公式填充到本列的其他单元格中。如图4-33所示。

E	F	G
出生日期	年龄	学历
1989年6月1日	28	硕士
1990年9月8日	27	本科
1988年4月25日	29	本科
1985年1月20日	32	本科
1983年10月19日	34	本科
1984年6月3日	33	硕士
1985年2月5日	32	本科
1986年1月18日	31	本科
1988年9月10日	29	本科
1986年8月9日	31	本科

图4-33　应用公式录入数据步骤图（5）

五、美化表格

表格数据录入完成后，接下来就可以对表格进行美化，主要包括合并单元格、设置文字格式、调整行高和列宽、添加边框等。

1. 合并单元格

通常情况下，用于打印的表格文件都有表格标题，此时可以使用合并单元格功能，将标题行的单元格进行合并。具体操作如下。

第1步：执行合并后居中命令

选中单元格区域A1:H1，①单击【开始】选项卡；②在【对齐方式】组中单击【合并后居中】按钮。如图4-34所示。

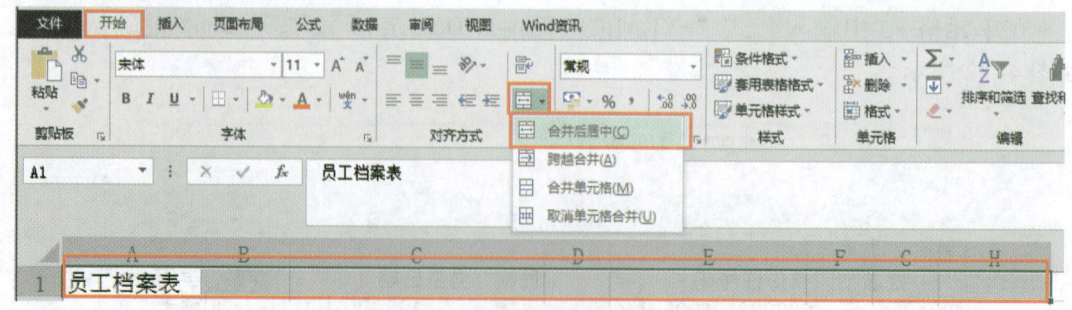

图4-34　合并单元格步骤图（1）

第 2 步：查看合并效果

此时，选中的单元格区域就合并成了一个单元格，单元格中的数据居中显示。如图 4-35 所示。

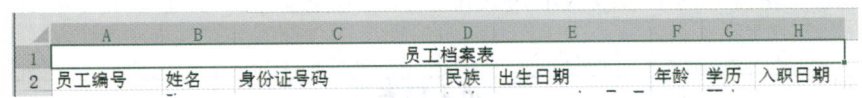

图 4-35　合并单元格步骤图（2）

小提示：Excel 中的电子表格与 Word 中的表格不同，Word 中的单元格既可以进行合并，也可以进行拆分。Excel 中的单元格是工作表中的最小单位，不可以进行拆分。合并后的单元格可以取消合并，再次执行【合并后居中】命令即可。

2. 设置文字格式

美化表格时，可以采用增大字号、加粗、设置对齐方式等方法突出显示标题和字段名称。具体操作如下。

第 1 步：设置标题格式

选中单元格 A1，①在【字体】下拉列表中选择"华文中宋"，在【字号】下拉列表中选择"16"；②单击"加粗"选项。如图 4-36 所示。

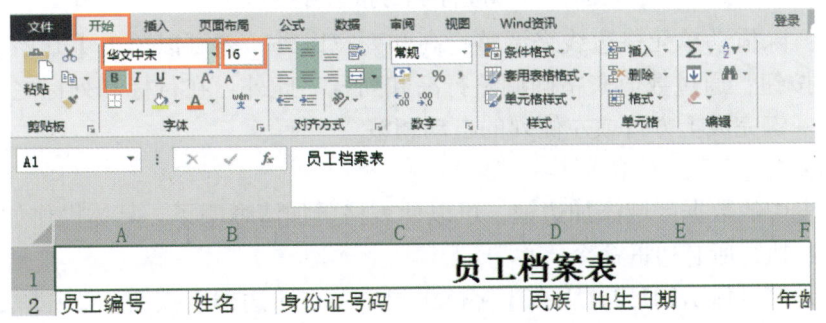

图 4-36　设置文字格式步骤图（1）

第 2 步：设置字段名称格式

选中单元格区域 A2:H2，①在【字体】组中单击【加粗】按钮；②在【对齐方式】组中单击【居中】按钮。如图 4-37 所示。

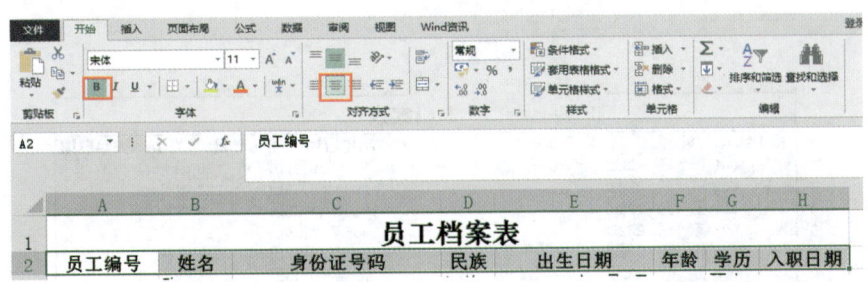

图 4-37　设置文字格式步骤图（2）

小提示：除在【字体】组中设置字体格式以外，还可以选中要设置字体格式的单元格或单元格区域，单击鼠标右键，在弹出的快捷菜单中选择【设置单元格格式】菜单项，弹出【设置单元格格式】对话框，此时即可在其中设置字体格式、数字格式和对齐方式等。

3. 调整行高和列宽

第1步：调整行高

将光标定位在行标的上边线或下边线位置，上下拖动鼠标左键。如图4-38所示。

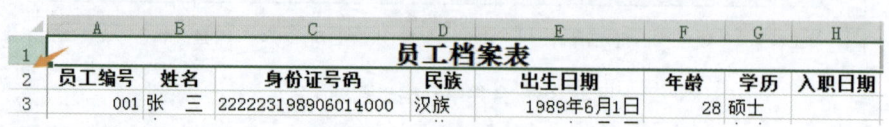

图4-38　调整行高和列宽步骤图（1）

第2步：查看行高的调整效果

调整完毕，即可看到行高的变化，列宽的调整操作同理。如图4-39所示。

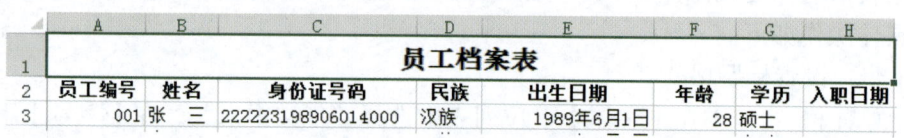

图4-39　调整行高和列宽步骤图（2）

小提示：除拖动单元格边线来调整行高和列宽以外，还可以单击【开始】选项卡中的【格式】按钮，通过数值来精确调整行高和列宽。此外，在行标和列标之间双击鼠标左键，即可一键完成上方行或左侧列的自动调整。

4. 添加边框

为工作表中的数据区域添加边框，可以使表格更加清晰明了。具体操作如下。

第1步：执行所有边框命令

选中单元格区域A2:H12，①在【字体】组中单击【边框】按钮；②在弹出的下拉列表中选择【所有框线】选项。如图4-40所示。

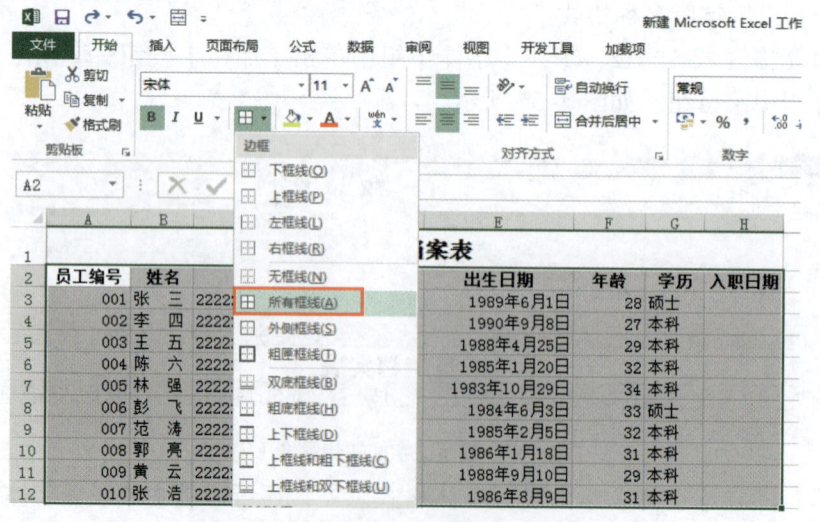

图4-40　添加边框步骤图（1）

第 2 步：查看边框添加效果

此时，选中的单元格区域就添加上了框线。如图 4-41 所示。

员工编号	姓名	身份证号码	民族	出生日期	年龄	学历	入职日期
			员工档案表				
001	张 三	222223198906014000	汉族	1989年6月1日	28	硕士	
002	李 四	222223199009082000	汉族	1990年9月8日	27	本科	
003	王 五	222281198804256000	汉族	1988年4月25日	29	本科	
004	陈 六	222223198501203000	汉族	1985年1月20日	32	本科	
005	林 强	222206198310190000	蒙族	1983年10月19日	34	本科	
006	彭 飞	222223198406030000	汉族	1984年6月3日	33	硕士	
007	范 涛	222202198502058000	汉族	1985年2月5日	32	本科	
008	郭 亮	222224198601180000	汉族	1986年1月18日	31	本科	
009	黄 云	222223198809105000	汉族	1988年9月10日	29	本科	
010	张 浩	222217198608090000	汉族	1986年8月9日	31	本科	

图4-41　添加边框步骤图（2）

5. 设置斜线表头

斜线表头是指在单元格中绘制斜线，以便在斜线单元格中添加项目名称。既可以直接插入直线，也可以通过设置单元格格式来制作斜线表头。通过设置单元格格式制作斜线表头的具体操作如下。

第 1 步：设置对齐方式和自动换行

选中单元格 A1，①单击【开始】选项卡；②在【对齐方式】组中单击【垂直居中】、【左对齐】按钮及【自动换行】按钮。如图 4-42 所示。

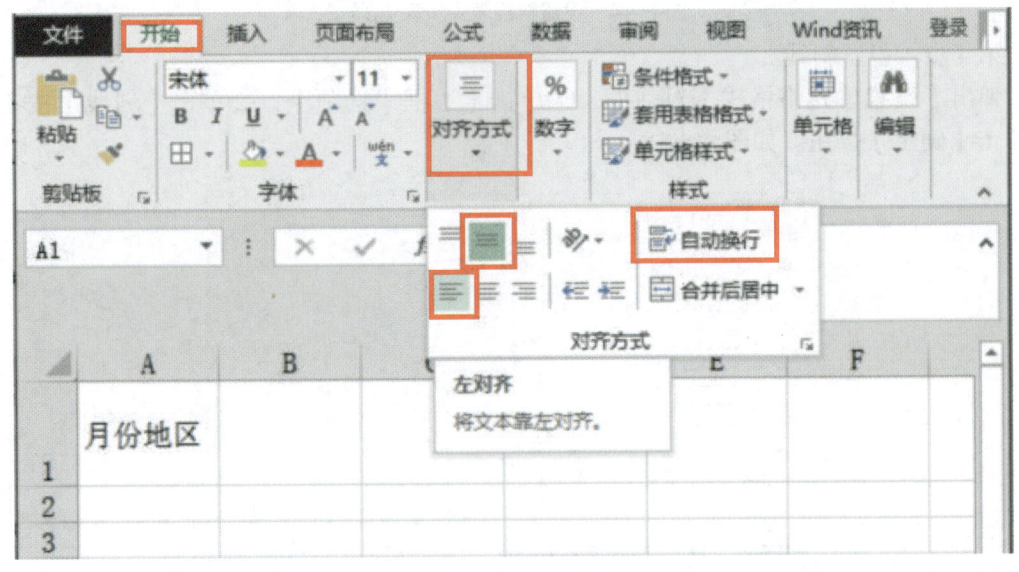

图4-42　设置斜线表头步骤（1）

第 2 步：字体位置的调整

①将光标定位在两个项目名称之间，使用空格键将项目名称调整为两行；②将光标定位在第一个项目名称前，使用空格键将第一个项目名称调整为右对齐。如图 4-43 所示。

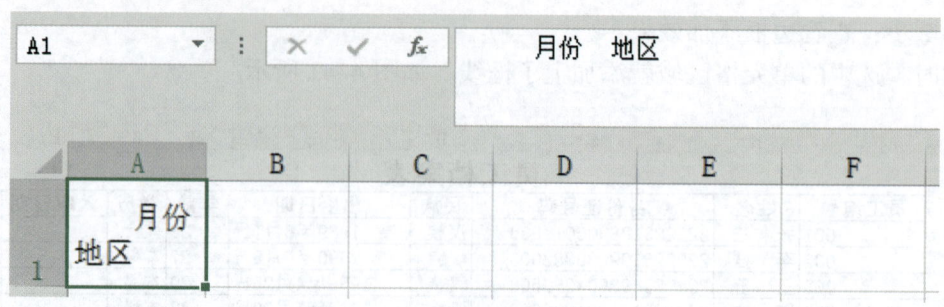

图4-43　设置斜线表头步骤（2）

第3步：执行对话框启动器命令

选中单元格区域A1，①单击【开始】选项卡；②在【对齐方式】组中单击【对话框启动器】按钮。如图4-44所示。

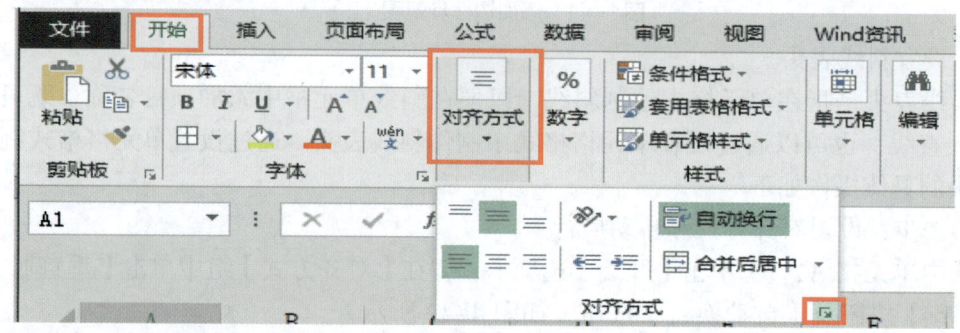

图4-44　设置斜线表头步骤（3）

第4步：设置斜线

弹出【设置单元格格式】对话框，①单击【边框】选项卡；②单击【斜线】按钮；③单击【确定】按钮。如图4-45所示。

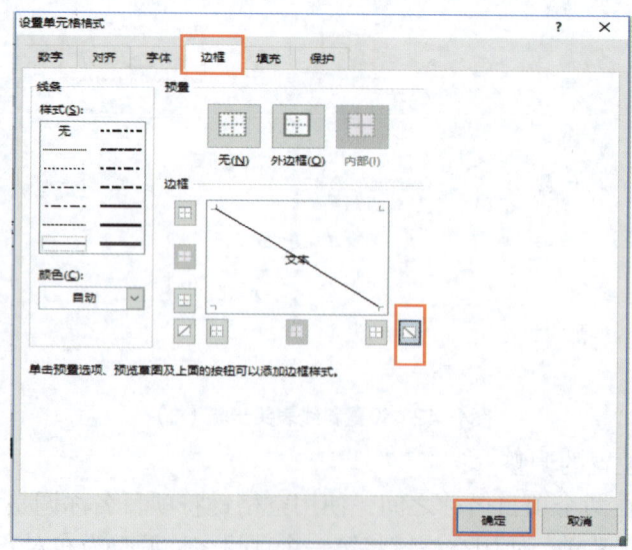

图4-45　设置斜线表头步骤（4）

第5步：查看斜线表头

操作到这里，斜线表头就制作完成了。如图4-46所示。

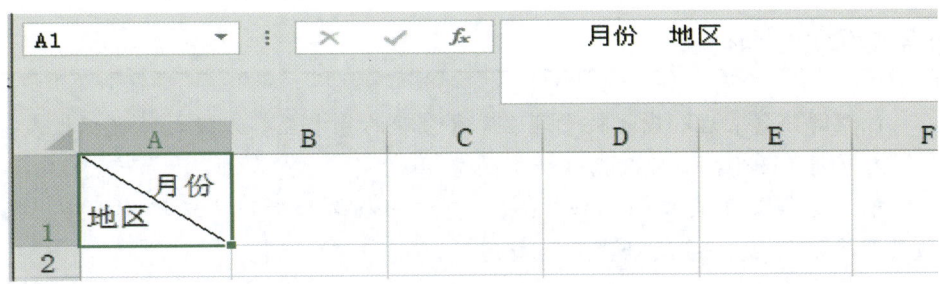

图4-46　设置斜线表头步骤（5）

> **课后问题与作业练习**
> ➢ 简述财务数据采集的基本方法。
> ➢ 简述数据整理的基本方法。

第五单元 项目财务数据分析

本单元学习目标

1. 理解销售管理、应收款管理、库存管理的基本业务以及相关数据报表；
2. 掌握 Excel 在项目数据分析中的应用。

重点掌握基本表单的制作，Excel 公式和函数的运用，数据的排序、筛选与分类汇总，Excel 统计图表的应用。

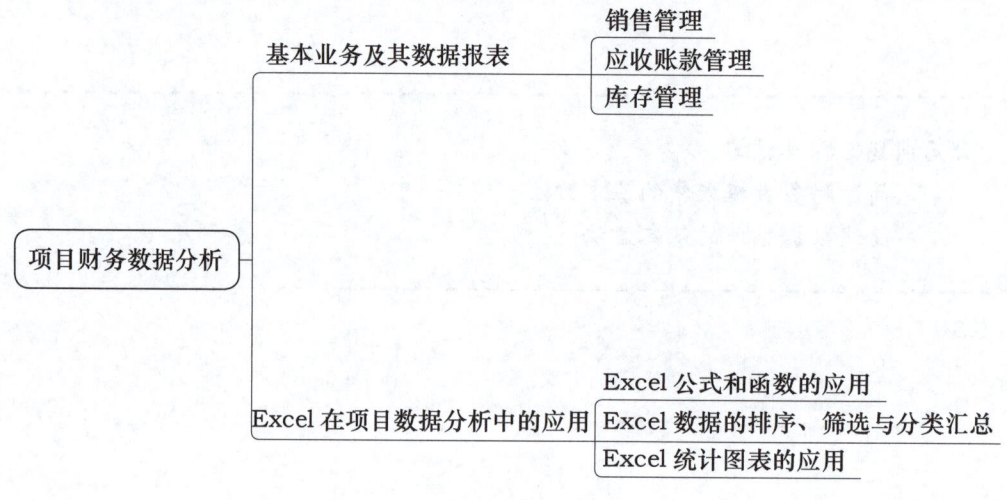

图5-1 思维导图

第一节 基本业务及其数据报表

一、销售管理

在商品的进、销、存业务流程中，商品的销售是极其重要的，它决定着商品的采购和库存，直接关系到企业的经济效益。因此销售数据的统计和分析对企业的经营决策是至关重要的，它为企业的经营决策提供了精确、可靠的数据依据。销售数据分析系统的功能就是为了实现销售数据的统计及分析。

所谓数据发掘，就是从一些看似平淡枯燥的数据中，去分析和发现有用的信息。数据发掘有利于准确作出决策和提前发现危机。

作为销售团队的领导人，必须对自己整个销售团队的销售业绩、每个销售人员的优缺点、团队的优势和可能面临的危机等情况都要随时心中有数，而且要及时地作出相应的调整，保证销售团队的良性发展。数据发掘能相对比较客观地提供可靠的依据给销售部经理，作为考察整个销售部情况的依据。

成交率的值，反映销售人员业务成单能力的程度。成交率的趋势，反映销售人员的业务能力的进步和业务能力因为停滞而相对落后。如果所有人的成交率都呈降低的趋势，则表明公司平台和团队存在问题和隐患。如果某个人的成交率呈降低趋势，则表明该人需要积极努力地提高销售技巧，反省自己的销售技巧，可以多花时间和精力，向成交率变高的同事请教，上网搜索提高销售能力的办法，购买相关提高销售能力的书籍进行研读，并把心得体会融入到工作实践中去。

新寻找客户的数量和客户的跟进次数，反映一个销售人员的勤奋程度。质量较低的新客户数的增加和过于频繁的跟进次数会导致成交率的降低。要求销售人员在追求数量的同时，一定要对新老客户进行客观正确的评估，切忌平均用力、盲目用力。有质量的新客户的增加和有质量的跟进才会对业绩有促进作用。如果这个参数增加了很多，而成交率反而降低了，销售人员可以从提高评估能力和合理高效利用时间来加以改善。新客户的数量降低或者呈降低趋势，销售人员可以从提高工作热情，改善找新客户的方法入手。客户跟进次数的降低或者呈降低趋势，销售人员可以从提高工作热情，提高对客户的评估能力，合理科学高效地安排时间来入手。

客户质量的提高，有助于销售人员降低工作强度而轻松获得更好的业绩。客户质量的提高可以通过客户关系管理的学习、顾问式营销的办法、大客户管理的学习、怎样促进小客户成为大客户的研究、怎样普遍提高客户的订货能力等方面入手。

成交率，客户跟进的力度，新开户的拓展和客户质量的提高这四个要素长期累计的结果，会对销售业绩产生深远的影响。请注意"长期"这个词，短期的改变只能影响短期的业绩，并且影响度是有限的，长期的累计对业绩的影响是巨大的，可以形成质的飞跃。要是长期不良的累计，对业绩的负面影响同样是巨大的，危机可能是致命的。

分析数据时，要注意不仅仅要看绝对值，而且要更关注相对值（比较和趋势），要和别人的值进行比较，要关注值的变化趋势。在某种程度上，趋势比绝对值更重要。

四个要素要综合考虑和分析，某个要素的最强，对业绩的影响反而不大。但却存在"水桶的短板效应"，即某个要素最弱反而对业绩的影响很大。某个要素最弱而且趋势是更弱的话，危机就会在3~6个月后出现。

公司经营状况指标分析是销售管理中的重要分析方法，全面分析公司的经营活动，主要是分析它的盈利能力、成长能力、营运能力、短期偿债能力和长期偿债能力。

具体说来，分析盈利能力，主要考察净资产收益率和营业利润率；在这里，净资产收益率=净利润/平均股东权益，营业利润率=营业利润/营业收入总额。

成长能力，主要考察利润增长率和资本积累率，利润增长率是考察广义利润（营业利润+投资收益+补贴收入+所得税）的增长，资本积累率=本年所有者权益增长额/年初所有者权益。

营运能力，主要考察应收账款周转率和存货周转率，应收账款周转率=赊销收入/平均应收账款，存货周转率=营业成本/平均存货。

短期偿债能力，主要考察流动比率和速动比率。流动比率=流动资产/流动负债，一般来说，该比率越高越好。速动比率=（流动资产－存货）/流动负债，一般来说，该比率越高越好。超速动比率＝（现金＋短期证券＋应收票据＋应收账款净额）/流动负债，一般来说，该比率越高越好。

长期偿债能力，主要考察资产负债率和或有负债比率。资产负债率＝负债总额/资产总额，或有负债比率＝包括担保在内的各项或有负债/净资产。

当然，上述内容也可以简化为财务分析和现金流量分析。财务分析（包括资产负债表、损益表、会计师事务所审计报告、其他财务信息以及融资情况分析）包括：

（1）短期偿债能力分析（流动比率、速动比率和现金比率），长期偿债能力分析（资产负债率、产权比率、利息保障倍数）。

（2）盈利能力分析（销售毛利率、营业利润、销售净利率、成本费用利润率）。

（3）营运能力分析（总资产周转率、存货周转率、应收账款周转率、净资产收益率）。

（4）其他现金流量分析（净现金流量、投资活动净现金流量、筹资活动净现金流量、经营活动净现金流量）。

进行财务指标分析，必须注意：第一，财务指标只有经验标准、参考标准，没有所谓绝对的标准；第二，国民经济各部门、各行业的财务指标标准不一样；第三，相同部门、相同行业在不同地区、不同经济环境中的标准也不一样，不可等量齐观；第四，相同部门、相同行业在不同的发展阶段的标准也不一样，不能生搬硬套；第五，每个企业的每个财务指标都要联系该企业的历史数据、所在行业的数据、所在地区的数据进行分析，不能孤立地看问题，更不能一概而论。

二、应收账款管理

企业应收账款的存在，对企业来说是一把双刃剑。它具有扩大销售，减少库存，提高市场竞争能力的功效。同时，它又具有降低资金使用效率，夸大企业经营成果，加速现金流出，缩短经营周期的弊端。所以企业应通过以上一系列的对策加强应收账款的管理。

随着我国市场经济迅猛发展，赊销作为企业促销的重要手段之一，它对企业产品的销售工作起到了很大的促进作用。但是值得注意的是，企业应收账款拖欠问题却十分严重。企业之间相互拖欠款项，造成企业资金的严重短缺，给企业的再生产带来了极大的不便，同时也严重制约了企业的发展。现在应收账款的数目往往较多，金额较大，增加了企业经营上的风险，企业欠款者越来越多，账款回收的难度也越来越大。因此，企业必须加强应收账款的管理，正确衡量信用成本和信用风险，合理确定信用政策，及时收回账款。

应收账款管理不善对企业的影响：

一是应收账款资金占用巨大。应收账款作为企业的流动资产，在偿还期内被人无偿占用，势必造成企业的流动资金短缺，影响到企业正常的生产经营活动。如果由于被别人拖欠，自己还要到银行去贷款，则会增加企业的利息支出，增加企业成本，减少企业的利润。

二是应收账款呆账损失严重。企业的应收账款一天收不回来，就会有坏账的可能。如果坏账，就会给企业带来直接的经济损失，如果坏账损失巨大，也会影响到企业的生存与发展。

三是应收账款纠纷日益增多。随着企业应收账款规模的不断扩大，应收账款坏账的逐渐增加，企业与债务人之间的应收账款纠纷也会越来越多，而纠纷的解决需要企业投入大量的人力、物力和财力，大量的投入之后并不一定会有所收获。

四是应收账款纠纷解决的不规范。有些企业在大量的应收账款不能及时收回来后，不是采用合理、合法的措施和方法来收回欠款，而是采用一些极端的方法来收回欠款，诸如花钱雇人对债务人的法人代表进行人身的伤害、妨碍债务人的正常的生产经营活动等。这样做即使能够收回一定的欠款，但对企业的影响是非常大的，有时会得不偿失。

五是企业对应收账款管理不重视，缺乏全面管理思想，没有进行全方位、全过程的科学管理。应该建立一个应收账款管理系统，可以从根本上解决这些问题，全面提升企业的应收账款管理工作质量，增强企业竞争能力。

1. 应收账款的定义

应收账款是企业采用信用方式销售商品、产品、提供劳务等而形成的债权性资产。《企业会计准则》对应收账款的定义是：企业因对外销售产品、材料、供应劳务等而应向购货或接受劳务单位收取的款项。对企业而言，应收账款是企业的一种债权，在应收账款发生时，企业一般会与客户签订购销合同或劳务合同，以及签订还款协议。应收账款的确认是伴随着赊销而发生的，其确认时间为销售成立时间。按照我国会计准则的规定，企业必须同时满足四个条件时，才能确认收入，此时若未收到现金，即应确认应收账款。这四个条件是：企业已将商品所有权上的主要风险和报酬转移给买方；企业既没有保留通常与所有权相联系的继续管理权，也没有对已售出的商品实施控制；与交易相关的经济利益能够流入企业；相关的收入和成本能够可靠的计量。

应收账款作为流动资产的主要构成内容之一，其是否具备资产的性质（带来的经济利益能流入企业），是否具有流动的特性（一年内变现），直接影响到一个企业会计信息质量。正因为如此，对已不符合资产定义，即确知不能收回的应收账款应及时转作损失费用予以核销。对于可能收不回的应收账款，按一定比例计提坏账准备已成为国际通行的做法。对于坏账的确认国际上没有一个统一的量化标准，而根据坏账的定义，一般认为有确凿证据或明显迹象表明已无法收回的应收账款即为坏账。

在商业信用比较发达、信用比较有序、经济环境比较稳定的情况下，坏账产生的原因通常为：（1）逾期账款数额太小而不够用以支付收款费用；（2）未清偿的数额源自公司和客户之间的分歧，为了保持与该客户的良好关系而将此部分记为坏账。由此可见，在通常情况下，因坏账而产生的损失应小于收账费用或因放弃某笔应收账款而造成的损失，或应小于这两者之和。此外，当债务人破产或死亡，以其破产财产或遗产清偿后仍不能收回的应收账款应确认坏账。

在判断一项款项是否应转作坏账时，应看其是否具有以下特性：（1）债务关系已成立；（2）债务人已知；（3）金额确定；（4）债务被认为不能收回。其中，债务关系已成立，也就是说在业务发生时记账是否正确，有否将不属于债务关系的款项支出列作应收账款。如果是这样，则其发生时即注定其不能收回，并非真正意义上的坏账。

2. 应收账款的分类

按照应收账款的内容，应收账款表现形式有：应收票据、应收垫付款、应收补贴款、预付款等。

按照应收账款的期限性，应收账款的表现形式有：短期应收账款和长期应收账款。

按照不同期限内的应收账款对企业生存与发展的不同影响，应收账款的表现形式有：日常性应收账款和资本性应收账款。

按照应收账款形成后是否逾期，应收账款的表现形式有：未到期应收账款和逾期应收账款。逾期应收账款还可按逾期长短进一步分为拖欠应收账款和收款失败应收账款两种类型。按照逾期的原因，又可分为四种类型：经营困难类；恶意拖欠类；贸易纠纷类；欺诈类。

3. 应收账款管理的内容

企业对应收账款的管理应该包括：（1）制定科学的信用政策；（2）控制应收账款的发生规模；（3）加强对应收账款的日常监督与分析；（4）加强应收账款的收款管理；（5）在重点搞好应收账款的管理的同时，对于企业有可能发生的其他应收款项也实施有效的管理。

4. 应收账款管理的总体目标

企业持有应收账款是具有两面性的，一方面，企业持有应收账款的总额度直接决定了营业收入的规模，较高的应收账款持有水平通常会产生较高的营业收入。另一方面，应收账款持有水平的高低，又决定着持有成本的规模，较高的应收账款持有导致较高的持有成本。应收账款管理的目标就是要在二者之间进行权衡，进而采取有效的措施，保证应收账款的流动性，并最终使企业的效益和价值得到最大程度提高，实际上也就是在流动性和效益性之间取得平衡。从财务的角度来看，应收账款作为企业流动资产的一个组成部分，对其的管理要强调提高其流动性指标。应收账款虽然流动性比库存好，但它毕竟不能用来直接支用或对外进行支付。因此，在应收账款的管理中应该加强流动性管理，促使应收账款能够尽快收回，实现应收账款向现金的快速和足额的转换。另外，应收账款的管理还应该讲求效益性。按照效益性的要求，应收账款要保持在一定合理的规模上，以便既能实现较高的营业收入，又不至于发生太高的持有成本。而且，应收账款发生之后应该及时催收，以免形成坏账损失。影响应收账款的主要因素是企业的信用政策，企业信用政策的变化会影响到平均收款期指标，又会影响销售额，从而影响到应收账款持有水平。应收账款管理的总体目标就是采用适当的信用政策在效益性和流动性之间求得平衡，最终帮助企业实现股东价值的最大化。

5. 应收账款管理的具体目标

企业销售的最理想状况是能够全部实现对产品的现金销售，但这几乎是不可能的，特别是对于在市场上同类产品和替代产品种类比较多的产品，以及产品处在供大于求状态或处在饱和状态的激烈竞争市场。在计划经济体制下，企业账面上应收账款所占比重极小，因而在财务管理中对其并不重视。但是，随着我国社会主义市场经济日臻成熟，特别是在加入WTO后，商业信用得到广泛应用，市场竞争日趋激烈，应收账款日益成为企业流动资产中的一个重要的组成部分。对企业财务管理而言，应收账款的流动性仅次于现金和短期有价证券投资的营运资金项目，因此，对应收账款管理提出具体目标是非常必要的。企业对应收账款管理的具体目标包括以下几个方面。

（1）确定合理的应收账款持有水平并在日常工作中予以保持。

（2）制定合理的应收账款收账政策并在收账过程中予以贯彻。

（3）保证应收账款周转天数低于行业平均水平。

（4）努力降低应收账款的成本，使企业因使用信用销售手段所增加的销售收益大于持有应收账款产生的所有费用。

6. 加强应收账款管理的意义

应收账款管理对企业具有内部和外部两个方面的意义。

从企业内部来看，应收账款管理的意义主要表现在：第一，通过对应收账款的有效管理，企业可以将应收账款的水平控制在一个合理的范围之内，从而加快企业流动资金的周转速度，保证企业有合理的现金流量和销售利润。第二，通过提高应收账款的管理水平，企业可以进一步完善内部控制制度，从而提高企业的整体管理水平。

从企业外部来看，应收账款管理的意义主要表现在：第一，有利于提高企业的信用水平。由于信用评级机构通常是从五个方面对企业的信用风险进行考查的，即现金流量、资产的流动性、资产的质量、利润和财务杠杆，而管理好应收账款可以优化企业的现金流量、增加企业资产的流动性、提高资产质量、真实反映利润，因此，应收账款管理会对国际和国内的企业资信评级有良好的帮助；第二，有利于企业的市场开拓。通过有效的应收账款管理，企业可以制定一个有效的应收账款信用政策，在效益性和流动性之间求得平衡，从而最大限度地拓展市场。

7. 我国企业应收账款管理存在问题分析

"美国企业坏账率是 2.5% ~ 0.5%，我国企业坏账率是 5% ~ 10%；美国企业账款拖欠期平均是 7 天，我国平均是 90 天。"在第二届中国国际信用和风险管理大会发布会上，全国整顿和规范市场经济秩序领导小组办公室副秘书长马恩中表示，我国企业的信用意识比较淡薄，信用管理制度建设严重滞后，信用问题十分突出，很多企业因被他人拖欠和赖账，严重影响了正常运转。据专业机构统计分析，在发达市场经济中，企业应收账款占流动资金比重一般不高于 10%，而根据调查，我国企业应收账款占流动资金的比重为 50% 以上，远远高于发达国家 10% 的水平。从增收节支、提高效益的管理目标考虑，企业的应收账款管理主要是应充分估计应收账款持有成本和风险，强化回收工作，降低有关成本损失，在总体上应权衡有关信用政策的利弊得失，争取企业利益最大化。加强应收账款管理的意义在于以最小的成本获得最大的赢利。长期以来，我国财务管理工作中对应收账款的日常管理重视不够，造成企业之间相互拖欠十分严重。

企业内部信用管理制度存在问题，信用管理制度不健全。在我国企业中一般采取两种方式设立信用管理部门，一种是财务总监领导下的信用管理部门，另一种是销售总监领导下的信用管理部门。两种方式各有利弊，适应于不同的企业管理体制。信用管理部门要取得财务和销售部门支持，并在赊销管理中起到主导作用。根据统计采取财务总监负责下的信用管理成功率为 70%，而采取销售总监负责下的成功率为 30%。目前我国约有 2% 的国有企业设立了专门的信用管理机构，而外资企业的这一比率在 10%。

目前信用管理部门设置混乱。大多数企业的应收账款由销售部门或销售人员自己管，这样做的问题很明显，让销售人员对自己的业务进行评价必然造成管理失效。另外一些则由财会人员来管理，会计人员虽然对账务处理比较清楚，但对具体客户情况并不很了解,简单归由会计人员来管理也并不合适。

信用管理人员素质不高。我国很多企业对管理应收账款的认识不足,忽略了相关部门的负责制度,对应收账款未按实际项目设置明细核算或配套不健全,企业账簿中应收账款多长期挂账、客户不明或张冠李戴,随意冲账现象相当普遍;更有财务人员对某些业务量不大的老客户的账目记载目录不清,又缺乏记忆,当发生新业务时不记得或查询不到该客户已经存在,而添设新的客户名称和明细科目,造成一个客户多个明细科目的现象。此外,有些财务人员任意简化客户名称,账务处理时不仔细核对客户名称,把名称相似的客户作为同一客户处理,又造成不同客户使用同一个会计科目,张冠李戴,造成串户。在赊销货物前对客户的信用状况调查不够,导致应收账款不断增加。目前,许多企业在对客户的信用状况还没有充分调查了解情况,为了扩大市场份额,提高竞争力,增加营业收入,就一味地增加赊销额,致使许多赊销款项无法及时收回,企业的应收账款规模也就越来越大,从而增加企业经营风险。

对应收账款的分析不够。对应收账款的账龄没有及时分析,导致企业风险增大。账龄反映的是应收账款的持有时间,它不仅是估算应收账款总体风险和时间价值损失的主要依据之一,也是记提坏账准备的现实基础。一般而言,收欠的难点和重点是逾期款项,特别是陈年老账,拖欠越久,收回的难度越大,变现的可能性越小,预期的价值也就越低。

催收应收账款的方法和程序不当,导致应收账款的催收费用大量增加。催收费用是指欠款单位因各种原因没有及时偿还所欠款项时,债权人为了回收应收账款所耗的各种费用,它包括人工成本和其他各项成本。一般说来,企业催收应收账款应从催收费用最小的方法开始,即首先从电话联系开始,到信函通知、电告催收、派员面谈直至诉诸法律等。

经营者法制维权意识薄弱。虽然现在的社会不断发展,市场经济不断完善,法制不断健全,人们深刻认识到学法、守法、用法、维法的重要性。但还是有相当一部分人对法律认识得不够,缺少法律知识和法律意识,所以当他们面对不能收回的应收账款时不知道采用法律的方式来保护自己,没有抓住最好的时机给企业降低损失,这都是企业管理者法制维权意识薄弱的结果。

应收账款管理的创新方法太少。大多数企业管理应收账款还停留在传统的企业财务和企业日常管理方面,对应收账款的管理研究太少。很多企业只是在讨债路上花费了大量费用,得到的效果见效甚微。传统企业把应收账款当作一项普通的资产来对待,没有深入研究它在融资、金融、证券方面有更广阔的应用解决方案,应当积极借鉴国际先进的应收账款管理措施。

8. 加强应收账款管理的对策

目前,许多企业在应收账款的管理上存在着上述问题,下面就我国企业应收账款管理存在的问题、强化应收账款的日常管理的针对性措施以及借鉴国际先进的应收账款管理措施几方面进行阐述。

通过产品创新和品牌建设,使产品在市场竞争中处于主动,加强产品市场调研,开拓新市场,生产适销对路的产品。在当前市场经济条件下,企业首先必须加强市场调研,认真研究、了解、把握市场,并分析预测市场需求的前景,及时开发研制新产品,以开拓新市场。在生产适销对路产品的同时,企业要根据消费者的需求向多层次、多样化、个性化方向发展的趋势，生产出有特色的、差异化的，满足多层次需求的产品；企业还需要结合自身优势，发展龙头产品，强化创新意识，争创名牌商标，提高知名度，扩大影响力。另外，企业要根据发展对外贸易、开辟国际市场的需求，创造条件，通过提高产品档次和质量，改进产品外观和包装等措施来逐步扩大市场占有率。只要有更多的消费者选择企业的产品，就会有更多的客户来选择企业。企业就可以有目的地选择客户，选择那些信用品质好、赖账可能性小的客户，以减少资金在应收账款上的占用，从而提高企业的经济效益。

提高产品科技含量，降低产品成本。现代科学技术的发展趋势，要求实现设备现代化和产品现代化，大力发展高、精、尖产品，参与国际竞争。设备现代化，可以提高产品的产量，相对的也就降低了单位产品成本，占据了价格竞争方面的优势。而科技含量高的现代化产品，以其新奇、多功能的特征吸引更多的消费者，从而扩大了产品的销售量。企业也不必为产品积压一味迁就客户，造成大量的应收账款，进而一改往日的销售中的被动地位，变被动为主动，变应收为预收，加速了资金的周转，降低了资金的机会成本，同样达到提高企业的经济效益的目的。

加强企业内部资信管理部门建设和资信管理工作，设置独立的资信管理部门。在发达国家，一般企业均设有信用管理部，或者设有信用管理经理一职。借鉴国外一些先进的管理经验，我国企业也需要设置相对独立的资信管理部门或配备专职的信用管理人员，使其在赊销管理中起到防患于未然的主导作用。根据企业内部牵制制度的规定，作为资信管理部门，应成为企业中一个独立于销售部门、在总经理或董事长直接领导下的中级管理部门。该部门或人员的主要职能是对客户的信用进行事前、事中、事后的全程管理，具体体现在：赊销前考察客户的资信情况，确定是否赊销以及赊销额度的多少、期限的长短；赊销后对应收账款采用的科学方法进行日常的管理，协助并监督销售人员的催收工作；对逾期的应收账款分清情况分别采用不同的处理办法，力求达到销售最优化和将坏账控制在企业可接受的范围内。

加强客户资信的管理。一般来说，客户的资信程度通常取决于5个方面，也就是通常所说的"5C"系统，包括：（1）品质，即履行偿债义务的可能性；（2）能力，即顾客的偿债能力；（3）资本，即顾客的财务实力和财务状况；（4）抵押，即企业签订赊销合同时附有的抵押条款；（5）条件，即可能影响顾客付款能力的经济环境。对顾客的"5C"进行信用综合分析后，企业就可以对客户的信用情况作出判断，并建立客户档案，着重记录客户的财务状况、资本实力以及历史往来记录等，并对每一个客户确定相应的信用等级。信用等级并非一成不变，最好能每年做一次全面审核，以便于能与客户的最新变化保持一致。对于不同信用等级的客户，企业在销售时就要采取不同的销售策略及结算方式，信用等级高的客户可以采取赊销方式，信用等级较差的客户，一律采用现款交易或采用银行承兑汇票方式进行货款结算，决不能为了单纯地提高销售额而去迁就客户提出的不合理的要求。一般地，企业在规定信用期限的同时，往往会附有现金折扣条件，无非是希望客户能尽早支付货款，但要注意把握好度，即提供折扣应以取得的收益大于现金折扣的成本为宜。

强化对应收账款内部控制制度的建设与执行，加强合同管理，规范经营行为。企业销售业务应实行合同管理制度,授权有关人员同客户签订销售合同。对于金额巨大的销售合同应当通过法律顾问等专业人员审核把关。未经授权,任何人不得随意签订销售合同。企业应认真开展合同评审工作,对客户提出的标的、数量、质量、交货期、交货地点、付款方式及违约责任进行认真审查,并决定是否接受定单。一旦接受,企业要按合同要求组织生产与交货,确保全面履行合同。

　　实行货款回笼业绩考核,明确清收责任。没有考核的管理是无效的管理,没有量化指标的考核是无效的考核。企业应当按"谁销售,谁收款"的原则将货款回笼分解到每个销售人员身上,并制定切实可行的收款计划,明确收款金额和期限。每个月根据货款回笼计划的完成情况对销售人员进行业绩考核,授予奖金。凡因自身原因造成货款被拖欠甚至无法收回的,要视情节轻重追究销售人员的责任,对人为造成的呆死账,要有明确的赔偿制度,损失重大的,依法追究其刑事责任。

　　做好应收账款日常管理,加强催收力度。首先,企业财务部门应按赊销客户名称进行明细核算,定期统计客户的赊销金额、账龄及增减变动情况。信用部门也要经常计算账款回收期、账龄结构、逾期账款率、坏账率等指标,并将结果反馈给企业主管领导,为评估、调整客户的信用等级、信用政策提供依据,同时也能了解赊销总情况。其次,企业财务部门应定期向客户寄送对账单,对账单应由双方供销当事人和财务人员确认无误并签章,作为有效的对账依据,如发生差错应及时处理。对于逾期拖欠的应收账款应编制账龄分析表进行账龄分析,并加紧催收。最后,信用管理部门在账龄分析表的基础上,将逾期应收账款按风险程度分类。对于不同类别的应收账款应采取不同的策略进行催收。

　　严格按会计制度办事,及时处理呆坏账。财务人员应严格按《企业会计准则》规定的要求对应收账款进行及时清算、对账等工作,对可能破产、倒闭的客户,要积极采取保全债权措施;事实上已难以收回的逾期货款,报经有关部门审批后,予以核销。当然,不管是企业采用怎样严格的信用政策,只要存在着商业信用行为,坏账损失的发生总是不可避免的。因此,企业应遵循谨慎性原则,建立坏账准备金制度,采用应收账款余额百分比法或其他方法计提坏账准备金。

　　综上所述,加强应收账款的核算和管理,关系到企业的资金周转,甚至影响到企业的生死存亡。因此,企业应把应收账款作为一项长期的、制度化的工作来抓,使各项措施落到实处,力求将应收账款控制在合理水平上,把坏账降到最低。而实践经验也表明,越是制度完善、管理良好、措施得当的企业,应收账款的问题也就越少,应收账款的风险小,坏账损失也少;反之,问题也就越多,坏账损失发生率也就越高。

三、库存管理

　　库存管理系统是一个企业不可缺少的一部分,它的内容对于企业的决策者和管理者来说都是至关重要的。库存管理系统能够为用户提供充足的信息和快捷的查询手段,库存管理涉及入库、出库的产品、经办人员及客户等方方面面的因素。库存管理系统有效管理这些信息数据,对信息的规范管理、科学统计和快速查询,减少管理方面的工作量,同时对于调动广大员工的工作积极性,提高企业的生产效率,都具有十分重要的现实意义。

　　库存管理的日常业务有以下几个。

1. 采购入库单

采购入库单一般指采购原材料验收入库时，所填制的入库单据；或者指商品进货入库时，填制的入库单。采购入库单是企业入库单据的主要部分，因此在本系统中，采购入库单也是日常业务的主要原始单据之一。

2. 材料出库单

材料出库单是企业领用材料时，所填制的出库单据。材料出库单是企业出库单据的主要部分，因此在本系统中，材料出库单也是进行日常业务处理和记账的主要原始单据之一。

3. 产成品入库单

产成品入库单是指产成品验收入库时，所填制的入库单据。产成品入库单是企业入库单据的主要部分。

4. 销售出库单

销售出库单是指产成品销售出库时，所填制的出库单据。销售出库单也是企业出库单据的主要部分，因此在本系统中，销售出库单也是进行日常业务处理和记账的主要原始单据之一。

5. 其他入库单

企业的其他入库单是指除采购入库、产成品入库之外的其他入库业务，如调拨入库、盘盈入库、形态转换入库等业务形成的入库单。

6. 其他出库单

企业的其他出库指除销售出库、材料出库之外的其他出库业务，如调拨出库、盘亏出库、形态转换出库等业务形成的出库单。

7. 调拨

管理仓库间的实物转移和分销意义上的仓库分配、调拨业务，属转移事务类型。

8. 形态转换

某种物品在加工或存储过程中，由于加工或环境的原因，使其形态和名称发生变化，这时需处理形态转换业务，调整库存账。

9. 反冲

对于生产环节在制品及不入库半成品业务，系统按照产品结构管理实现原材料与在制品、半成品对冲处理功能，实现在制品、半成品管理。

10. 盘点单

在日常物品收发、保管过程中，由于计量错误、检验疏忽、管理不善、自然损耗、核算错误等原因，有时会发生物品的盘盈、盘亏和毁损现象，从而造成物品账实不相符。为了保护企业流动资产的安全和完整，做到账实相符，企业必须对物品进行定期或不定期的清查。确定企业各种物品的实际库存量，并与账面记录相核对，查明物品盘盈、盘亏和毁损的数量以及造成的原因，并据以编制物品盘点报告表，按规定程序报有关部门审批。

物品盘盈、盘亏和毁损，在查明原因、分清责任、按规定程序报经有关部门批准后，应进行相应的账务处理，调整物品账面实存数，使物品的账面记录与库存实物核对相符。

物品盘点报告表，是证明企业物品盘盈、盘亏和毁损，据以调整物品实存数的书面凭证，经企业领导批准后，即可作为原始凭证入账。但是，物品的盘盈、盘亏和毁损必须在按规定程序报经有关部门批准后才能进行处理。

第二节　Excel 在项目数据分析中的应用

一、Excel 公式和函数的运用

1. 使用 VLOOKUP 函数查找考评成绩

VLOOKUP 函数是 Excel 中的一个纵向查找函数，即对数据区域进行按列查找，最终返回该列所需查询列序所对应的值。

语法格式为：VLOOKUP（lookup_value，table_array，row_index_num，range_lookup）。

lookup_value 为需要在数据表的第一列中进行查找的数值；table_array 为需要在其中查找数据的数据表；row_index_num 为参数说明，row_index_num 为 1 时，返回 table_array 第一列的数值，row_index_num 为 2 时，返回 table_array 第二列的数值，以此类推。range_lookup 为一逻辑值，指明函数 VLOOKUP 查找时是精确匹配，还是近似匹配。如果为 FALSE 或 0，则返回精确匹配，如果找不到，则返回错误值 #N/A。如果 range_lookup 为 TRUE 或 1，函数 VLOOKUP 将查找近似匹配值。也就是说，如果找不到精确匹配值，则返回小于 lookup_value 的最大数值。

接下来使用 VLOOKUP 函数查询员工培训成绩，具体操作如下。

第 1 步：查询企业文化科目成绩

切换到工作表【查询】，在单元格 B3 中输入公式"=VLOOKUP（$B$2,成绩表!$C$1:$K$12,2,0)"，按下 Enter 键，即可根据员工姓名查询出"企业文化"科目的成绩。如图 5-2 所示。

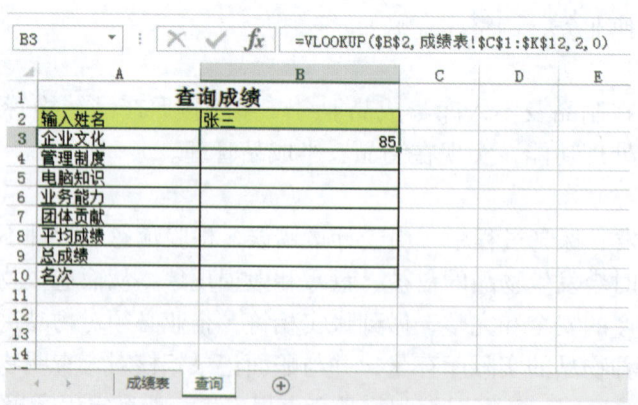

图5-2　查询企业文化科目成绩

第 2 步：查询其他科目成绩

使用同样的方法，输入其他科目的查询公式，即可查询各科目的成绩。如图 5-3 所示。

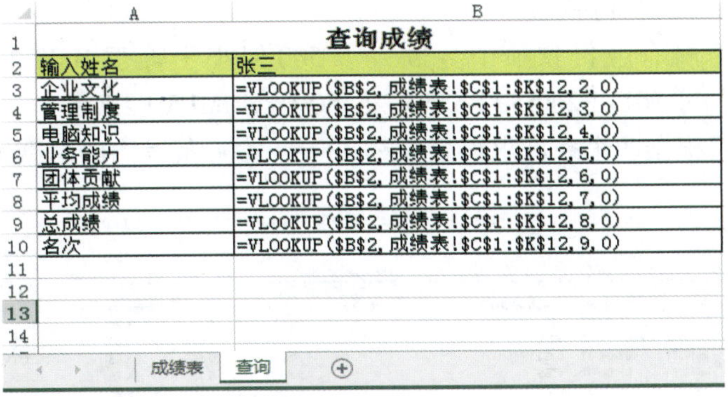

	A	B
1	查询成绩	
2	输入姓名	张三
3	企业文化	=VLOOKUP($B$2,成绩表!$C$1:$K$12,2,0)
4	管理制度	=VLOOKUP($B$2,成绩表!$C$1:$K$12,3,0)
5	电脑知识	=VLOOKUP($B$2,成绩表!$C$1:$K$12,4,0)
6	业务能力	=VLOOKUP($B$2,成绩表!$C$1:$K$12,5,0)
7	团体贡献	=VLOOKUP($B$2,成绩表!$C$1:$K$12,6,0)
8	平均成绩	=VLOOKUP($B$2,成绩表!$C$1:$K$12,7,0)
9	总成绩	=VLOOKUP($B$2,成绩表!$C$1:$K$12,8,0)
10	名次	=VLOOKUP($B$2,成绩表!$C$1:$K$12,9,0)
11		
12		
13		
14		

图5-3　查询其他科目成绩

2. 使用 SUMIF 函数统计各公司的应付款项

SUM 函数是最常用的求和函数，返回某一单元格区域中数字、逻辑值及数字的文本表达式之和。IF 是 Excel 中的一个逻辑函数，如果满足条件，就返回一个指定的值；如果不满足条件，就会返回另一个值。两个函数合并在一起使用叫 SUMIF 函数，能够根据逻辑条件返回特定单元格区域的值的总和。

语法格式为：SUMIF（range，criteria，[sum_range]）。

range 为条件区域，用于条件判断的单元格区域；criteria 是求和条件，由数字、逻辑表达式等组成的判定条件；[sum_range] 为实际求和区域，需要求和的单元格、区域或引用。当省略第三个参数时，则条件区域就是实际求和区域。

另外，criteria 参数中使用通配符（包括问号（?）和星号（*）），问号匹配任意单个字符，星号匹配任意一串字符。如果要查找实际的问号或星号，请在该字符前键入波形符（~）。

下面使用 SUMIF 函数汇总一年内某公司应付各公司的款项。具体示例如下。

（1）汇总单条件的应付款项

现在需要汇总应付 CNN 公司的总款项。在单元格 D554 中输入公式“=SUMIF（C2:C550,C554,F2:F550）”，按下 Enter 键，即可根据特定的条件“CNN”求得应付 CNN 公司的总款项。如图 5-4 所示。

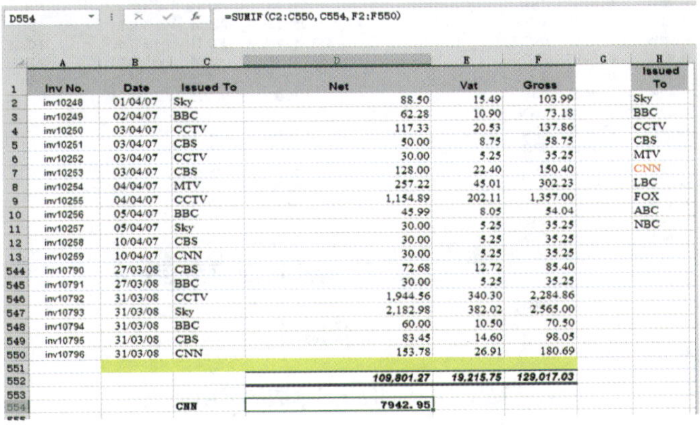

	A	B	C	D	E	F	G	H
1	Inv No.	Date	Issued To	Net	Vat	Gross		Issued To
2	inv10248	01/04/07	Sky	88.50	15.49	103.99		Sky
3	inv10249	02/04/07	BBC	62.28	10.90	73.18		BBC
4	inv10250	03/04/07	CCTV	117.33	20.53	137.86		CCTV
5	inv10251	03/04/07	CBS	50.00	8.75	58.75		CBS
6	inv10252	03/04/07	CCTV	30.00	5.25	35.25		MTV
7	inv10253	03/04/07	CBS	128.00	22.40	150.40		CNN
8	inv10254	04/04/07	MTV	257.22	45.01	302.23		LBC
9	inv10255	04/04/07	CCTV	1,154.89	202.11	1,357.00		FOX
10	inv10256	05/04/07	BBC	45.99	8.05	54.04		ABC
11	inv10257	05/04/07	Sky	30.00	5.25	35.25		NBC
12	inv10258	10/04/07	CBS	30.00	5.25	35.25		
13	inv10259	10/04/07	CNN	30.00	5.25	35.25		
544	inv10790	27/03/08	CBS	72.68	12.72	85.40		
545	inv10791	27/03/08	BBC	30.00	5.25	35.25		
546	inv10792	31/03/08	CCTV	1,944.56	340.30	2,284.86		
547	inv10793	31/03/08	Sky	2,182.98	382.02	2,565.00		
548	inv10794	31/03/08	BBC	60.00	10.50	70.50		
549	inv10795	31/03/08	CBS	83.45	14.60	98.05		
550	inv10796	31/03/08	CNN	153.78	26.91	180.69		
551								
552				109,801.27	19,215.75	129,017.03		
553								
554			CNN	7942.95				

图5-4　汇总单条件的应付款项

（2）汇总多条件的应付款项

现在需要汇总所有应付款项中金额大于500但小于等于1000的部分。在单元格D555中输入公式“=SUMIF(F2:F550,B555,F2:F550)– SUMIF(F2:F550,">=1000",F2:F550)”，按下Enter键，即可根据两个条件求得金额在500到1000范围内的总款项。如图5–5所示。

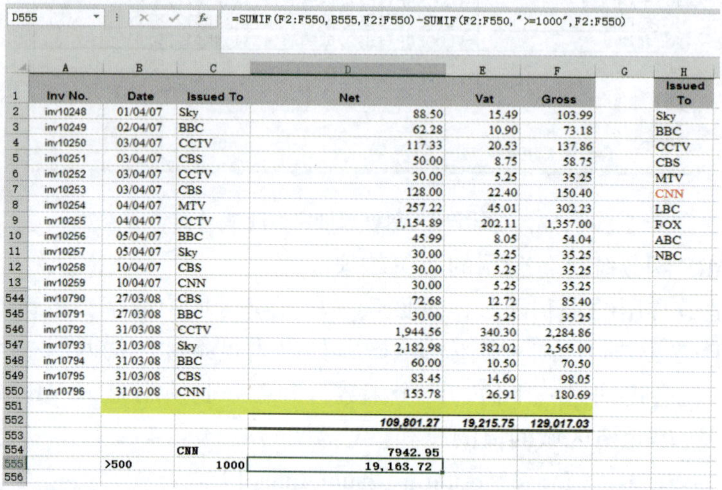
D555 =SUMIF(F2:F550,B555,F2:F550)-SUMIF(F2:F550,">=1000",F2:F550)

	A	B	C	D	E	F	G	H
1	Inv No.	Date	Issued To	Net	Vat	Gross		Issued To
2	inv10248	01/04/07	Sky	88.50	15.49	103.99		Sky
3	inv10249	02/04/07	BBC	62.28	10.90	73.18		BBC
4	inv10250	03/04/07	CCTV	117.33	20.53	137.86		CCTV
5	inv10251	03/04/07	CBS	50.00	8.75	58.75		CBS
6	inv10252	03/04/07	CCTV	30.00	5.25	35.25		MTV
7	inv10253	03/04/07	CBS	128.00	22.40	150.40		CNN
8	inv10254	04/04/07	MTV	257.22	45.01	302.23		LBC
9	inv10255	04/04/07	CCTV	1,154.89	202.11	1,357.00		FOX
10	inv10256	05/04/07	BBC	45.99	8.05	54.04		ABC
11	inv10257	05/04/07	Sky	30.00	5.25	35.25		NBC
12	inv10258	10/04/07	CBS	30.00	5.25	35.25		
13	inv10259	10/04/07	CNN	30.00	5.25	35.25		
544	inv10790	27/03/08	CBS	72.68	12.72	85.40		
545	inv10791	27/03/08	BBC	30.00	5.25	35.25		
546	inv10792	31/03/08	CCTV	1,944.56	340.30	2,284.86		
547	inv10793	31/03/08	Sky	2,182.98	382.02	2,565.00		
548	inv10794	31/03/08	BBC	60.00	10.50	70.50		
549	inv10795	31/03/08	CBS	83.45	14.60	98.05		
550	inv10796	31/03/08	CNN	153.78	26.91	180.69		
551								
552				109,801.27	19,215.75	129,017.03		
553								
554			CNN	7942.95				
555		>500	1000	19,163.72				
556								

图5–5　汇总多条件的应付款项

小提示：条件有两个以上时，还可以使用SUMIFS函数，其语法格式为：SUMIFS(sum_range，criteria_range1，criteria1，…）。

以汇总金额在500到1000范围的款项为例，在单元格D556中输入公式“=SUMIFS(F2:F550,F2:F550,B555,F2:F550,"<=1000")”，按下Enter键，即可求得相同的结果。如图5–6所示。

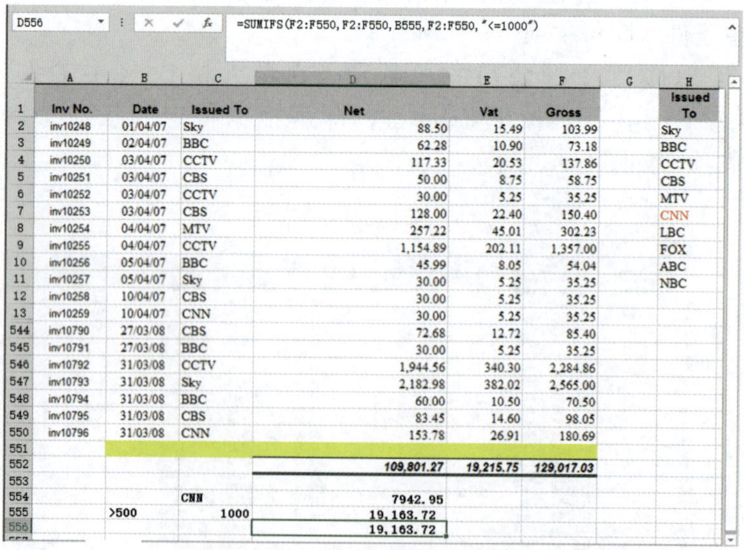
D556 =SUMIFS(F2:F550,F2:F550,B555,F2:F550,"<=1000")

	A	B	C	D	E	F	G	H
1	Inv No.	Date	Issued To	Net	Vat	Gross		Issued To
2	inv10248	01/04/07	Sky	88.50	15.49	103.99		Sky
3	inv10249	02/04/07	BBC	62.28	10.90	73.18		BBC
4	inv10250	03/04/07	CCTV	117.33	20.53	137.86		CCTV
5	inv10251	03/04/07	CBS	50.00	8.75	58.75		CBS
6	inv10252	03/04/07	CCTV	30.00	5.25	35.25		MTV
7	inv10253	03/04/07	CBS	128.00	22.40	150.40		CNN
8	inv10254	04/04/07	MTV	257.22	45.01	302.23		LBC
9	inv10255	04/04/07	CCTV	1,154.89	202.11	1,357.00		FOX
10	inv10256	05/04/07	BBC	45.99	8.05	54.04		ABC
11	inv10257	05/04/07	Sky	30.00	5.25	35.25		NBC
12	inv10258	10/04/07	CBS	30.00	5.25	35.25		
13	inv10259	10/04/07	CNN	30.00	5.25	35.25		
544	inv10790	27/03/08	CBS	72.68	12.72	85.40		
545	inv10791	27/03/08	BBC	30.00	5.25	35.25		
546	inv10792	31/03/08	CCTV	1,944.56	340.30	2,284.86		
547	inv10793	31/03/08	Sky	2,182.98	382.02	2,565.00		
548	inv10794	31/03/08	BBC	60.00	10.50	70.50		
549	inv10795	31/03/08	CBS	83.45	14.60	98.05		
550	inv10796	31/03/08	CNN	153.78	26.91	180.69		
551								
552				109,801.27	19,215.75	129,017.03		
553								
554			CNN	7942.95				
555		>500	1000	19,163.72				
556				19,163.72				

图5–6　SUMIFS函数的运用

二、Excel 数据的排序、筛选与分类汇总

1. 排序销售数据

为了方便查看表格中的数据,可以按照一定的顺序对工作表中的数据进行重新排序。数据排序方法主要包括简单排序、复杂排序和自定义排序。

(1)简单排序

对数据清单进行排序时,如果按照单列的内容进行简单排序,既可以直接使用"升序"或"降序"按钮来完成,也可以通过"排序"对话框来完成。接下来使用"排序"对话框,设置一个排序条件,按"产品单价"对销售数据进行降序排序。具体操作如下。

第1步:执行排序命令

选中数据区域中的任意一个单元格,①单击【数据】选项卡;②在【排序和筛选】组中单击【排序】按钮。如图5-7所示。

图5-7 "排序"工具栏

第2步:设置排序条件

弹出【排序】对话框,①在【主要关键字】下拉列表中选择"产品单价"选项;②在【次序】下拉列表中选择"降序"选项;③单击【确定】按钮。此时,销售数据就会按照"产品单价"进行降序排序。如图5-8、图5-9所示。

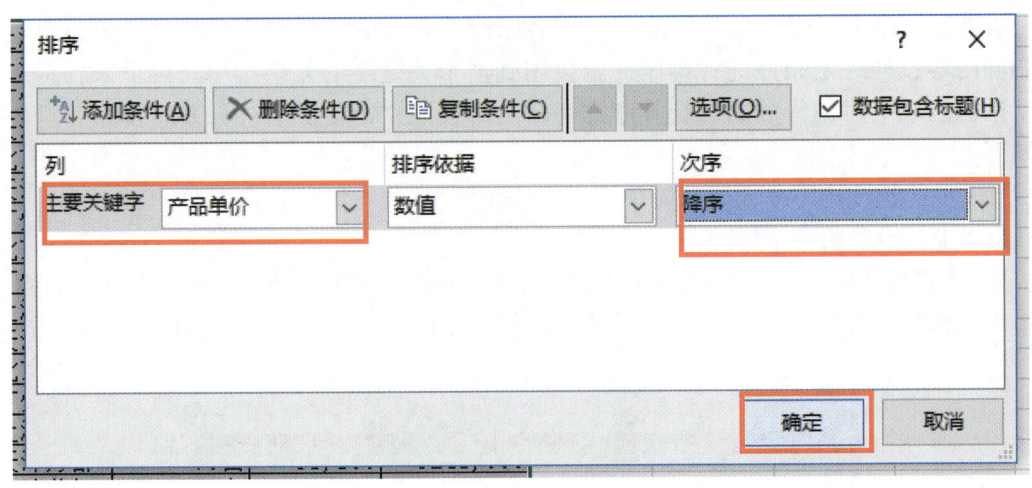

图5-8 "排序"对话框

	A	B	C	D	E	F
1	销售日期	产品名称	销售区域	销售数量	产品单价	销售额
2	2016/7/1	液晶电视	上海分部	59台	¥8,000	¥472,000
3	2016/7/12	液晶电视	北京分部	60台	¥8,000	¥480,000
4	2016/7/18	液晶电视	上海分部	85台	¥8,000	¥680,000
5	2016/7/19	液晶电视	北京分部	75台	¥8,000	¥600,000
6	2016/7/28	液晶电视	北京分部	65台	¥8,000	¥520,000
7	2016/7/3	电脑	广州分部	234台	¥5,600	¥1,310,400
8	2016/7/10	电脑	上海分部	30台	¥5,600	¥168,000
9	2016/7/16	电脑	天津分部	65台	¥5,600	¥364,000
10	2016/7/25	电脑	上海分部	32台	¥5,600	¥179,200
11	2016/7/2	冰箱	上海分部	45台	¥4,100	¥184,500
12	2016/7/8	冰箱	北京分部	100台	¥4,100	¥410,000
13	2016/7/17	冰箱	天津分部	95台	¥4,100	¥389,500
14	2016/7/30	冰箱	上海分部	93台	¥4,100	¥381,300
15	2016/7/7	洗衣机	广州分部	80台	¥3,800	¥304,000
16	2016/7/20	洗衣机	广州分部	32台	¥3,800	¥121,600
17	2016/7/22	洗衣机	上海分部	32台	¥3,800	¥121,600
18	2016/7/29	洗衣机	上海分部	78台	¥3,800	¥296,400
19	2016/7/4	空调	天津分部	69台	¥3,500	¥241,500
20	2016/7/9	空调	广州分部	200台	¥3,500	¥700,000
21	2016/7/15	空调	天津分部	70台	¥3,500	¥245,000
22	2016/7/24	空调	广州分部	41台	¥3,500	¥143,500
23	2016/7/31	空调	天津分部	32台	¥3,500	¥112,000
24	2016/7/5	饮水机	北京分部	76台	¥1,200	¥91,200
25	2016/7/6	饮水机	天津分部	90台	¥1,200	¥108,000
26	2016/7/11	饮水机	天津分部	40台	¥1,200	¥48,000
27	2016/7/13	饮水机	广州分部	80台	¥1,200	¥96,000
28	2016/7/14	饮水机	上海分部	90台	¥1,200	¥108,000
29	2016/7/21	饮水机	天津分部	12台	¥1,200	¥14,400
30	2016/7/26	饮水机	上海分部	22台	¥1,200	¥26,400
31	2016/7/27	饮水机	上海分部	44台	¥1,200	¥52,800

图5-9　Excel数据的数值排序法

小提示：Excel数据的排序依据有多种，主要包括笔画、数值、单元格颜色、字体颜色和单元格图标，按照数值进行排序是最常用的一种排序方法。

（2）复杂排序

如果在排序字段里出现相同的内容，会保持着它们的原始次序。如果用户还要对这些相同内容按照一定条件进行排序，就会用到多个关键字的复杂排序。接下来，首先按照"销售区域"对销售数据进行升序排列，然后按照"销售额"进行升序排列。具体操作如下。

第1步：执行排序命令（与简单排序操作相同）

第2步：设置第一个排序条件

弹出【排序】对话框，①在【主要关键字】下拉列表中选择"销售区域"选项；②在【次序】下拉列表中选择"升序"选项；③单击【添加条件】按钮。如图5-10所示。

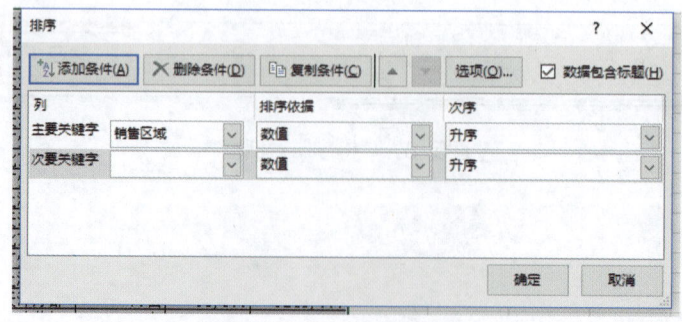

图5-10　"排序"对话框

第3步：设置第二个排序条件

此时即可添加一组新的排序条件，①在【次要关键字】下拉列表中选择"销售额"选项；②在【次序】下拉列表中选择"升序"选项；③单击【确定】按钮。此时，销售数据在根据"销售区域"进行升序排列的基础上，按照"销售额"进行了升序排列。排序结果如图5-11所示。

	A	B	C	D	E	F
1	销售日期	产品名称	销售区域	销售数量	产品单价	销售额
2	2016/7/5	饮水机	北京分部	76台	¥1,200	¥91,200
3	2016/7/8	冰箱	北京分部	100台	¥4,100	¥410,000
4	2016/7/12	液晶电视	北京分部	60台	¥8,000	¥480,000
5	2016/7/28	液晶电视	北京分部	65台	¥8,000	¥520,000
6	2016/7/19	液晶电视	北京分部	75台	¥8,000	¥600,000
7	2016/7/26	饮水机	广州分部	22台	¥1,200	¥26,400
8	2016/7/13	饮水机	广州分部	80台	¥1,200	¥96,000
9	2016/7/20	洗衣机	广州分部	32台	¥3,800	¥121,600
10	2016/7/24	空调	广州分部	41台	¥3,500	¥143,500
11	2016/7/7	洗衣机	广州分部	80台	¥3,800	¥304,000
12	2016/7/9	空调	广州分部	200台	¥3,500	¥700,000
13	2016/7/3	电脑	广州分部	234台	¥5,600	¥1,310,400
14	2016/7/27	饮水机	上海分部	44台	¥1,200	¥52,800
15	2016/7/14	饮水机	上海分部	90台	¥1,200	¥108,000
16	2016/7/22	洗衣机	上海分部	32台	¥3,800	¥121,600
17	2016/7/10	电脑	上海分部	30台	¥5,600	¥168,000
18	2016/7/25	电脑	上海分部	32台	¥5,600	¥179,200
19	2016/7/2	冰箱	上海分部	45台	¥4,100	¥184,500
20	2016/7/29	洗衣机	上海分部	78台	¥3,800	¥296,400
21	2016/7/30	冰箱	上海分部	93台	¥4,100	¥381,300
22	2016/7/1	液晶电视	上海分部	59台	¥8,000	¥472,000
23	2016/7/18	液晶电视	上海分部	85台	¥8,000	¥680,000
24	2016/7/21	饮水机	天津分部	12台	¥1,200	¥14,400
25	2016/7/11	饮水机	天津分部	40台	¥1,200	¥48,000
26	2016/7/6	饮水机	天津分部	90台	¥1,200	¥108,000
27	2016/7/31	空调	天津分部	32台	¥3,500	¥112,000
28	2016/7/4	空调	天津分部	69台	¥3,500	¥241,500
29	2016/7/15	空调	天津分部	70台	¥3,500	¥245,000
30	2016/7/16	电脑	天津分部	65台	¥5,600	¥364,000
31	2016/7/17	冰箱	天津分部	95台	¥4,100	¥389,500

图5-11 "设置第二个排序条件"后的分布图

（3）自定义排序

数据的排序方式除了可以按照数字大小和拼音字母排序外，还会涉及一些没有明显顺序特征的项目，如"产品名称""销售区域""业务员""部门"等，此时，可以按照自定义的序列对这些数据进行排序。接下来将销售区域的序列顺序定义为"北京分部，上海分部，天津分部，广州分部"，然后进行排序。具体操作如下。

第1步：执行排序命令（与简单排序操作相同）

第2步：执行自定义序列命令

弹出【排序】对话框，在【次序】下拉列表中选择"自定义序列"选项，弹出【自定义序列】对话框，①在【自定义序列】列表框中选择"新序列"选项；②在【输入序列】文本框中输入"北京分部，上海分部，天津分部，广州分部"，中间用英文半角状态下的逗号隔开；③单击【添加】按钮。如图5-12所示。

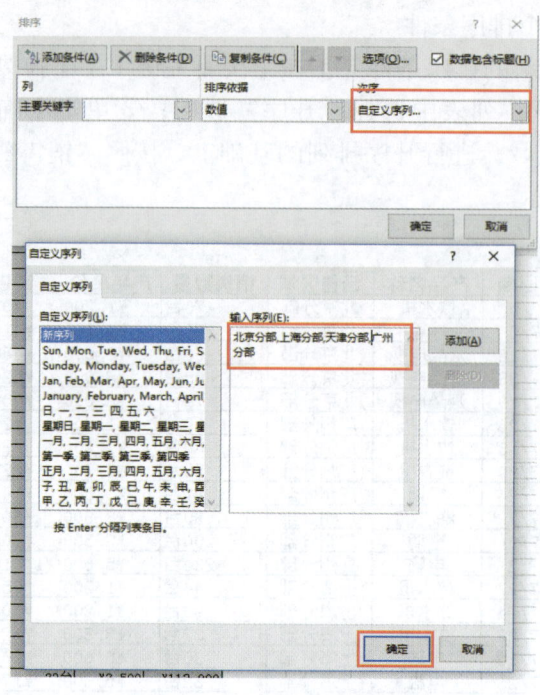

图5-12 "自定义序列"对话框

第3步:查看自定义序列结果

返回【排序】对话框,在【主要关键字】的下拉列表中选择"销售区域";在【次序】下拉列表中自动选择"北京分部,上海分部,天津分部,广州分部"选项;然后单击【确定】按钮,此时,表格中的数据就按照自定义序列进行了排序。如图5-13所示。

	A	B	C	D	E	F
1	销售日期	产品名称	销售区域	销售数量	产品单价	销售额
2	2016/7/5	饮水机	北京分部	76台	¥1,200	¥91,200
3	2016/7/8	冰箱	北京分部	100台	¥4,100	¥410,000
4	2016/7/12	液晶电视	北京分部	60台	¥8,000	¥480,000
5	2016/7/19	液晶电视	北京分部	75台	¥8,000	¥600,000
6	2016/7/28	液晶电视	北京分部	65台	¥8,000	¥520,000
7	2016/7/1	液晶电视	上海分部	59台	¥8,000	¥472,000
8	2016/7/2	冰箱	上海分部	45台	¥4,100	¥184,500
9	2016/7/10	电脑	上海分部	30台	¥5,600	¥168,000
10	2016/7/14	饮水机	上海分部	90台	¥1,200	¥108,000
11	2016/7/18	液晶电视	上海分部	85台	¥8,000	¥680,000
12	2016/7/22	洗衣机	上海分部	32台	¥3,800	¥121,600
13	2016/7/25	电脑	上海分部	32台	¥5,600	¥179,200
14	2016/7/27	饮水机	上海分部	44台	¥1,200	¥52,800
15	2016/7/29	洗衣机	上海分部	78台	¥3,800	¥296,400
16	2016/7/30	冰箱	上海分部	93台	¥4,100	¥381,300
17	2016/7/4	空调	天津分部	69台	¥3,500	¥241,500
18	2016/7/6	饮水机	天津分部	90台	¥1,200	¥108,000
19	2016/7/11	饮水机	天津分部	40台	¥1,200	¥48,000
20	2016/7/15	空调	天津分部	70台	¥3,500	¥245,000
21	2016/7/16	电脑	天津分部	65台	¥5,600	¥364,000
22	2016/7/17	冰箱	天津分部	95台	¥4,100	¥389,500
23	2016/7/21	饮水机	天津分部	12台	¥1,200	¥14,400
24	2016/7/31	空调	天津分部	32台	¥3,500	¥112,000
25	2016/7/3	电脑	广州分部	234台	¥5,600	¥1,310,400
26	2016/7/7	洗衣机	广州分部	80台	¥3,800	¥304,000
27	2016/7/9	空调	广州分部	200台	¥3,500	¥700,000
28	2016/7/13	饮水机	广州分部	80台	¥1,200	¥96,000
29	2016/7/20	洗衣机	广州分部	32台	¥3,800	¥121,600
30	2016/7/24	空调	广州分部	41台	¥3,500	¥143,500
31	2016/7/26	饮水机	广州分部	22台	¥1,200	¥26,400

图5-13 自定义序列排序的结果图

小提示：有时我们要对"销售额""工资"等字段进行排序，又不希望打乱表格原有数据的顺序而只需要得到一个排列名次，这时该怎么办呢？对于这类问题，我们可以用 RANK 函数来实现次序的排列。

2. 筛选订单明细

如果要在成百上千条数据记录中查询需要的数据，此时就要用到 Excel 的筛选功能。Excel 2013 中提供了 3 种数据的筛选操作，即"自动筛选"、"自定义筛选"和"高级筛选"。

（1）自动筛选

自动筛选是 Excel 中一个易于操作且经常使用的实用技巧。自动筛选通常是按简单的条件进行筛选，筛选时将不满足条件的数据暂时隐藏起来，只显示符合条件的数据。接下来，在订单明细表中筛选出来自东南亚的订单记录。具体操作如下。

第 1 步：执行筛选命令

将光标定位在数据区域的任意一个单元格中，①单击【数据】选项卡；②单击【排序和筛选】组中的【筛选】按钮，工作表进入筛选状态，各标题字段的右侧出现一个下拉按钮。如图 5-14 所示。

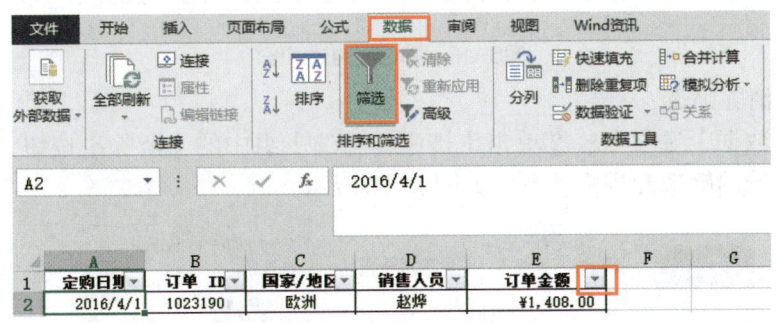

图5-14 "筛选"工具栏

第 2 步：弹出筛选列表

单击"国家/地区"右侧的下拉按钮，弹出一个筛选列表。此时，所有的国家/地区都处于选中状态。如图 5-15 所示。

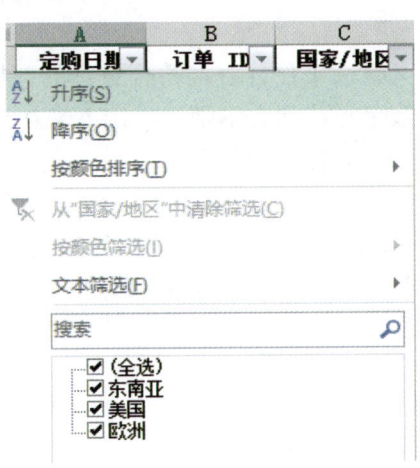

图5-15 "筛选列表"对话框

第 3 步：选择选项

单击"全选"选项左侧的复选框，取消对钩，此时就取消了所有国家/地区的选项。然后，①单击"东南亚"选项，即可勾选其左侧的复选框；②单击【确定】按钮。效果如图5-16所示。

定购日期	订单 ID	国家/地区	销售人员	订单金额
2016/4/7	1023173	东南亚	吴小莉	¥458.74
2016/4/10	1023215	东南亚	许文康	¥4,895.44
2016/4/10	1023221	东南亚	刘亚东	¥1,197.95
2016/4/13	1023237	东南亚	吴小莉	¥491.50
2016/4/20	1023238	东南亚	吴小莉	¥6,750.00
2016/4/23	1023200	东南亚	吴小莉	¥1,303.19
2016/4/23	1023252	东南亚	许文康	¥3,232.80
2016/4/24	1023192	东南亚	吴小莉	¥224.00
2016/4/24	1023244	东南亚	刘亚东	¥270.00
2016/4/24	1023250	东南亚	刘亚东	¥2,393.50
2016/4/27	1023249	东南亚	许文康	¥12,615.05
2016/4/27	1023256	东南亚	许文康	¥60.00
2016/4/29	1023260	东南亚	赵伟	¥210.00
2016/4/30	1023264	东南亚	许文康	¥525.00

图5-16　筛选后的效果图

第 4 步：清除筛选

①单击【数据】选项卡；②单击【排序和筛选】组中的【清除】按钮，此时即可清除当前数据区域的筛选和排序状态。如图 5-17 所示。

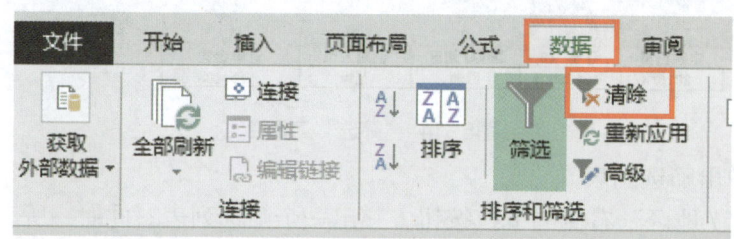

图5-17　"清除筛选"工具栏

（2）自定义筛选

自定义筛选是指通过定义筛选条件，查询符合条件的数据记录。在 Excel 2013 中，自定义筛选包括日期筛选、数字筛选和文本筛选。接下来在订单明细表中筛选"2000 ≤ 订单金额 ≤ 6000"的订单记录。具体操作如下。

第 1 步：选择数字筛选

单击"订单金额"右侧的下拉按钮，①在弹出的筛选列表中选择【数字筛选】选项；②然后在其下级列表中选择【自定义筛选】选项。如图 5-18 所示。

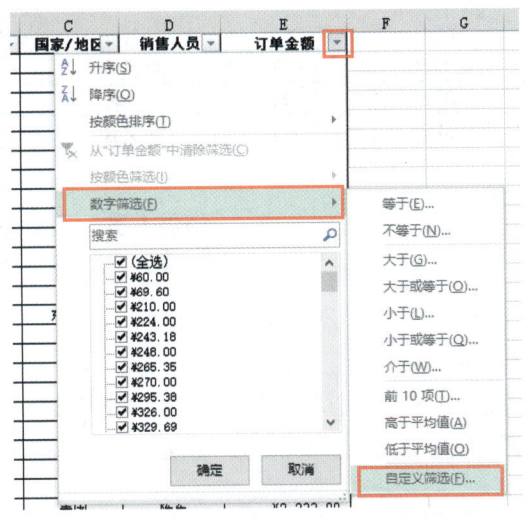

图5-18 "数字筛选"对话框

第2步：自定义筛选条件

弹出【自定义自动筛选方式】对话框，①将筛选条件设置为"订单金额大于或等于2000与小于或等于6000"；②单击【确定】按钮。此时，订单金额在2000元至6000元之间的订单明细就筛选出来了，如图5-19所示。

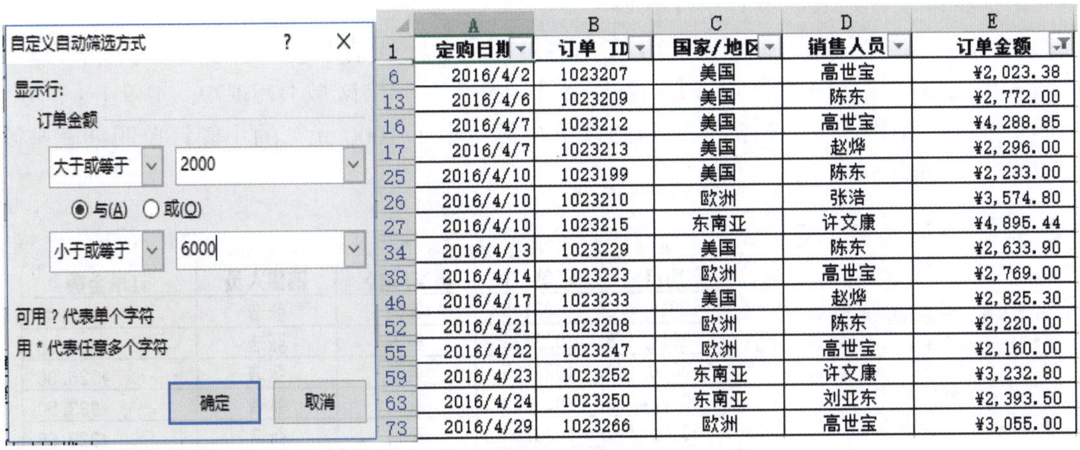

图5-19 "自定义自动筛选方式"对话框

（3）高级筛选

在数据筛选过程中可能会遇到许多复杂的筛选条件，此时，就用到了Excel的高级筛选功能。使用高级筛选功能时，其筛选结果可显示在原数据表格中，也可以在新的位置显示筛选结果。接下来，在订单明细表中筛选销售人员"张浩"接到的订单金额"小于1000元"的小额订单明细。具体操作如下。

第1步：设置筛选条件

在单元格D78中输入"销售人员"，在单元格D79中输入"张浩"，在单元格E78中输入"订单金额"，在单元格E79中输入"<1000"。如图5-20所示。

	A	B	C	D	E
73	2016/4/29	1023266	欧洲	高世宝	¥3,055.00
74	2016/4/30	1023257	美国	赵烨	¥732.60
75	2016/4/30	1023264	东南亚	许文康	¥525.00
76					
77					
78				销售人员	订单金额
79				张浩	<1000

图5-20　设置筛选条件

第2步：执行高级筛选命令

将光标定位在数据区域的任意一个单元格中，①单击【数据】选项卡；②单击【排序和筛选】工具组中的【高级】按钮。如图5-21所示。

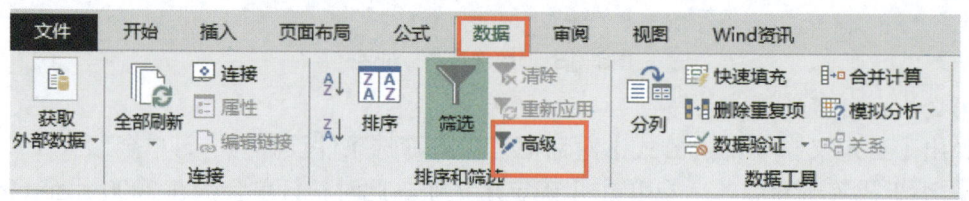

图5-21　"高级筛选"工具栏

第3步：设置列表区域和条件区域

弹出【高级筛选】对话框，①选中【在原有区域显示筛选结果】单选框；②将【列表区域】调整为单元格区域A1:E75；③将【条件区域】调整为单元格区域D78:E79；④单击【确定】按钮。此时，销售人员"张浩"接到的订单金额"小于1000元"的小额订单明细就被筛选出来了。如图5-22所示。

	A	B	C	D	E
1	定购日期	订单 ID	国家/地区	销售人员	订单金额
8	2016/4/3	1023196	美国	张浩	¥439.00
20	2016/4/8	1023182	美国	张浩	¥265.35
23	2016/4/8	1023225	美国	张浩	¥326.00
35	2016/4/13	1023232	欧洲	张浩	¥933.50
39	2016/4/15	1023228	美国	张浩	¥329.69
47	2016/4/20	1023226	欧洲	张浩	¥295.38
76					
77					
78				销售人员	订单金额
79				张浩	<1000

高级筛选对话框：
方式：
◉ 在原有区域显示筛选结果(F)
○ 将筛选结果复制到其他位置(O)
列表区域(L)：$A$1:$E$75
条件区域(C)：$D$78:$E$79
复制到(T)：
☐ 选择不重复的记录(R)
[确定] [取消]

图5-22　"高级筛选"对话框

3. 分类汇总部门费用

Excel有"分类汇总"功能，使用该功能可以按照各种汇总条件对数据进行分类汇总。

（1）创建分类汇总

现在按照所属部门对企业费用进行分类汇总，统计各部门费用总额。创建分类汇总之前，首先要按照所属部门对工作表中的数据进行排序，然后进行汇总。具体操作如下。

第1步：排序数据

按照之前章节介绍的排序方法将表格中的数据根据"所属部门"的拼音首字母进行升序排列。

第2步：执行分类汇总命令

①单击【数据】选项卡；②单击【分级显示】工具组中的【分类汇总】按钮。如图5-23所示。

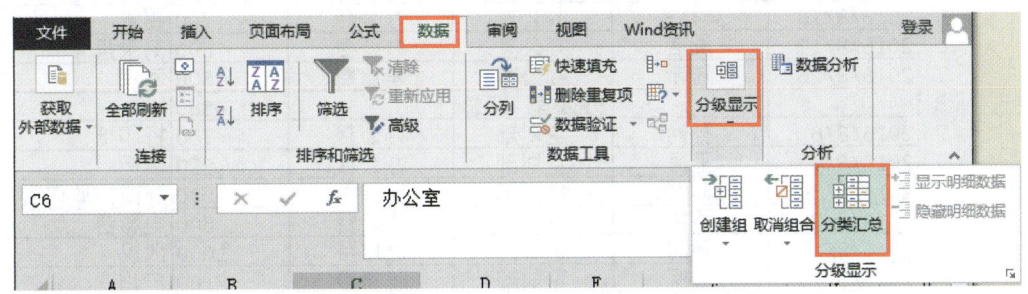

图5-23 "分类汇总"步骤图

第3步：设置汇总选项

弹出【分类汇总】对话框，①在【分类字段】下拉列表中选择【所属部门】选项，在【汇总方式】下拉列表中选择【求和】选项；②在【选定汇总项】列表框中选中【金额】选项；③选中【替换当前分类汇总】和【汇总结果显示在数据下方】复选框；④单击【确定】按钮。如图5-24所示。

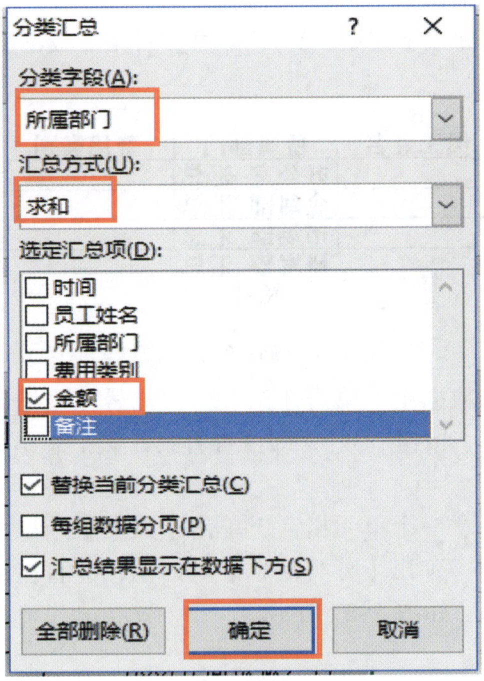

图5-24 "分类汇总"对话框

第 4 步：查看汇总结果

此时，即可看到按照所属部门对费用总额进行汇总的第3级汇总结果。如图5-25所示。

	A	B	C	D	E	F
1	时间	员工姓名	所属部门	费用类别	金额	备注
2	2016/8/4	陆新	办公室	办公费	550	办公用笔
3	2016/8/8	周浩	办公室	办公费	430	培训费
4	2016/8/9	舒雄	办公室	办公费	800	办公书柜
5	2016/8/10	吴林玉	办公室	办公费	700	墨盒
6	2016/8/12	周浩	办公室	办公费	600	刻录盘
7	2016/8/26	陆新	办公室	差旅费	1300	武汉
8			办公室 汇总		4380	
9	2016/8/6	孙韵	企划部	办公费	750	打印纸
10	2016/8/7	王振	企划部	办公费	820	鼠标
11	2016/8/30	郝大勇	企划部	宣传费	500	在商报做广告
12	2016/8/2	罗兰	企划部	招待费	500	电影费
13	2016/8/18	孙韵	企划部	差旅费	1000	武汉
14	2016/8/19	王振	企划部	差旅费	2100	广州
15	2016/8/21	王振	企划部	差旅费	1700	武汉
16	2016/8/3	郝大勇	企划部	招待费	1100	农家乐餐饮
17	2016/8/24	罗兰	企划部	差旅费	2350	广州
18	2016/8/25	孙韵	企划部	差旅费	2200	北京
19	2016/8/4	王振	企划部	招待费	900	江海饭店
20	2016/8/27	孙韵	企划部	差旅费	3200	深圳
21			企划部 汇总		17120	

图5-25 汇总结果

第 5 步：单击数字按钮 2

单击汇总区域左上角的数字按钮"2"，即可查看第2级汇总结果。如图5-26所示。

	A	B	C	D	E	F
1	时间	员工姓名	所属部门	费用类别	金额	备注
8			办公室 汇总		4380	
21			企划部 汇总		17120	
28			市场部 汇总		11000	
35			研发部 汇总		8070	
36			总计		40570	

图5-26 查看第2级汇总结果

小提示：在2级汇总数据中，单击任意一个"加号"按钮，即可展开下一级数据；单击汇总区域左上角的数字按钮"3"，即可查看第3级汇总结果。

（2）删除分类汇总

选中数据区域中的任意一个单元格，①单击【数据】选项卡；②在【分级显示】组中单击【分类汇总】按钮，弹出【分类汇总】对话框；③直接单击【全部删除】按钮，即可删除之前的分类汇总。如图 5-27 所示。

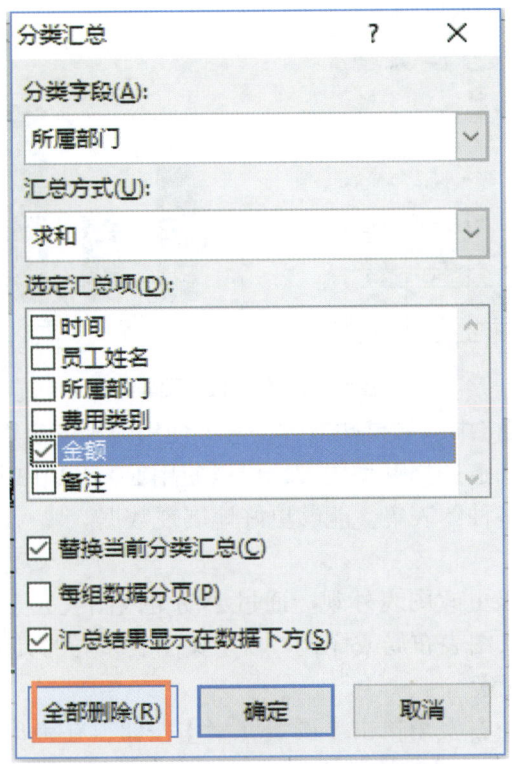

图5-27 "分类汇总"对话框

小提示：打印分类汇总结果时，可以按照汇总字段进行分页打印。例如，我们经常要在分类汇总后按照"月份"打印数据，这时我们只要在【分类汇总】对话框中勾选【每组数据分页】，就可以按组打印了。

三、Excel 统计图表的应用

Excel 提供了多种图表用于数据的对比与分析，包括簇状柱形图、饼图、面积图、百分比堆积柱形图、条形图等。下面以其中几种图为例，介绍 Excel 统计图表的应用。

1. 利用柱形图分析员工考评成绩

通常情况下，企业会定期对员工进行考评，衡量与评定员工完成岗位职责任务的能力与效果。

（1）创建柱形图表

柱形图是常用图表之一，也是 Excel 的默认图表，主要用于反映一段时间内的数据变化或显示不同项目间的对比。Excel 2013 自带了多种柱形图，用户只需根据实际需要选择即可。创建柱形图表的具体操作如下。

选中数据区域（A2:A8 和 G2:G8），单击【插入】选项卡，①在【图表】组中单击【插入柱形图或条形图】按钮；②在弹出的下拉列表中选择【三维簇状柱形图】选项，此时即可根据源数据，创建一个三维簇状柱形图。如图 5-28 所示。

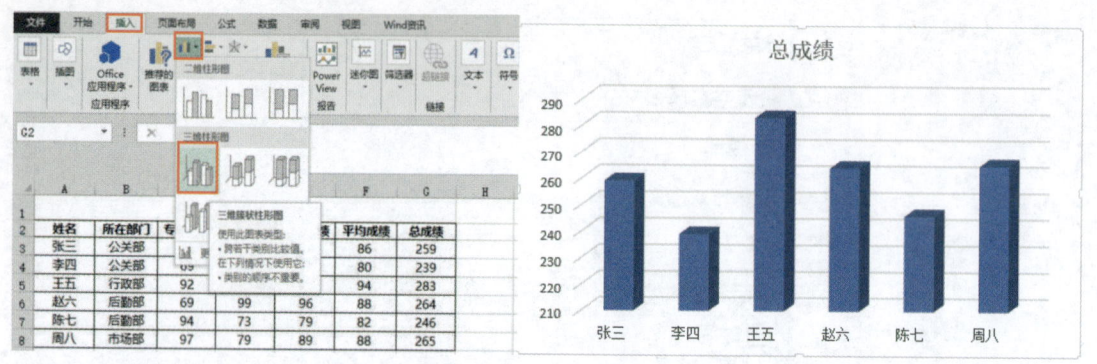

图5-28 创建柱形图表

小提示：在 Excel 表格中，如果知道数据应该使用哪种图表类型的时候，直接插入相应的图表即可；如果不知道选择哪种图表，可以使用 Excel 2013 推荐的图表。Excel 2013 为各种数据量身定做了多种图表集，能够更好地展现数据。

（2）调整图表布局

创建图表后，还可以更改图表外观。通过手动更改图表元素和图表样式，使用图表筛选器等方式可以自定义图表布局或样式。自定义图表布局的具体操作如下。

第1步：选择图表元素

选中图表，在图表的右上角单击【图表元素】按钮，在弹出的下拉列表中选中【数据表】选项，此时就在原有图表元素的基础上添加了数据表。如图 5-29 所示。

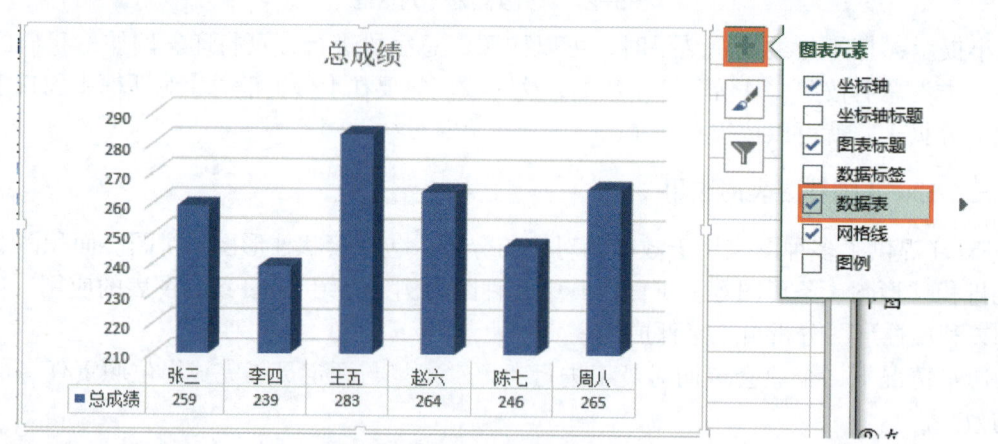

图5-29 添加"数据表"

第2步：选择样式

选中图表，在图表的右上角单击【图表样式】按钮，在弹出的下拉列表中选中"样式4"选项，此时即可看到应用"样式4"后的效果。如图 5-30 所示。

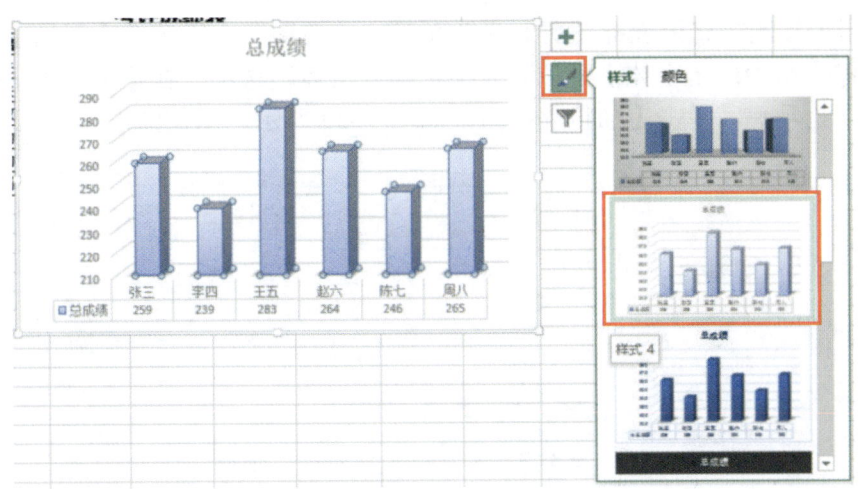

图5-30 选择"图表样式"的样式4

第3步：设置筛选条件

选中图表，在图表的右上角单击【图表筛选器】按钮，①在弹出的下拉列表中取消勾选"周八"复选框；②单击【应用】按钮，此时，员工"周八"的信息就不在图表中显示了。如图5-31所示。

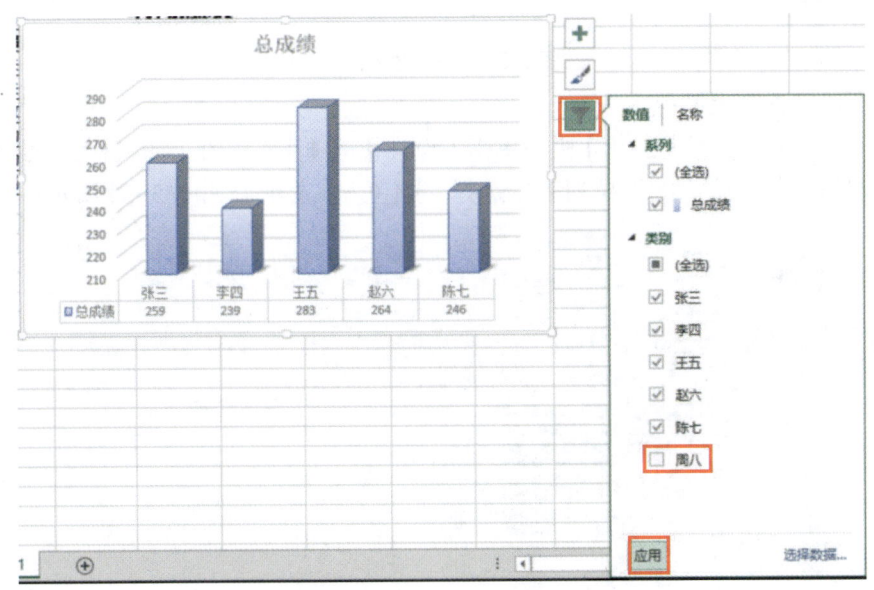

图5-31 设置筛选条件

小提示：为了避免手动进行大量的格式设置，Excel 2013 提供了多种实用的布局和样式，可以将其快速应用到图表中。

（3）设置图表格式

图表创建完成后，可以通过设置图表格式来美化图表，主要对图表标题、图例、图表区域、数据系列、绘图区、坐标轴、网格线等项目进行格式设置。具体操作如下。

第1步：设置图表标题/图例的字体格式

选中图表标题,将图表标题更改为"总成绩分布图",①单击【开始】选项卡;②在【字体】组中的【字体】下拉列表中选择"楷体"选项,在【字号】下拉列表中选择"16"选项;③单击【加粗】按钮。如图5-32所示。图例同理。

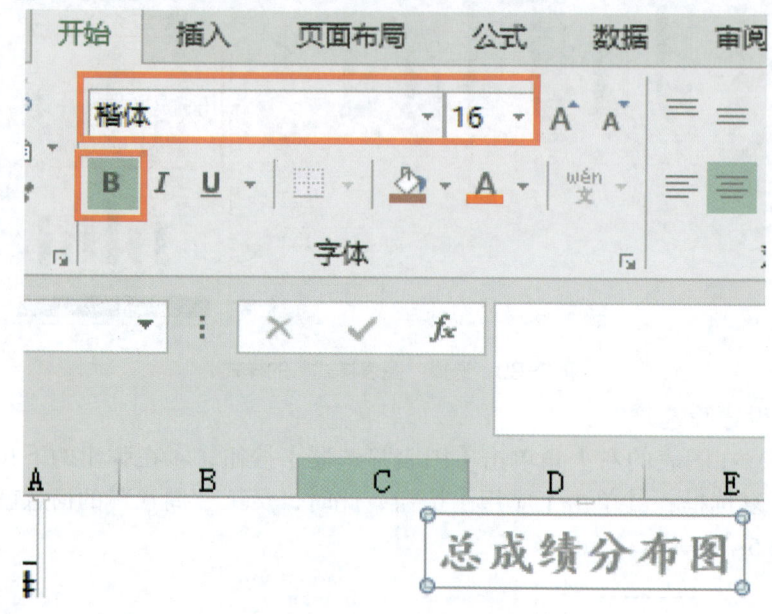

图5-32　设置图表标题

第2步：更改图表颜色

选中图表,①在【图表工具】栏中单击【设计】选项卡;②在【图表样式】组单击【更改颜色】按钮;③在弹出的下拉列表中选择"颜色6"选项。如图5-33所示。

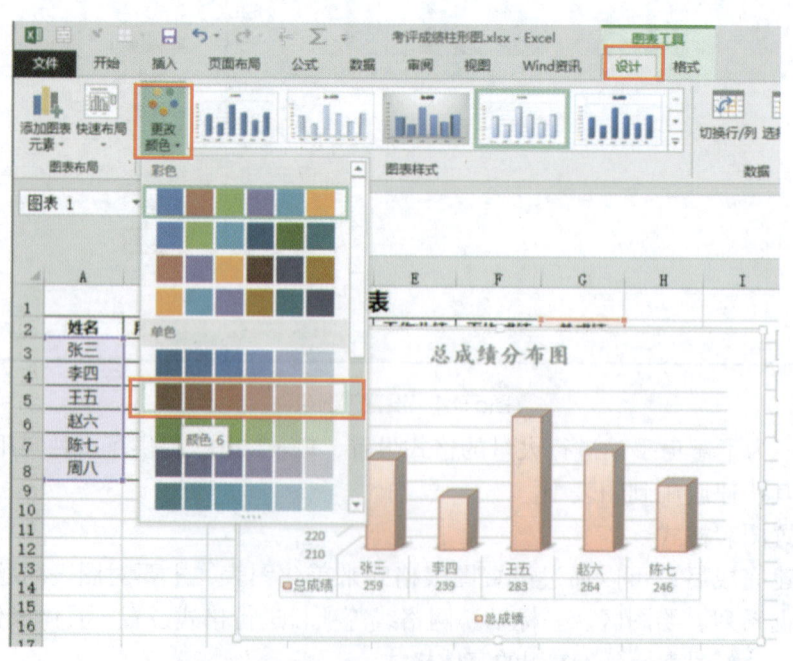

图5-33　在"图表工具"中更改图表颜色

第3步：设置填充颜色

选中图表，单击鼠标右键，在弹出的快捷菜单中选择【设置图表区域格式】命令。此时，在工作表的右侧出现【设置图表区格式】窗口，①选中【纯色填充】单选钮；②在【颜色】下拉列表中选择"水绿色，个性色5，淡色80%"选项。如图5-34所示。

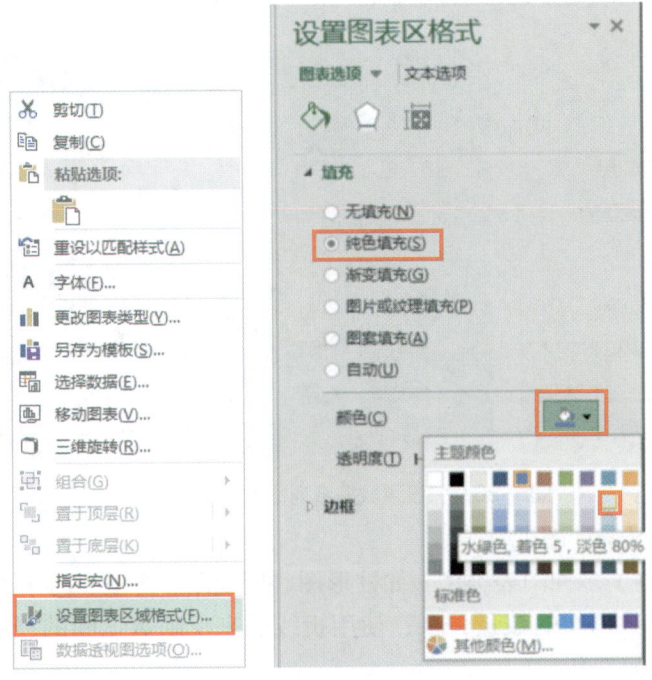

图5-34 "设置图表区格式"对话框

第4步：查看图表区域设置效果

此时，图表区域中的颜色就填充成了"水绿色，个性色5，淡色80%"。如图5-35所示。

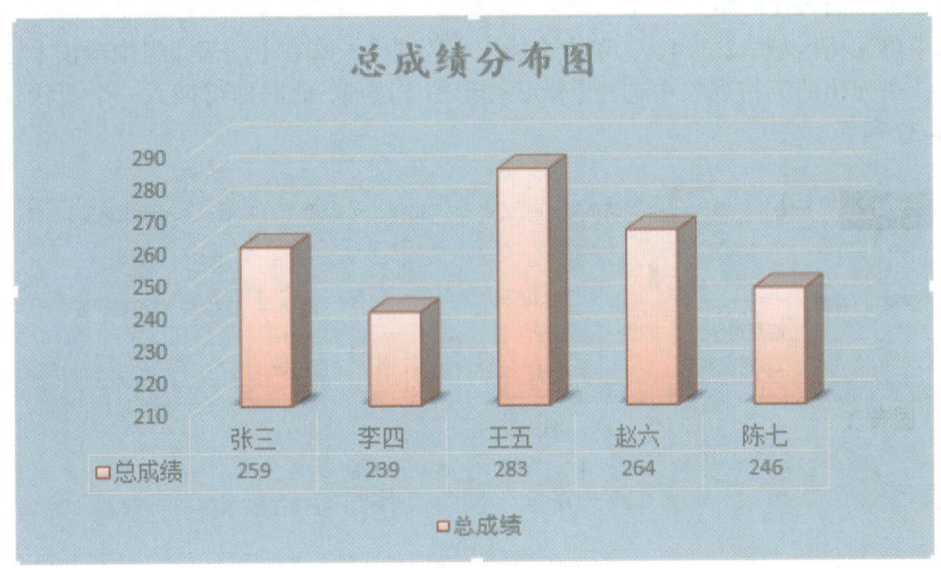

图5-35 查看图表区域并设置效果

第 5 步：设置系列选项

选中图表，单击鼠标右键，在弹出的快捷菜单中选择【设置数据系列格式】命令，在工作表的右侧出现【设置数据系列格式】窗口，①在【系列间距】微调框中将数值设置为"10%"；②在【分类间距】微调框中将数值设置为"100%"；③在【柱体形状】列表框中勾选"圆柱图"单选框。设置完成后，图表的最终效果如图 5-36 所示。

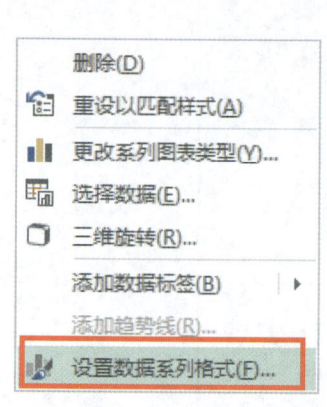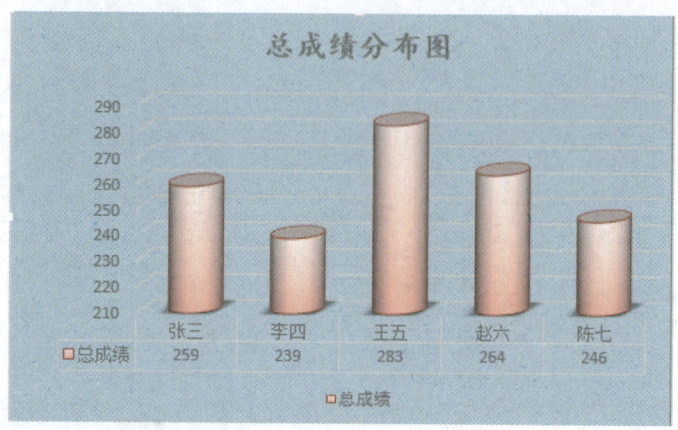

图 5-36 "设置数据系列格式"后的效果图

2. 创建销售情况统计图

Excel 2013 提供了多种图表类型，如柱形图、折线图、饼图、迷你图等。通常情况下，使用柱形图来比较数据间的数量关系；使用折线图来反映数据间的趋势关系；使用饼图来表示数据间的分配关系。

（1）创建销量对比图

通常情况下，用柱形图来对比数据间的数量变化。接下来通过插入柱形图，制作销售量对比图。具体操作如下。

第 1 步：插入柱形图

选中单元格区域 A2:B14，①单击【插入】选项卡；②在【图表】组中单击【柱形图】按钮；③在弹出的下拉列表中选择【簇状柱形图】选项，此时即可插入一个簇状柱形图。如图 5-37 所示。

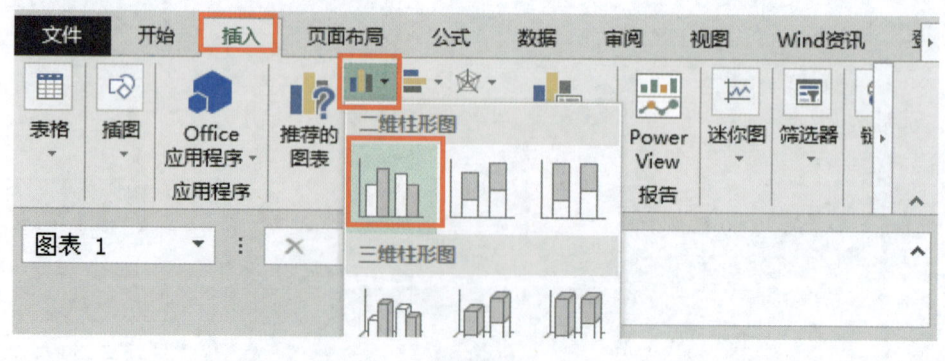

（1）

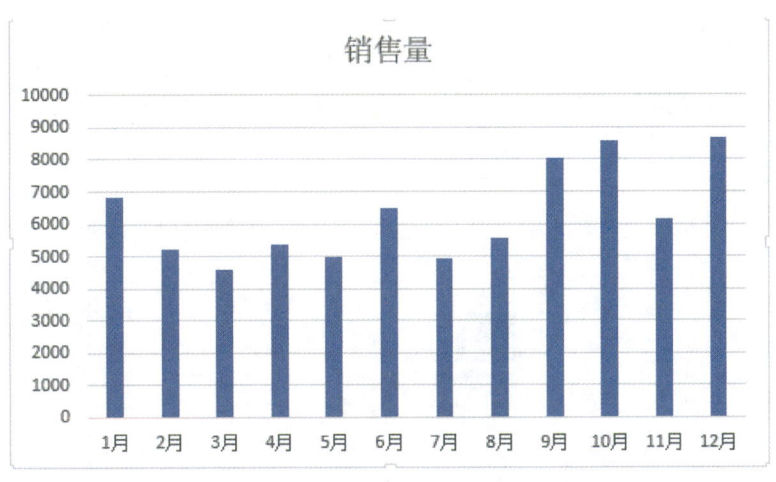

（2）

图5-37 创建柱形图

第2步：更改颜色

选中图表，①在【图表工具】栏中单击【设计】选项卡；②在【图表样式】组单击【更改颜色】按钮；③在弹出的下拉列表中选择"颜色4"选项。如图5-38所示。

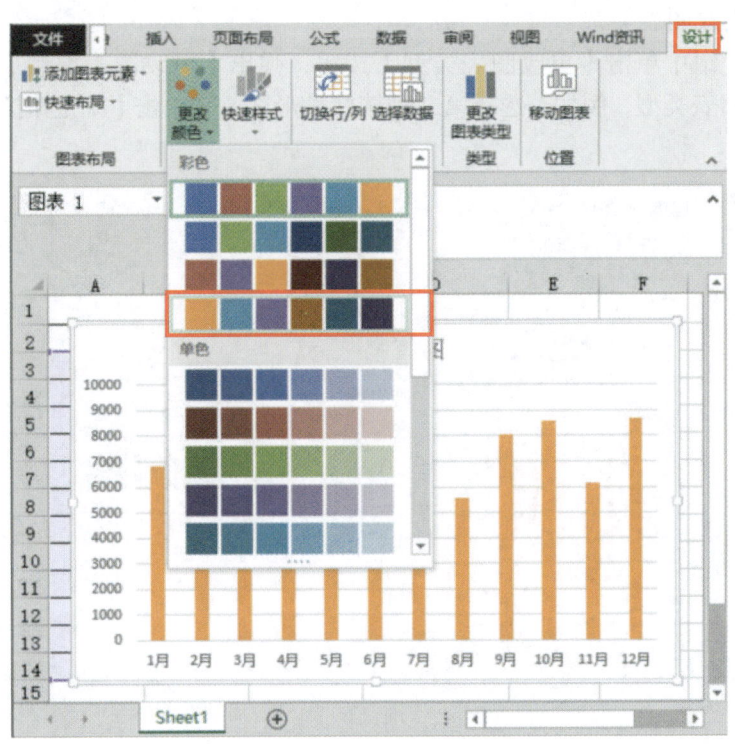

图5-38 选择"图表样式"的颜色

第3步：应用快速样式

①在【图表样式】组中单击【快速样式】按钮；②在弹出的下拉列表中选择"样式7"

选项。如图 5-39 所示。

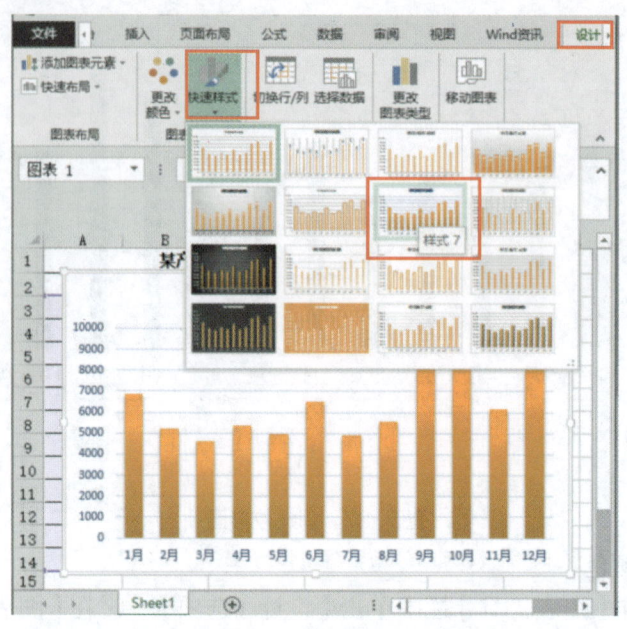

图5-39 选择"图标样式"的样式

第 4 步：更改图表类型

在【类型】组中单击【更改图表类型】按钮，弹出【更改图表类型】对话框，①选择一种合适的图表类型，例如，选择第二种簇状柱形图；②单击【确定】按钮。如图 5-40 所示。

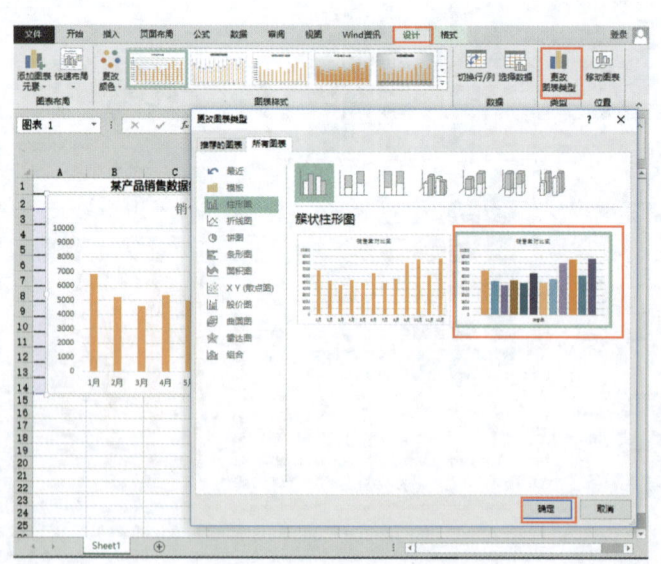

图5-40 "更改图表类型"对话框

第 5 步：查看最终效果

操作到这里，销售量对比图就制作完成了，最终效果如图 5-41 所示。

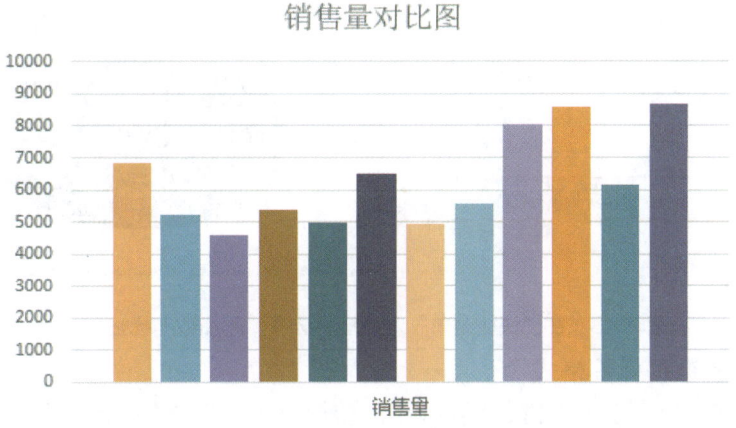

图5-41 销售量对比图

小提示：柱形对比图主要用于不同时间、不同部门、不同项目之间的横向对比，通过柱形图可以很直观地看出各项目之间的数据对比。

（2）月销售额比例图

日常工作中，经常用饼图来展示一组数据的比例。接下来通过插入饼图，创建月销售额比例图，统计并分析各月销售额占全年销售额的比重。具体操作如下。

第1步：插入饼图

选中单元格区域 A2:A14 和 D2:D14，单击【插入】选项卡，①在【图表】组中单击【饼图】按钮；②在弹出的下拉列表中选择【三维饼图】选项，此时即可根据选中的数据区域插入一个饼图。如图 5-42 所示。

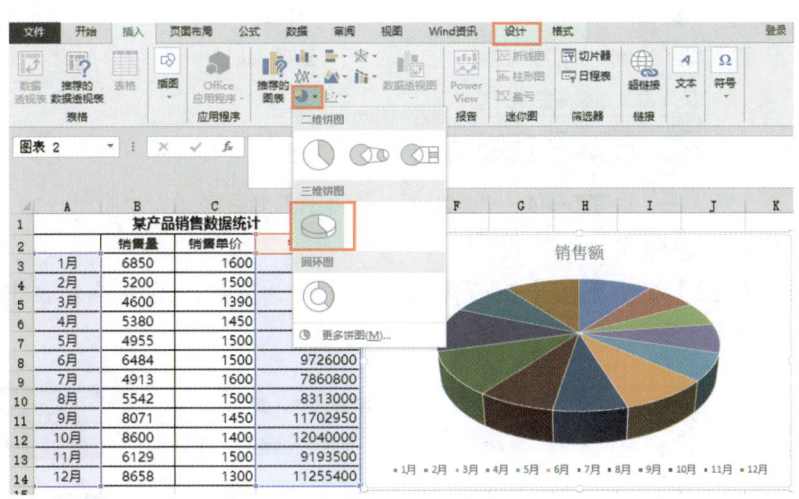

图5-42 创建饼图

第2步：添加数据标签

选中图表系列，单击鼠标右键，在弹出的快捷菜单中选择【添加数据标签】→【添加数据标签】命令，此时饼图中的各部分都添加上了数据标签。如图 5-43 所示。

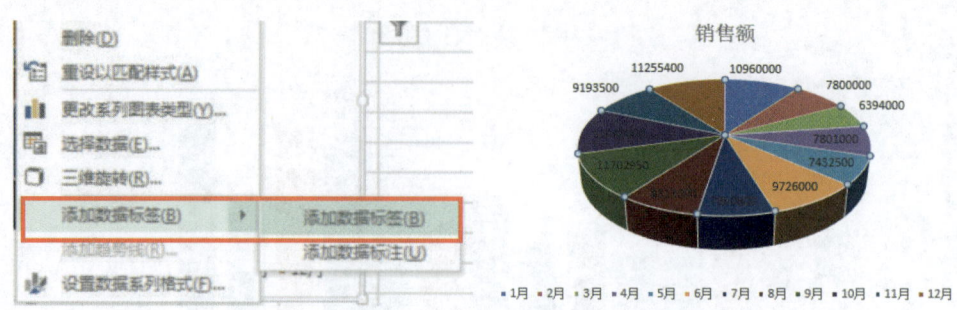

图5-43 在"快捷菜单"对话框中选择"添加数据标签"

第3步：设置数据标签格式

选中数据标签，单击鼠标右键，①在弹出的快捷菜单中选择【设置数据标签格式】命令；②在工作表的右侧弹出【设置数据标签格式】对话框，取消勾选【值】复选框，然后勾选【百分比】和【数据标签外】复选框，此时，各部分所占百分比就显示在了图表中。如图5-44所示。

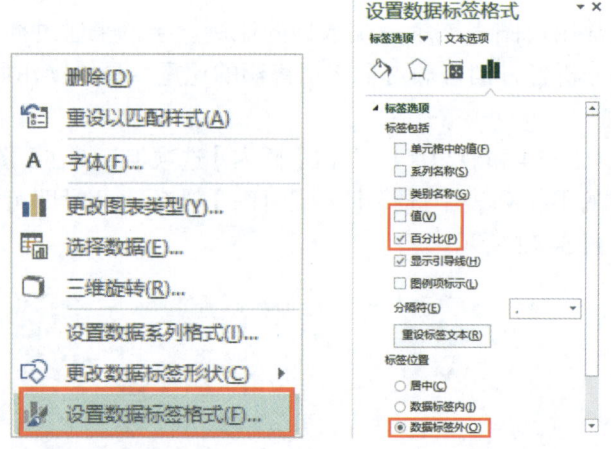

图5-44 "设置数据标签格式"对话框

第4步：应用快速样式

①在【图表样式】组中单击【快速样式】按钮；②在弹出的下拉列表中选择"样式10"选项。如图5-45所示。

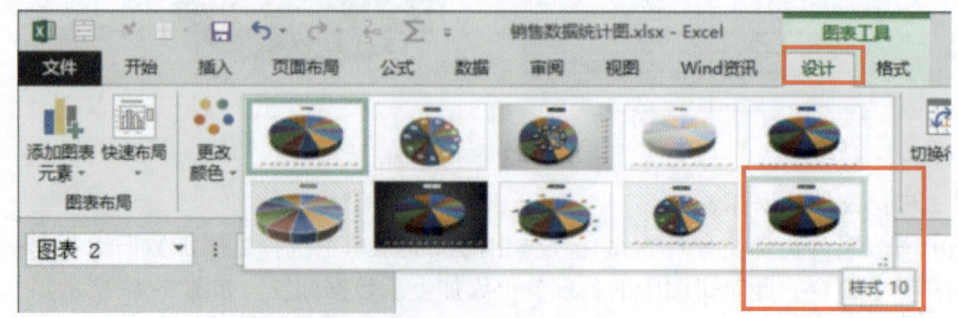

图5-45 选择"图表样式"

第 5 步：查看最终结果

将图表标题更改为"销售额对比图"。操作到这里，月销售额比例图就创建完成了，效果如图 5-46 所示。

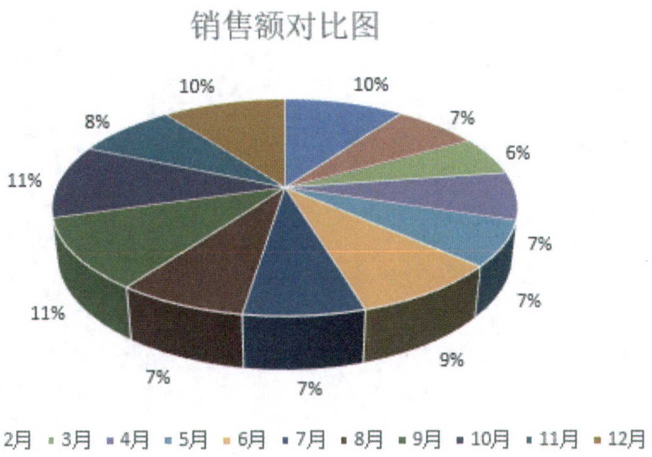

图5-46 月销售额对比图

小提示：数据标签显示了每个数据点的数值，用户可以根据需要打开【设置数据标签格式】对话框，根据需要勾选【标签选项】即可，如勾选【单元格中的值】、【系列名称】、【类别名称】，其中【百分比】等选项只能用于饼图或圆环图。

3. 制作各部门员工人数分布图

员工在各部门的人数分布直接反映了各部门的人员配置情况，为企业人力资源配置和岗位调整提供重要依据。制作各部门员工人数分布图的具体操作如下。

第 1 步：插入条形图

选中单元格区域 A2:B7，①单击【插入】选项卡；②单击【图表】组中的【插入柱形图或条形图】按钮；③在弹出的下拉列表中选择【簇状条形图】选项。如图 5-47 所示。

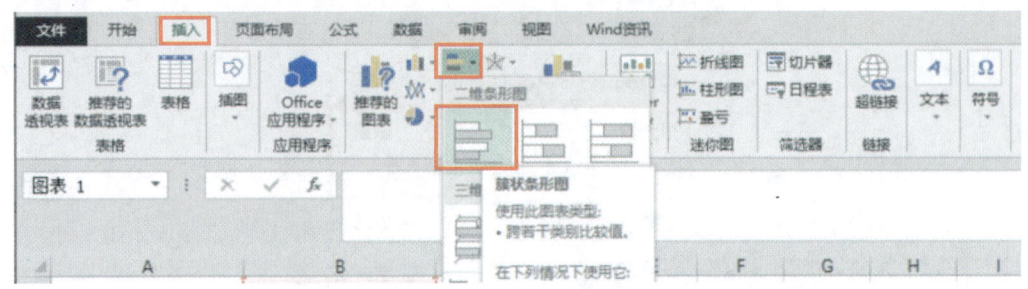

图5-47 创建条形图

第 2 步：设置纵向坐标轴格式

选中纵向坐标轴标题，单击鼠标右键，在弹出的快捷菜单中选择【设置坐标轴格式】选项，在【设置坐标轴格式】窗口的【坐标轴选项】组中勾选【逆序类别】复选框。如图 5-48 所示。

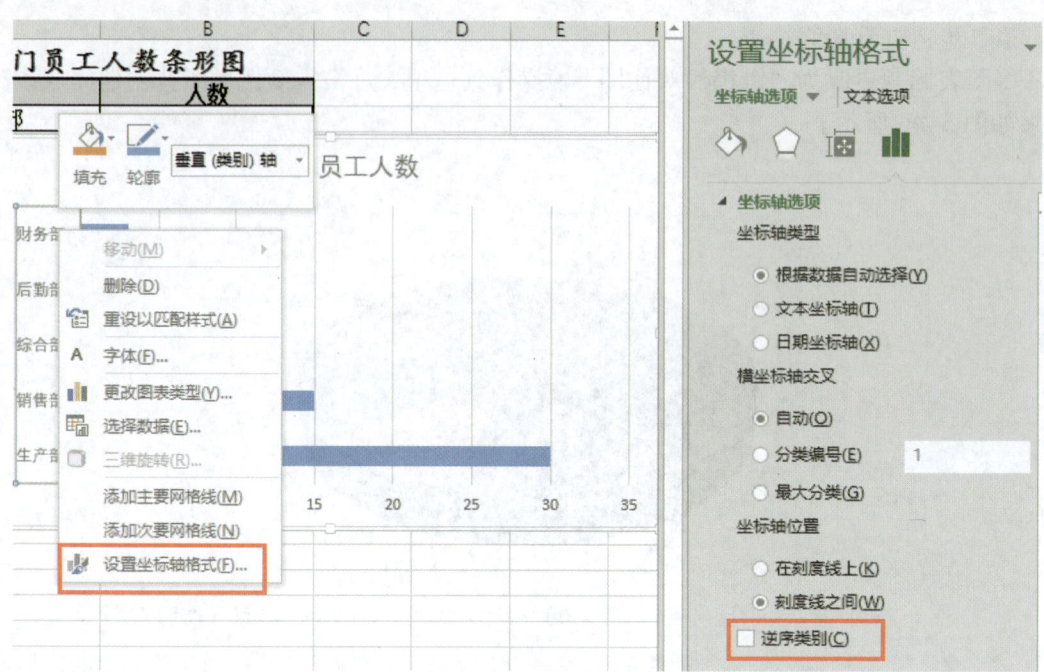

图5-48 "设置坐标轴格式"对话框

第3步：设置横向坐标轴格式

同理打开【设置坐标轴格式】窗口，在【坐标轴选项】组中的【最大值】文本框中输入"30.0"，即可将图表的最大值调整为"30.0"。如图5-49所示。

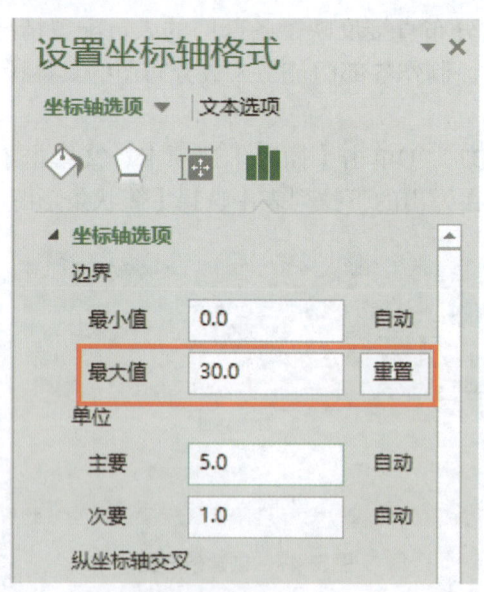

图5-49 设置横坐标轴格式

第4步：设置形状填充

在图表中选中"生产部"系列，①在【图表工具】栏中单击【格式】选项卡；②在【形状样式】组中单击【形状填充】按钮；③在弹出的下拉列表中选择"橙色"。如图5-50所示。

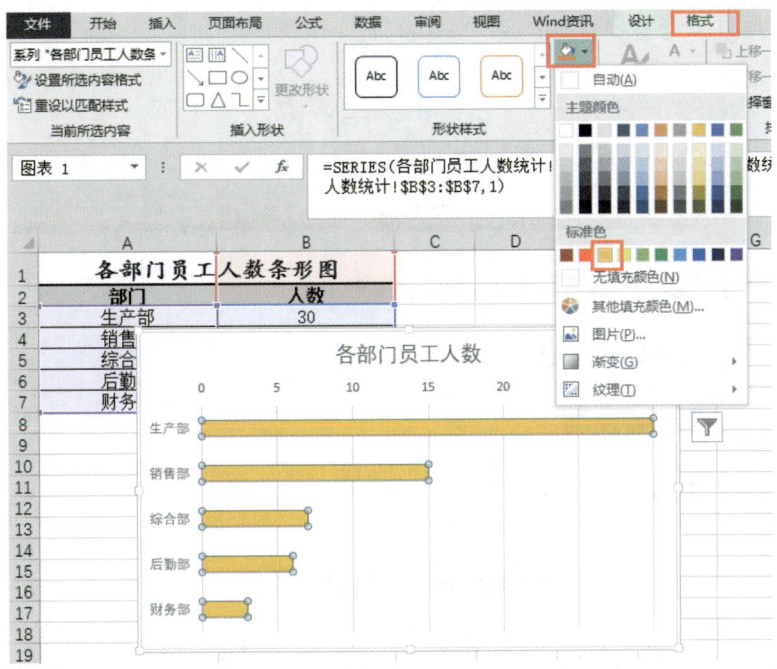

图5-50 在"形状样式"组中选择"形状填充"

第5步：设置其他系列的形状填充

使用同样的方法，对其他部门的数据系列分别设置不同的形状填充颜色。

第6步：设置棱台效果

选中所有的数据系列，①在【图表工具】栏中单击【格式】选项卡；②在【形状样式】组中单击【形状效果】按钮；③在弹出的下拉列表中选择【棱台】→【圆】选项。如图5-51所示。

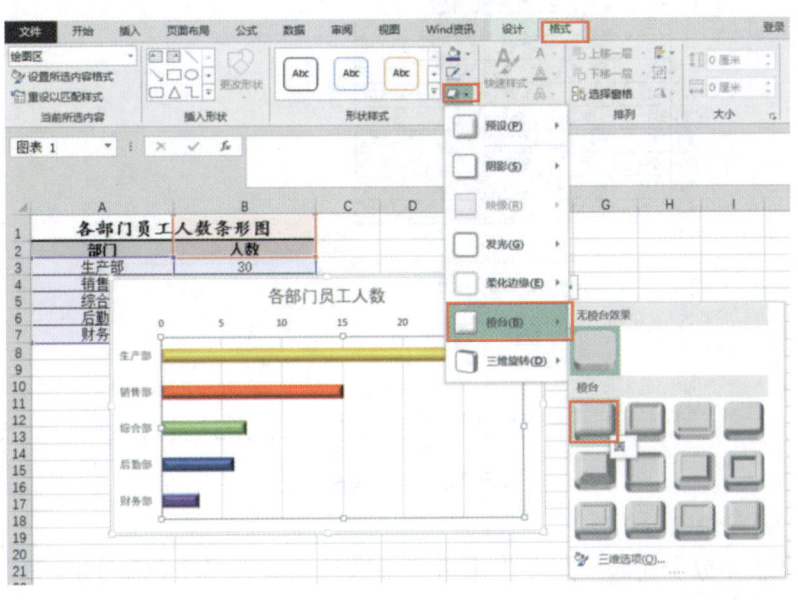

图5-51 "棱台效果"设置页面

第7步：查看最终效果（如图5-52所示）

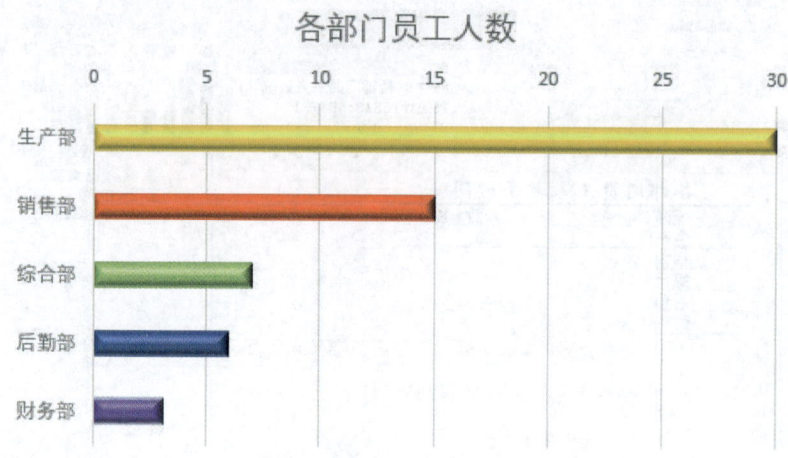

图5-52　各部门员工人数分布图

4. 快速分析图表

"快速分析"可以帮助用户快速统计和分析数据，并将数据转化成各种图表。接下来对销售数据进行"快速分析"，并创建统计图表。具体操作如下。

第1步：执行快速分析命令

选中要分析的单元格区域B2:C13，此时在数据区域的右下角会出现一个【快速分析】按钮，单击该按钮。如图5-53所示。

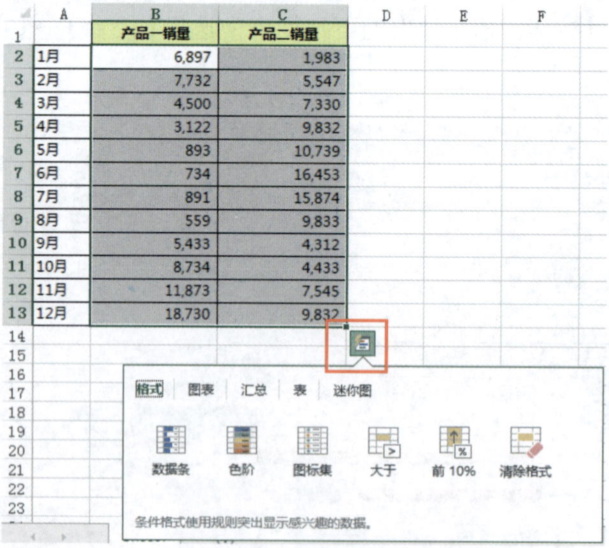

图5-53　执行快速分析

第2步：设置快速分析选项

弹出【快速分析】界面，①单击【格式】选项；②选择【色阶】选项，此时选中的数据区域就添加上了色阶。如图5-54所示。

月	产品一销量	产品二销量
1月	6,897	1,983
2月	7,732	5,547
3月	4,500	7,330
4月	3,122	9,832
5月	893	10,739
6月	734	16,453
7月	891	15,874
8月	559	9,833
9月	5,433	4,312
10月	8,734	4,433
11月	11,873	7,545
12月	18,730	9,832

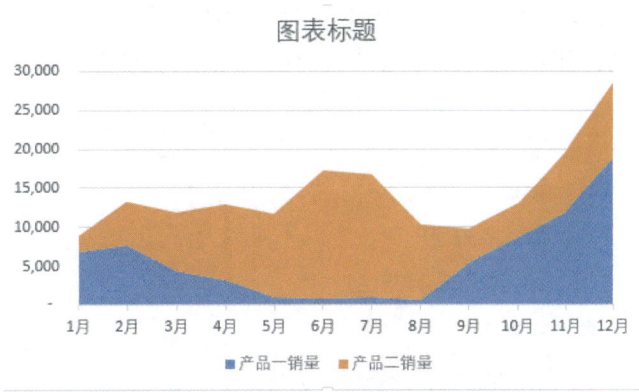

图5-54 "快速分析"操作框　　　　图5-55 堆积面积图

第3步：创建图表

选中要分析的单元格区域 A1:C13，在"快速分析"界面中，①单击"图表"复选框；②选择一种合适的图表，例如选择"堆积面积图"选项，此时即可根据选中的数据区域生成一个堆积面积图。效果如图 5-55 所示。

第4步：进行其他分析

除了进行"格式、图表"分析外，还可以进行"汇总、表、迷你图"分析，此处不再赘述。

5. 设置双轴图表

有时需要在同一个 Excel 图表中反映多组数据变化趋势，例如，要同时反映 GDP 和 GDP 增长率，但 GDP 数值往往远大于 GDP 增长率数值，当这两个数据系列出现在同一个组合图表中时，增长率的变化趋势由于数值太小而无法在图表中展现出来。这时可用双轴图表来解决这个问题。设置双轴图表的具体操作如下。

第1步：设置次坐标轴

在图例簇状柱形图中，①选中数据系列【GDP 增长率】，单击鼠标右键；②在弹出的快捷菜单中选择【设置数据系列格式】选项；③弹出【设置数据系列格式】对话框，在【系列选项】组中勾选【次坐标轴】单选框，此时即可形成双轴复合图表。如图 5-56 所示。

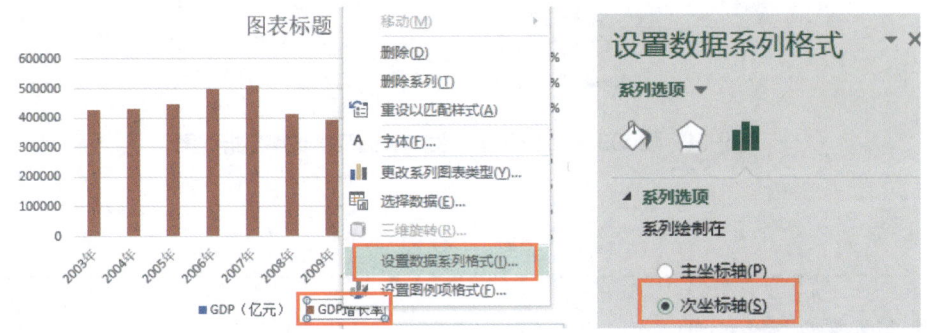

图5-56 "设置数据系列格式"对话框

第2步：更改系列图表类型

选中数据系列"GDP 增长率"，单击鼠标右键，在弹出的下拉列表中选择【更改系列图表类型】选项，弹出【更改图表类型】对话框，①在【GDP 增长率】下拉列表中选择"折线图"选项；②单击【确定】按钮。如图 5-57 所示。

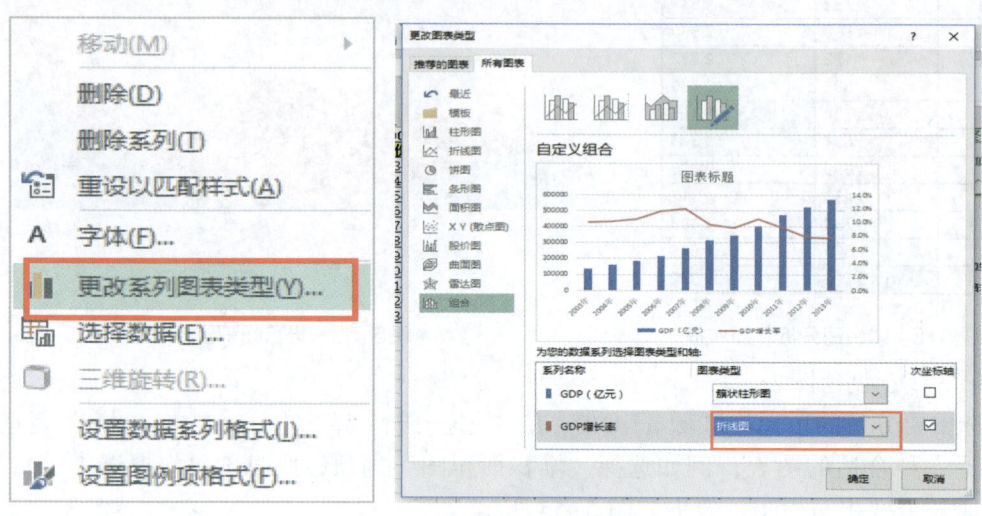

图5-57 "更改图表类型"对话框

第3步：查看最终效果

此时，选中数据系列【GDP 增长率】的图表类型就变成了折线，为图表添加标题"2003—2013 年国内生产总值及增长率"。最终效果如图 5-58 所示。

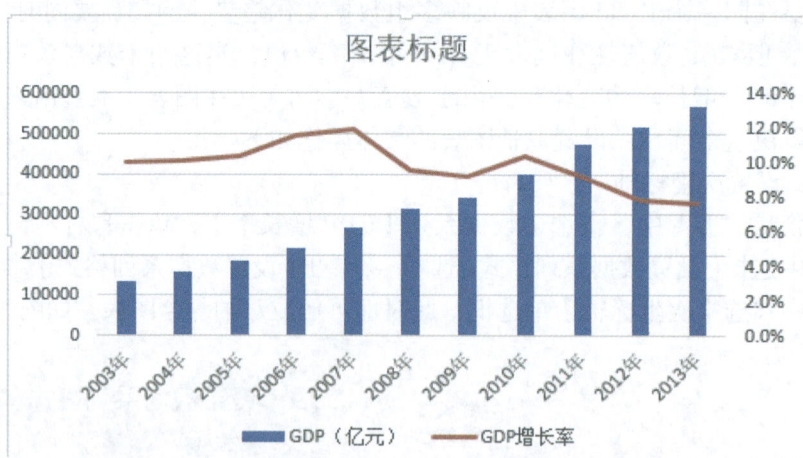

图5-58 "2003—2013年国内生产总值及增长率"折线图

> 课后问题与作业练习
> ➢ 简述基本业务报表的类型和特征。
> ➢ 列举 Excel 的财务公式并记忆。

第六单元　运用数据工具分析财务数据

本单元学习目标

1. 理解财务数据的特征和类型；
2. 了解基本的数据分析工具；
3. 掌握 Excel 在分析财务数据中的应用。
重点掌握 Excel 在分析财务数据中的应用。

```
运用数据工具    ├── 财务数据和财务数据分析           ┌── Excel 条件格式的应用
分析财务数据    └── 利用 Excel 进行财务数据分析 ──┤── Excel 数据透视表的应用
                                                 └── Excel 迷你图的应用
```

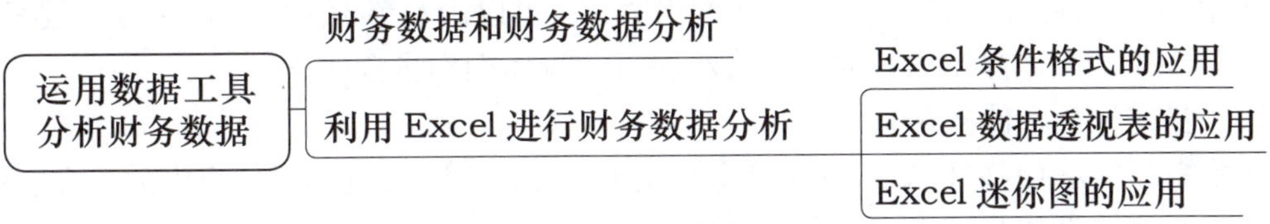

图6-1　思维导图

第一节　财务数据和财务数据分析

财务数据就其来源来说，主要来自于各种各样的财务资料，包括会计凭证、会计账簿、内部和外部财务报表。从组织结构来看，财务数据不仅仅来源于财务部门或单元，而广泛存在于公司组织的各个功能单元中，比如市场部门的产品数据和价格数据、市场占有率数据和消费者需求数据等。所以，从宏观上来讲，财务数据的特点是种类多而杂、分布广而深以及多重理解性。一般来说，按照数据本身的特征，可以分为以下几类。

1. 数字型财务数据：最常见的财务数据，可以参与数学运算进一步加工。
2. 逻辑型财务数据：比如 0 和 1 来表示否或者是，用 1 ~ 10 来表示程度等。
3. 日期型财务数据：用以形容时间趋势。
4. 文字型财务数据：进一步描述数字的属性，比如有利差异和不利差异。

财务数据分析就是利用各种工具对财务数据进行归类、增减、运算转化和提炼的过程，一般来说，当代财务数据用到的工具包括以下几种。

1. 在数据储存方面，一般会用到数据库工具，包括 Access、SQL 语言、Oracle 数据库软件。
2. 在财务报表和商业智能（BI）方面，所使用的分析工具包括 Tableau 和 FineBI。
3. 在数据分析层面，可用的工具包括 Excel、SPSS 和 SAS。
4. 在分析结果表现方面，我们可以用 PowerPoint 和 Xmind 等工具来展示。

第二节　利用 Excel 进行财务数据分析

一、Excel 条件格式的应用

在日常使用 Excel 中，我们经常需要对数据表中的文字或者数据进行相关条件的格式标识，能够使得特定条件的数据被很容易地发现。Excel 的条件格式有以下几种：（1）基于各自值设置所有单元格的格式；（2）只为包含以下内容的单元格设置格式；（3）仅对排名靠前或靠后的数值设置格式；（4）仅对高于或低于平均值的数值设置格式；（5）仅对唯一值或重复值设置格式；（6）使用公式确定要设置格式的单元格。下面简单介绍其中几种条件格式的用法。

1. 同数值区间设置不同格式

利用"基于各自值设置所有单元格的格式"，可以用双色刻度、三色刻度、数据条、图标集等图例清晰地显示出各数值的大小关系。具体操作步骤如下。

第 1 步：执行条件格式命令

选定数据区域（B2：G32），①单击【开始】选项卡；②单击【样式】组中的【条件格式】按钮；③单击【新建规则】。如图 6-2 所示。

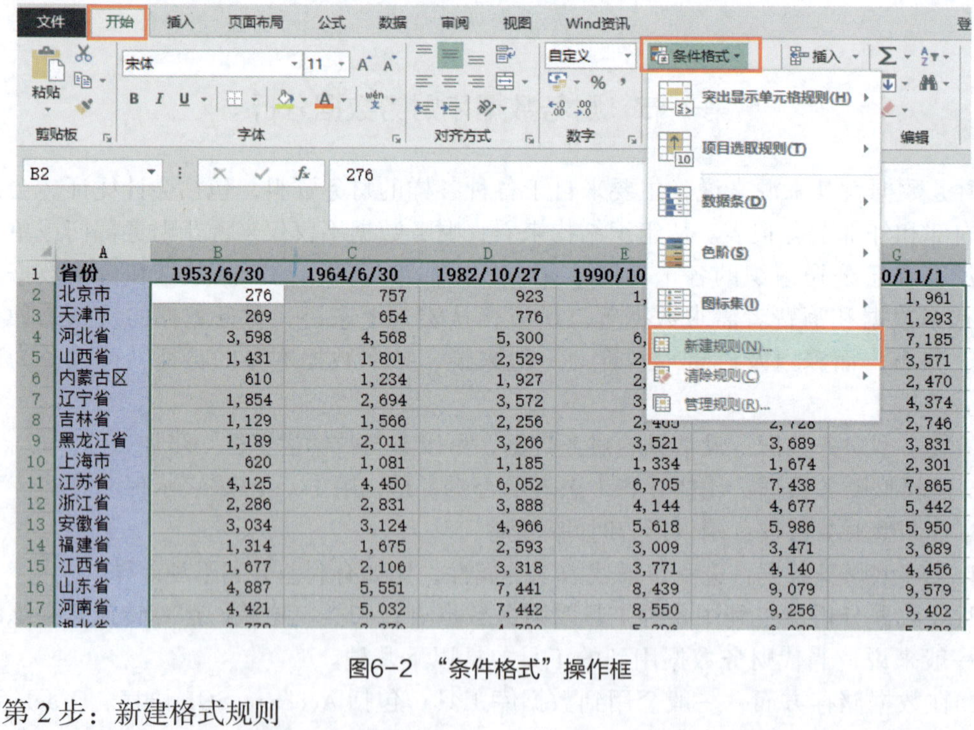

图6-2　"条件格式"操作框

第 2 步：新建格式规则

在弹出的【新建格式规则】对话框中，①选择【格式样式】为"三色刻度"；②分别调整最小值、中间值、最大值的颜色为绿色、黄色、红色，如图 6-3 所示。然后点击【确定】按钮，即可根据源数据的大小关系标注不同的颜色。效果如图 6-4 所示。

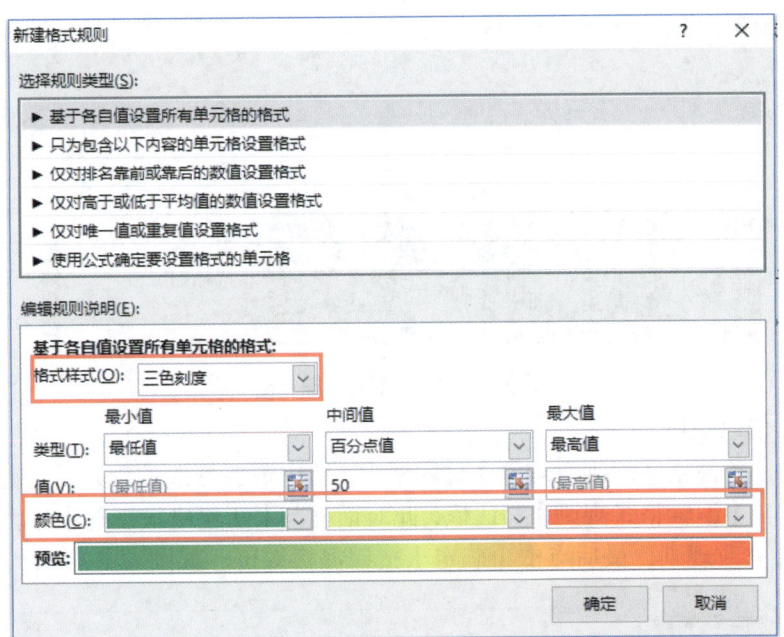

图6-3 "新建格式规则"对话框

图6-4 同数值区间不同格式效果图

第3步：执行管理规则命令

如果需要调整已经设定的条件规则，①单击【开始】选项卡；②单击【样式】组中的【条件格式】按钮；③单击【管理规则】。如图6-5所示。

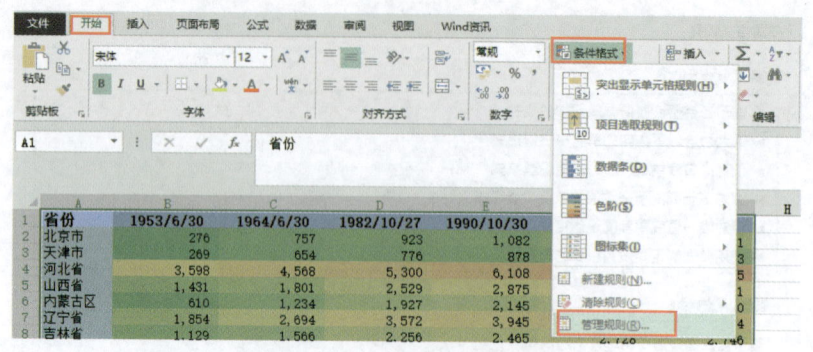

图6-5 "管理规则"操作框

第4步：修改规则

在弹出的【条件格式规则管理器】对话框中，选中需要修改的规则，点击【编辑规则】按钮，即可弹出【编辑格式规则】对话框，此对话框与【新建格式规则】对话框内容相同。然后根据需要修改规则，最后点击【确定】按钮保存即可。如图6-6所示。

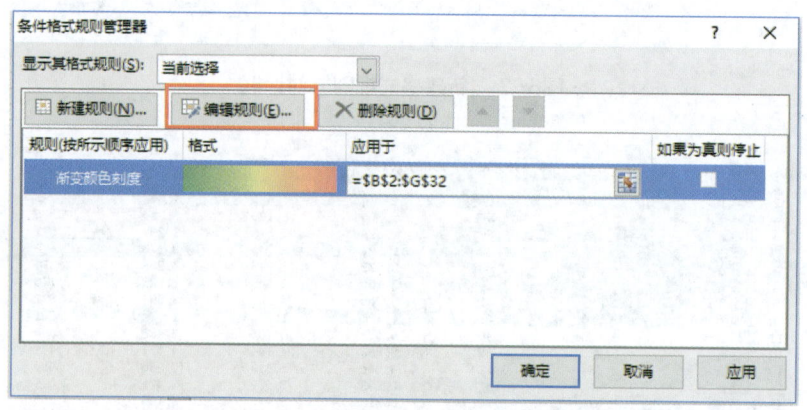

图6-6 "条件格式规则管理器"对话框

小提示：在【条件格式规则管理器】对话框中，如果有多个条件格式的设置，还可以根据实际需要，利用上下移动按钮调整条件规则的顺序。对于同一个单元格，Excel只会显示优先度最高的条件规则。如图6-7所示。

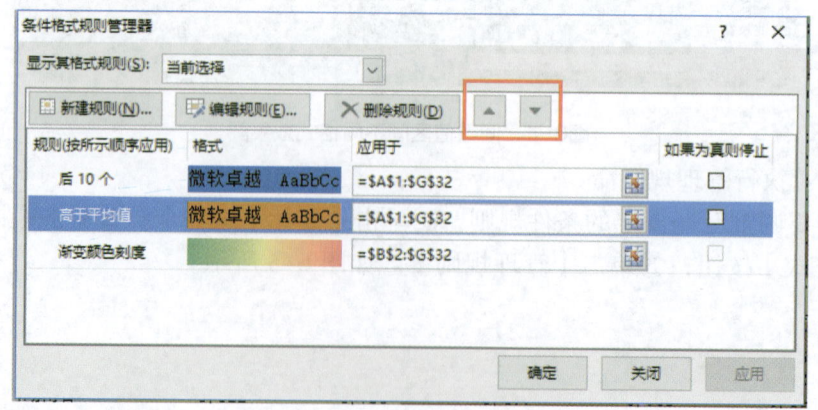

图6-7 "条件格式规则管理器"对话框

2. 显示超过平均值

利用【仅对高于或低于平均值的数值设置格式】，可以标注出高于或低于平均值的单元格。具体操作步骤如下。

第 1 步：执行条件格式命令（与前一部分内容操作相同）

第 2 步：新建格式规则

在弹出的【新建格式规则】对话框中，①选择【仅对高于或低于平均值的数值设置格式】；②点击【格式】按钮，在弹出的【设置单元格格式】对话框中，点击【填充】选项卡，选择"红色"，然后点击【确定】按钮；③返回【新建格式规则】对话框，再次点击【确定】按钮。步骤如图 6-8、图 6-9 所示。

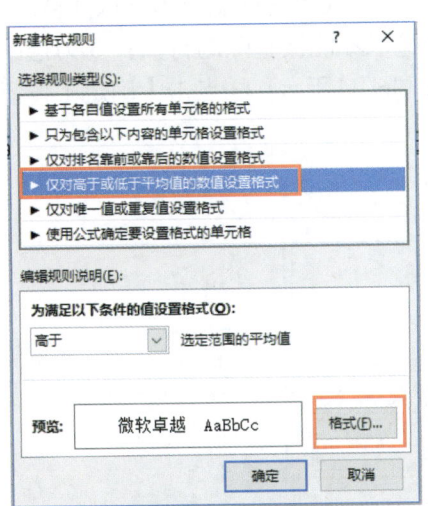 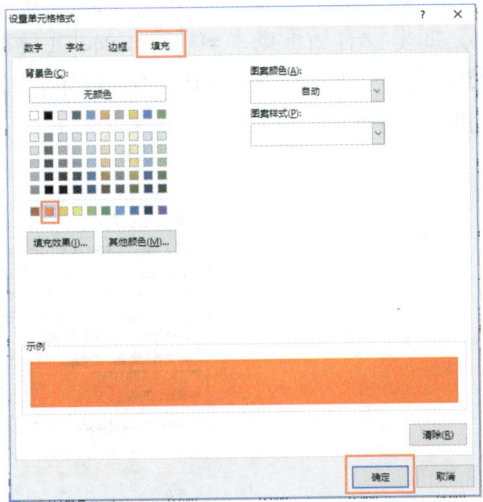

图6-8 "新建格式规则"对话框　　　　图6-9 "设置单元格格式"对话框

第 3 步：查看效果（如图 6-10 所示）

图6-10 "超过平均值"效果图

小提示：【只为包含以下内容的单元格设置格式】、【仅对排名靠前或靠后的数值设置格式】、【仅对唯一值或重复值设置格式】的设置与【仅对高于或低于平均值的数值设置格式】的步骤类似，在这里不再一一赘述。

3. 设置隔行着色效果

除了美观外，当表格中的数据行较多时，容易出现看错行的情况。隔行填充背景颜色能轻松解决这个问题。具体操作步骤如下。

第 1 步：执行条件格式命令（与前一部分内容操作相同）

第 2 步：新建格式规则

在弹出的【新建格式规则】对话框中，①选择【使用公式确定要设置格式的单元格】；②输入公式为“=mod（row（）,2）=0”，此公式表达的意思为选取能被2除余数为0的行数，如果没有后面的“=0”，Excel会自动选取不能被整除的行数；③为选中的行数填充“浅绿色”，操作与前一部分介绍相同，如图6–11所示；④点击【确定】按钮。完成后效果如图6–12所示。

图6–11 “新建格式规则”对话框

	A	B	C	D	E	F	G
1	北京市	276	757	923	1, 082	1, 382	1, 961
2	天津市	269	654	776	878	1, 001	1, 293
3	河北省	3, 598	4, 568	5, 300	6, 108	6, 744	7, 185
4	山西省	1, 431	1, 801	2, 529	2, 875	3, 297	3, 571
5	内蒙古区	610	1, 234	1, 927	2, 145	2, 376	2, 470
6	辽宁省	1, 854	2, 694	3, 572	3, 945	4, 238	4, 374
7	吉林省	1, 129	1, 566	2, 256	2, 465	2, 728	2, 746
8	黑龙江省	1, 189	2, 011	3, 266	3, 521	3, 689	3, 831
9	上海市	620	1, 081	1, 185	1, 334	1, 674	2, 301
10	江苏省	4, 125	4, 450	6, 052	6, 705	7, 438	7, 865
11	浙江省	2, 286	2, 831	3, 888	4, 144	4, 677	5, 442
12	安徽省	3, 034	3, 124	4, 966	5, 618	5, 986	5, 950
13	福建省	1, 314	1, 675	2, 593	3, 009	3, 471	3, 689
14	江西省	1, 677	2, 106	3, 318	3, 771	4, 140	4, 456
15	山东省	4, 887	5, 551	7, 441	8, 439	9, 079	9, 579
16	河南省	4, 421	5, 032	7, 442	8, 550	9, 256	9, 402
17	湖北省	2, 778	3, 370	4, 780	5, 396	6, 028	5, 723
18	湖南省	3, 322	3, 718	5, 400	6, 065	6, 440	6, 568
19	广东省	3, 477	4, 280	5, 929	6, 282	8, 642	10, 430
20	广西区	1, 956	2, 084	3, 642	4, 224	4, 489	4, 602
21	海南省				655	787	867
22	重庆市					3, 090	2, 884
23	四川省	6, 230	6, 795	9, 971	10, 721	8, 329	8, 040
24	贵州省	1, 503	1, 714	2, 855	3, 239	3, 525	3, 474
25	云南省	1, 747	2, 050	3, 255	3, 697	4, 288	4, 596
26	西藏区	127	125	189	219	262	300
27	陕西省	1, 588	2, 076	2, 890	3, 288	3, 605	3, 732
28	甘肃省	1, 292	1, 263	1, 956	2, 237	2, 562	2, 557
29	青海省	167	214	389	445	518	562
30	宁夏区			389	465	562	630
31	新疆区	487	727	1, 308	1, 515	1, 925	2, 181

图6–12 隔行着色效果图

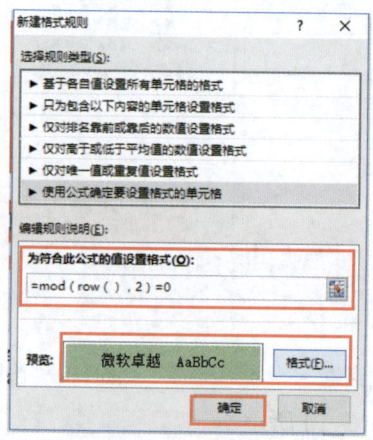

小提示：如果需要隔列着色，将公式中的"row"改为"column"即可。

4. 数据有效性信息提示

利用【使用公式确定要设置格式的单元格】还可以及时指出不符合要求的数据。下面以标注重复的数据为例，演示具体的操作步骤。

第1步：执行条件格式命令（与前一部分内容操作相同）

第2步：编辑格式规则

在弹出的【新建格式规则】对话框中，①选择【使用公式确定要设置格式的单元格】；②输入公式为"=COUNTIF($B$2:$G$32,B21)>1"；③选择【格式】为填充"红色"，操作与前一部分介绍相同；④点击【确定】按钮。完成后效果如图6-13所示。

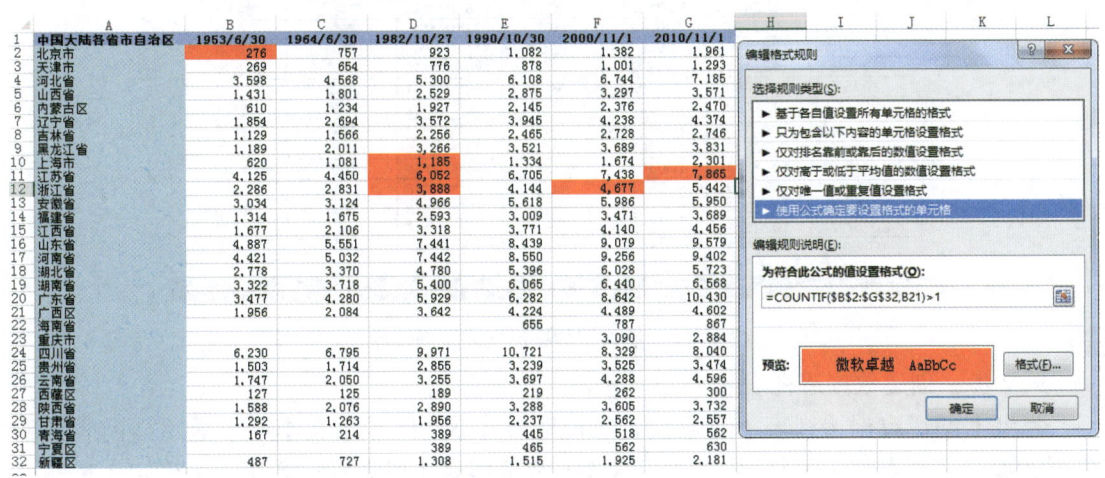

图6-13 "编辑格式规则"对话框

二、Excel 数据透视表的应用

数据透视表在本质上就是一个由数据库生成的动态汇总报告。数据库可以存在于一个工作表（以表的形式）或一个外部的数据文件中。在日常工作中，数据透视表的作用体现在于，对于含有大量数据记录、结构复杂的工作表，要将其中的一些内在规律显现出来，可以通过创建数据透视表来快速整理出具有意义的报表。

数据透视表之所以能成为 Excel 中功能强大的数据分析利器，是因其有机结合了数据排序、筛选和分类汇总等数据分析方法的优点。作为一种交互式的报表，数据透视表可以快速分类汇总大量的数据，还可以灵活地以多种不同方式展示数据特征。

1. 创建透视表（以生成订单统计透视表为例）

订单统计表是记录客户订购信息的主要表单，每月往往会有成百上千的数据记录，使用 Excel 的数据透视表功能，可以根据基础表中的字段直接生成汇总表。本部分主要介绍数据透视表的创建方法、数据透视表字段的设置技巧，以及数据透视表布局的更改方法。创建数据透视表的具体操作如下。

第1步：执行插入数据透视表命令

①单击【插入】选项卡；②单击【表格】组中的【数据透视表】按钮。如图6-14所示。

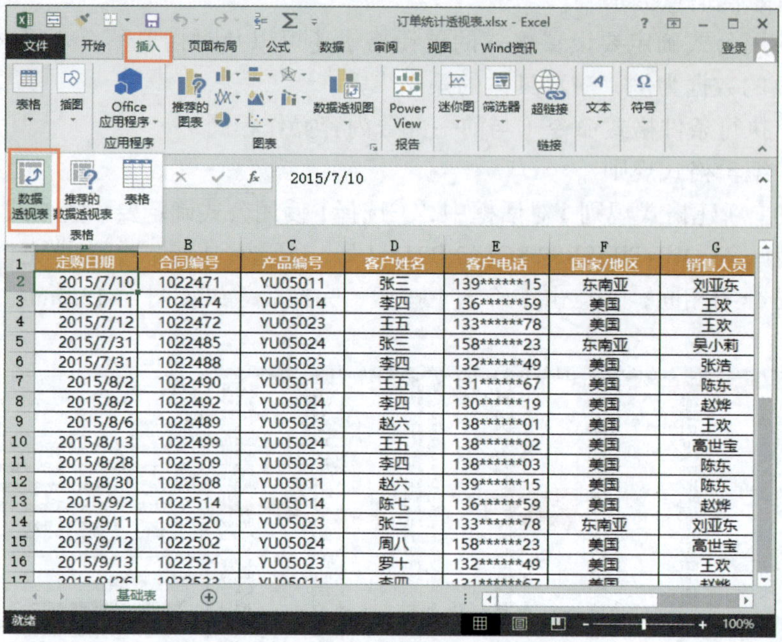

图6-14 插入"数据透视表"操作框

第2步：创建数据透视表

弹出【创建数据透视表】对话框，①此时在【表/区域】文本框中显示当前表格的数据区域"基础表!$A$1:$I$35"；②勾选【新工作表】单选框；③单击【确定】按钮。如图6-15所示。

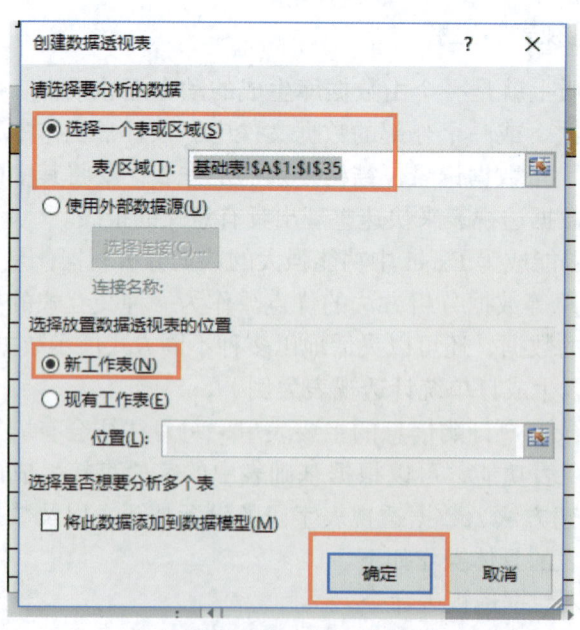

图6-15 "创建数据透视表"对话框图

第3步：生成数据透视表框架

此时，系统会自动在新的工作表中创建一个数据透视表的基本框架。如图6-16所示。

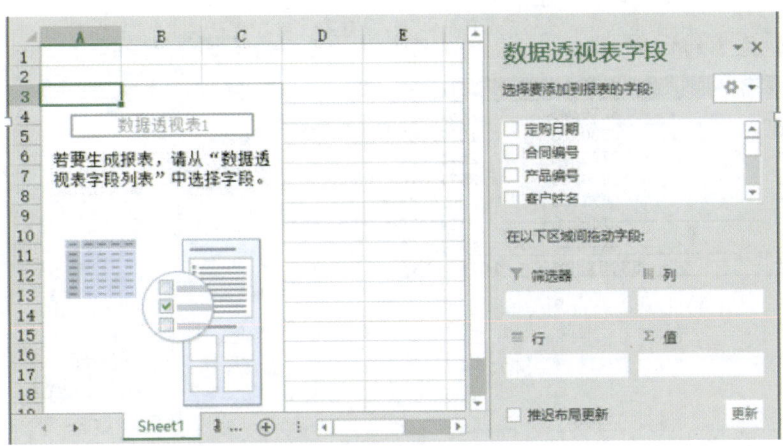

图6-16 "数据透视表字段"操作框

小提示：在【创建数据透视表】对话框中，勾选【现有工作表】单选框，然后设置工作表位置，即可将数据透视表的位置设置到当前工作表中。

2. 设置数据透视表字段

插入数据透视表框架后，在弹出的【数据透视表字段】列表中可以根据需要拖动选择相应的字段，来设置【筛选器】、【列】、【行】和【值】等选项，还可以设置值字段的显示方式。

（1）拖选字段

拖选字段的具体操作如下。

第1步：设置字段

在【数据透视表字段】窗口中，①将【销售人员】复选框拖动到【筛选器】组合框中；②将【客户姓名】复选框拖动到【行】组合框中；③将【订单总额】和【预付款】复选框拖动到【值】组合框中。如图6-17所示。

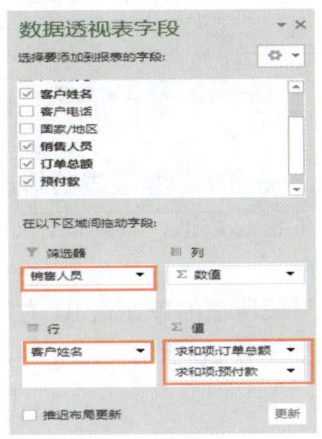

图6-17 "数据透视表字段"对话框

第 2 步：查看数据透视表

此时，即可根据选中的字段生成数据透视表。如图 6–18 所示。

销售人员	(全部)	
行标签	求和项:订单总额	求和项:预付款
陈七	8270.98	2481.294
李四	6590.66	1977.198
罗十	8703.44	2611.032
王五	11924.38	3577.314
张三	6734.8	2020.44
赵六	7492.6	2247.78
周八	4240.42	1272.126
总计	**53957.28**	**16187.184**

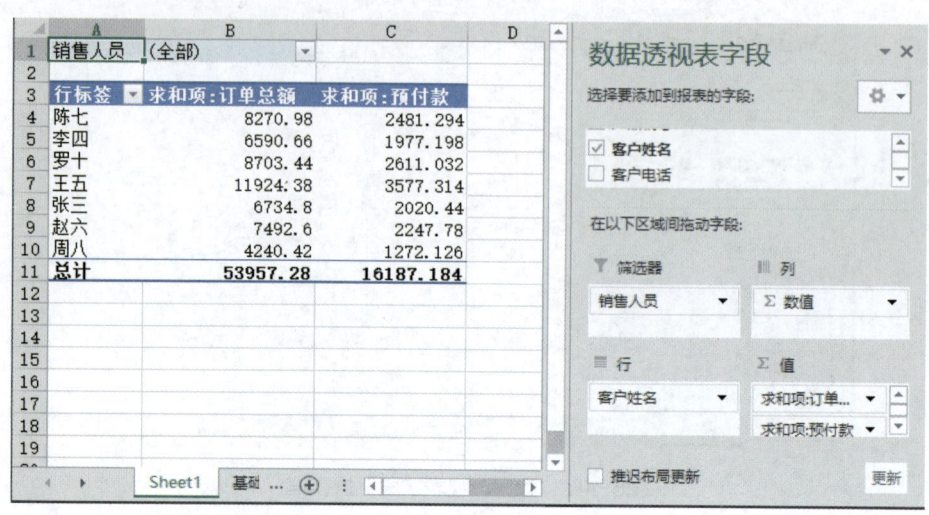

图6–18　数据透视表

（2）显示数据来源

默认情况下，数据透视表中的数据是汇总数据，用户在汇总数据上双击鼠标左键，即可显示明细数据。具体操作如下。

第 1 步：双击汇总数据

在数据透视表中，双击单元格 B7，即可根据选中的汇总数据生成新的数据明细表。如图 6–19 所示。

定购日期	合同编号	产品编号	客户姓名	客户电话	国家/地区	销售人员	订单总额
2015/11/11	1022567	YU05046	王五	138******0	美国	高世宝	2924.8
2015/11/8	1022562	YU05023	王五	138******0	美国	赵烨	2436.18
2015/7/12	1022472	YU05023	王五	133******7	美国	王欢	1552.6
2015/10/9	1022524	YU05024	王五	158******2	美国	王欢	2708.8
2015/8/13	1022499	YU05024	王五	138******0	美国	高世宝	1200.8
2015/8/2	1022490	YU05011	王五	131******6	美国	陈东	1101.2

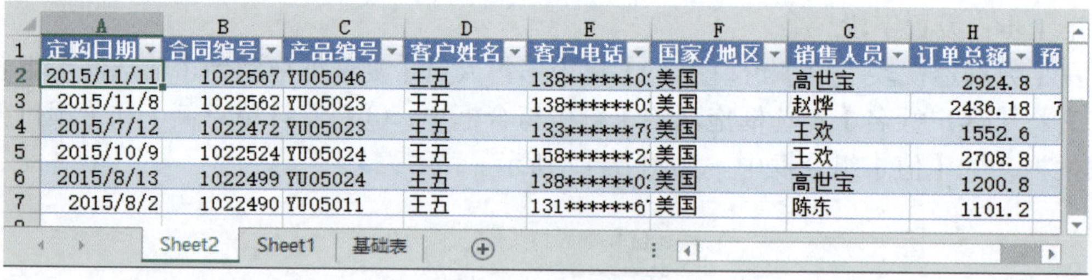

图6–19　数据明细表

（3）使用筛选器筛选数据

如果在筛选器中设置了字段，就可以根据设置的筛选字段快速筛选数据。例如，筛选销售人员“陈东”经手的订单的汇总数据，具体操作如下。

第 1 步：单击筛选按钮

在数据透视表中，单击筛选字段所在的单元格 B1 右侧的下拉列表，在弹出的下拉列表中勾选【选择多项】复选框。如图 6–20 所示。

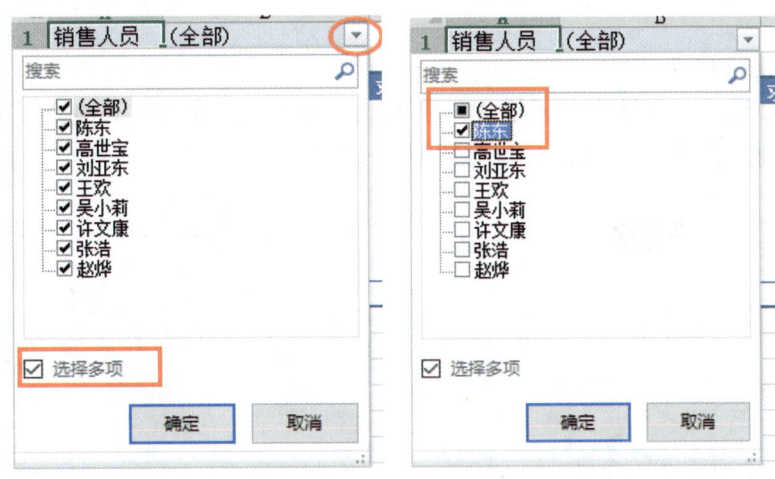

图6-20 "筛选"过程操作框

第2步：勾选筛选项

①取消勾选【全部】复选框；②选中【陈东】复选框；③单击【确定】按钮。如图6-20所示。

第3步：查看筛选结果

此时即可筛选出销售人员陈东经手的订单的汇总数据，并在单元格B1的右侧出现一个筛选按钮。如图6-21所示。

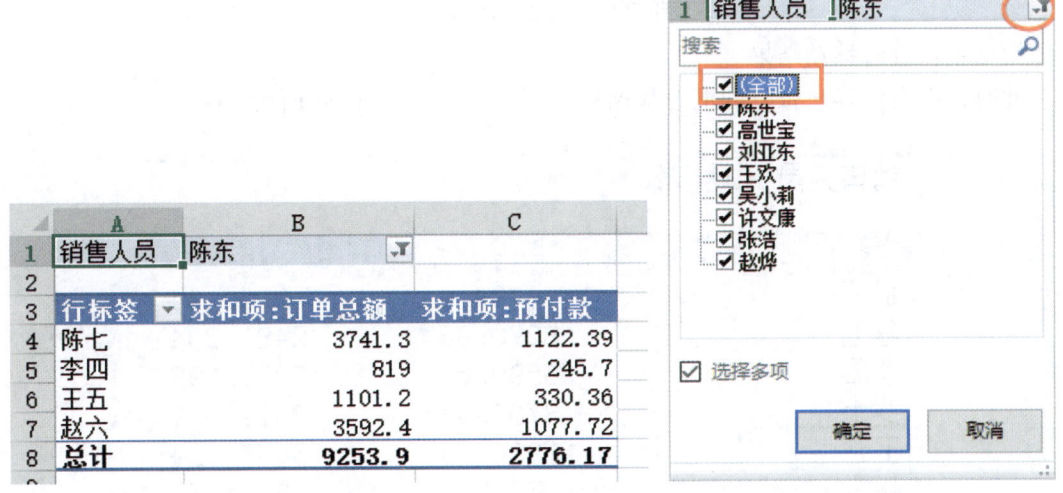

图6-21 筛选结果显示　　　　　　　　图6-22 恢复全部汇总数据

第4步：选中全部筛选项

如果要恢复全部汇总数据，①单击筛选字段所在的单元格B1右侧的下拉按钮；②在弹出的下拉列表中勾选【全部】复选框；③单击【确定】按钮即可。如图6-22所示。

（4）调整数据顺序

生成数据透视表以后，如果用户对数据顺序不满意，可以根据需要调整数据顺序。

具体操作如下。

第1步：执行移动命令

在数据透视表中，①选中单元格A8；②单击鼠标右键，在弹出的快捷菜单中选择【移动】→【将"张三"移至开头】命令。如图6-23所示。

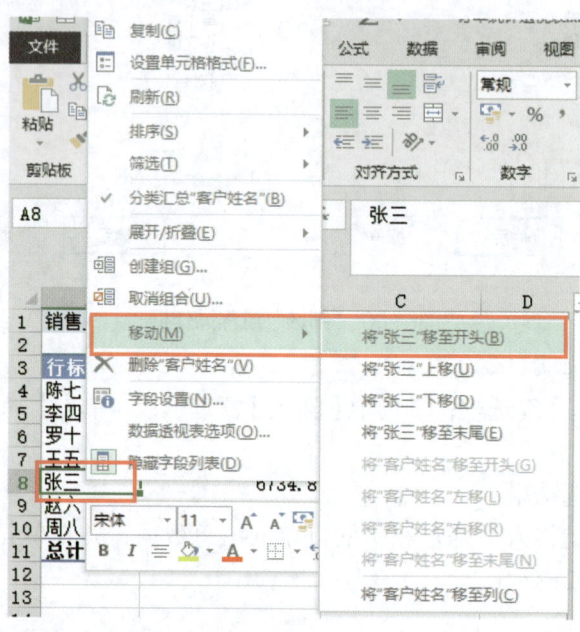

图6-23 调整数据顺序操作框

第2步：查看移动结果

此时，即可将客户张三的汇总数据移动到开头。如图6-24所示。

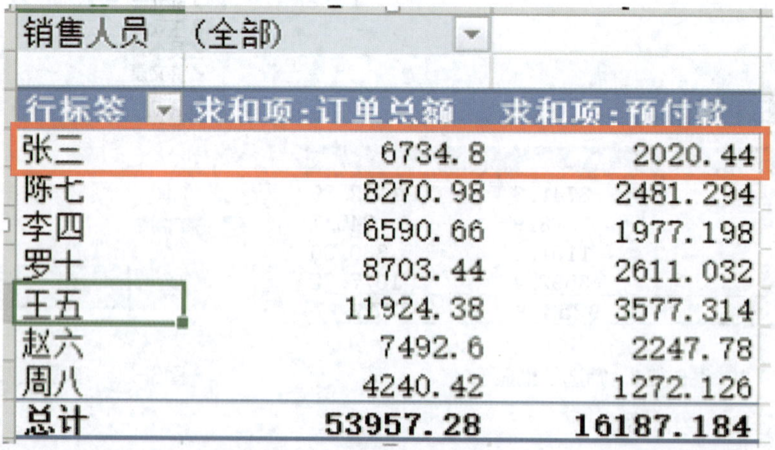

行标签	求和项:订单总额	求和项:预付款
张三	6734.8	2020.44
陈七	8270.98	2481.294
李四	6590.66	1977.198
罗十	8703.44	2611.032
王五	11924.38	3577.314
赵六	7492.6	2247.78
周八	4240.42	1272.126
总计	53957.28	16187.184

图6-24 "调整数据顺序"完成

（5）调整值显示方式

Excel为我们提供了多种数据透视表的值显示方式，以满足数据分析的不同需求。下面仅以设置"列汇总百分比"为例，演示操作步骤。

第1步:执行值字段设置命令

在数据透视表中,①选中"订单总额"列中的单元格B10;②单击鼠标右键,在弹出的快捷菜单中选择【值字段设置】选项。如图6-25所示。

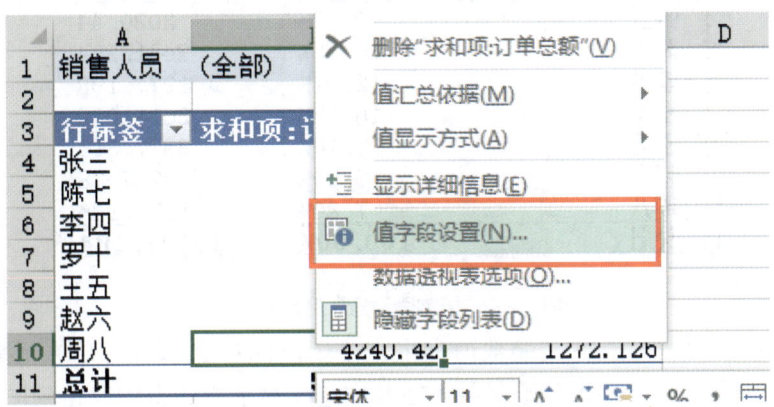

图6-25 "值字段设置"操作框

第2步:设置列汇总百分比显示方式

弹出【值字段设置】对话框,选择【值显示方式】选项卡,选择【列汇总的百分比】选项,点击【确定】。如图6-26所示。

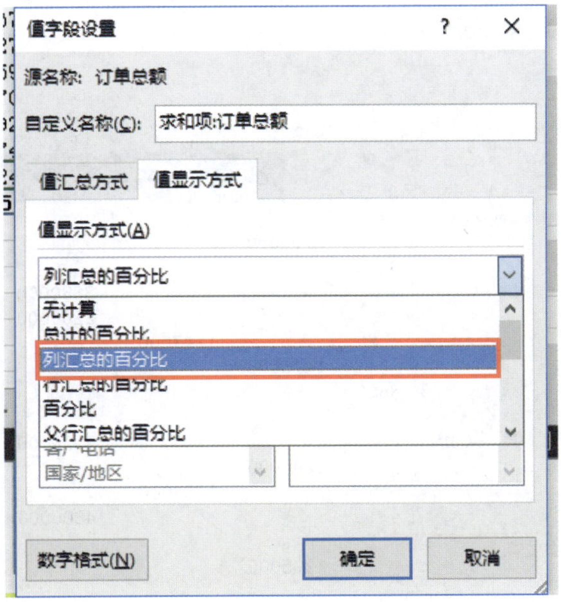

图6-26 "值字段设置"对话框

第3步:查看设置结果

此时"订单总额"的数字格式就显示为百分比。如图6-27所示。

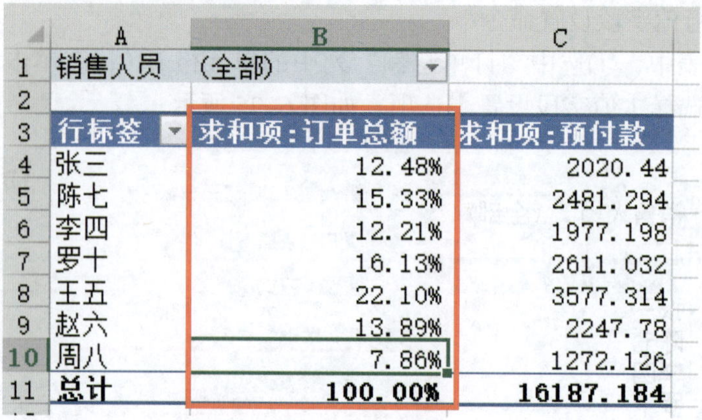

图6-27 "值字段设置"完成的结果

小提示：在要更改显示方式的数值列中，使用鼠标右键单击任意单元格，在弹出的快捷菜单中展开【值显示方式】子菜单，在其中选择显示方式也可以得到同样的效果。

（6）使用分组功能按月显示汇总数据

大多数企业都是按照月份、季度或者年份来统计和分析相关数据的。基于这种需求，Excel 提供了【创建组】功能，可以直接从日期中提取月份、季度或者年份。具体操作如下。

第1步：执行快速分析命令

在透视表的日期字段中选中任意日期，单击鼠标右键，在弹出的快捷菜单中选择【创建组】菜单项。如图 6-28 所示。

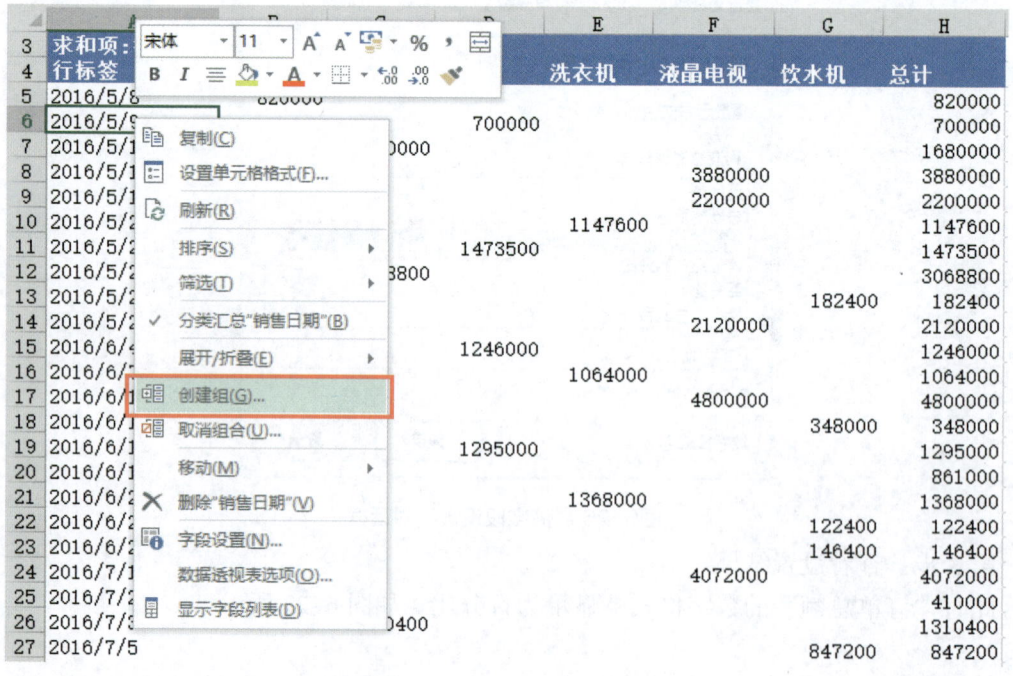

图6-28 "创建组"的操作框

第 2 步：设置快速分析选项

弹出【组合】对话框，①在【步长】列表中选择【月】选项；②单击【确定】按钮。设置后效果如图 6-29 所示。

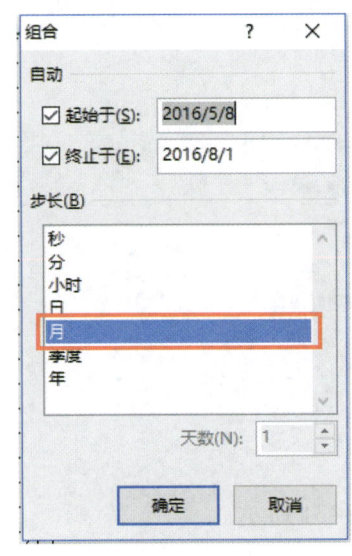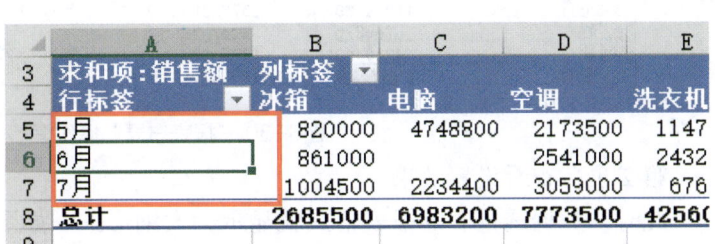

图6-29 "组合"对话框

小提示：日期字段是汇总表中的一个基本字段，但是一般情况下，不提倡直接采用天数来汇总数据，当然快递行业和生产型数据除外。在日常经营管理中，多使用年度、季节或月份等时间段进行数据统计。

3. 更改数据透视表的报表布局

默认情况下，数据透视表的报表布局是以压缩方式显示的。将数据都压缩在左边，看数据时不方便，此时用户可以根据需要更改数据透视表的报表布局，将其设置为【以大纲形式显示】、【以表格形式显示】、【重复所有项目标签】、【不重复项目标签】等。具体操作如下。

第 1 步：以大纲形式显示报表布局

将光标定位在数据透视表中，①在【数据透视表工具】栏中，单击【设计】选项卡；②在【布局】组中单击【报表布局】按钮；③在弹出的下拉列表中选择【以大纲形式显示】选项。如图 6-30 所示。

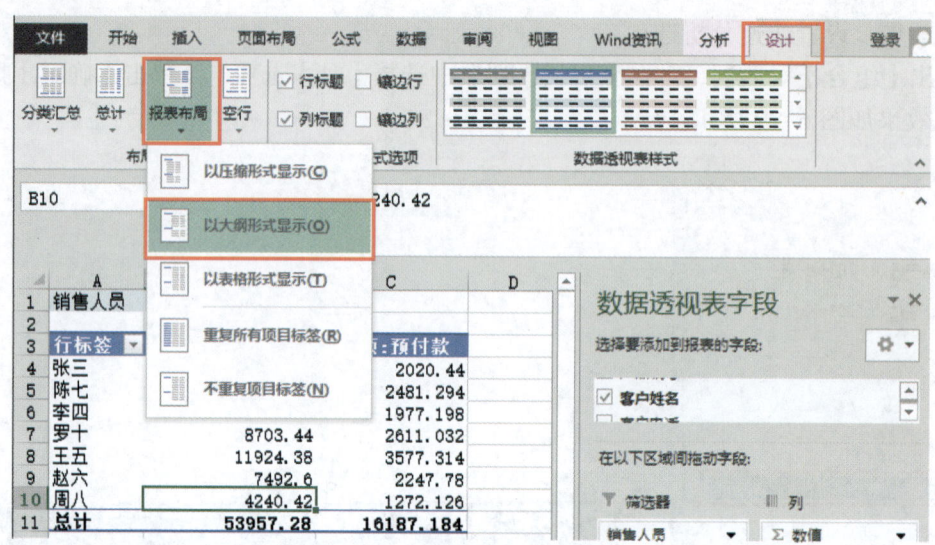

图6-30 "报表布局"操作框

第2步：查看设置效果

此时，数据透视表的报表格式就显示为大纲形式。如图6-31所示。

	A	B	C
1	销售人员	(全部)	
2			
3	客户姓名	求和项:订单总额	求和项:预付款
4	张三	6734.8	2020.44
5	陈七	8270.98	2481.294
6	李四	6590.66	1977.198
7	罗十	8703.44	2611.032
8	王五	11924.38	3577.314
9	赵六	7492.6	2247.78
10	周八	4240.42	1272.126
11	总计	53957.28	16187.184

图6-31 以大纲形式显示的报表格式

第3步：以表格形式显示报表布局

将光标定位在数据透视表中，①在【数据透视表工具】栏中，单击【设计】选项卡；②在【布局】组中单击【报表布局】按钮；③在弹出的下拉列表中选择【以表格形式显示】选项。如图6-32所示。

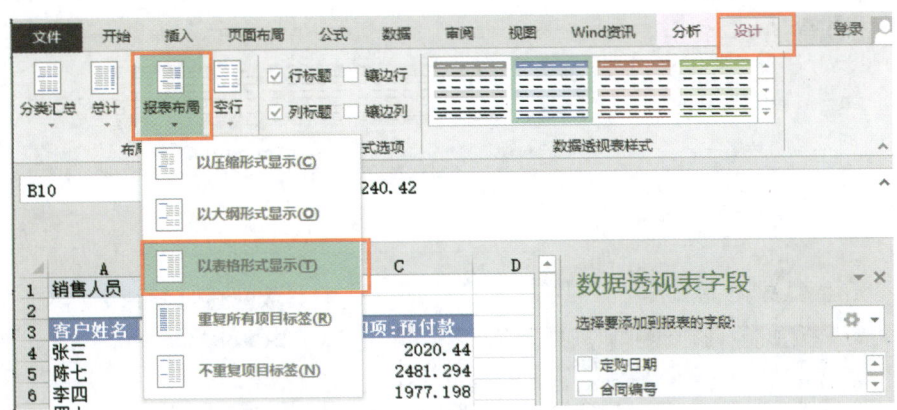

图6-32 "报表布局"操作框

第4步：查看设置效果

此时，数据透视表就会以表格形式显示数据，并在表格中自动添加框线。如图6-33所示。

图6-33 以表格形式显示的报表格式

4. 美化数据透视表

数据透视表创建完成后，用户可以直接应用数据透视表样式，快速美化数据透视表。Excel 2016提供了数10种数据透视表样式，包括浅色、中等深浅和深色等多种类型，用户可以根据场合或个人爱好进行选择。具体操作如下。

第1步：执行数据透视表样式命令

将光标定位在数据透视表中，①在【数据透视表工具】栏中，单击【设计】选项卡；②选择【数据透视表样式中等深浅10】选项。效果如图6-34所示。

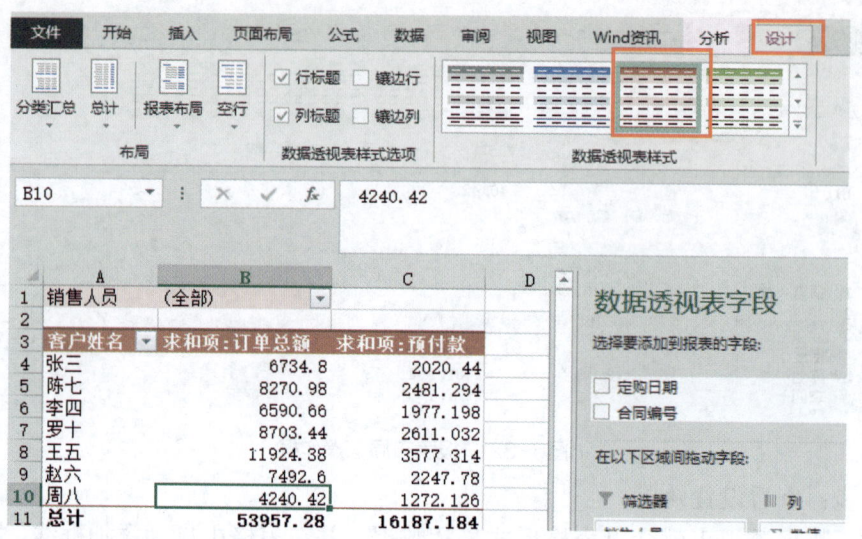

图6-34 美化数据透视表

5. 数据的计算

创建好数据透视表之后，要进行数据分析工作，可少不了数据计算这一步。为了对数据透视表中的数据进行分析，我们可以通过设置字段汇总方式、添加新的计算字段和计算项等方法来获得数据计算结果，并将结果按照适当的方式展示出来。

（1）更改字段的汇总方式

默认情况下，数据透视表对数值区域中的数值字段使用了求和的方式汇总，例如"订单总额"等，对非数值字段使用了计数的方式汇总，例如"姓名"等。数据透视表中的数字格式有多种，包括求和、计数、平均值等。接下来将"订单总额"的数字格式设置为计数，具体操作如下：

第1步：执行值字段设置命令

在数据透视表中，①选中"订单总额"列中的单元格B10；②单击鼠标右键，在弹出的快捷菜单中选择【值字段设置】选项。如图6-35所示。

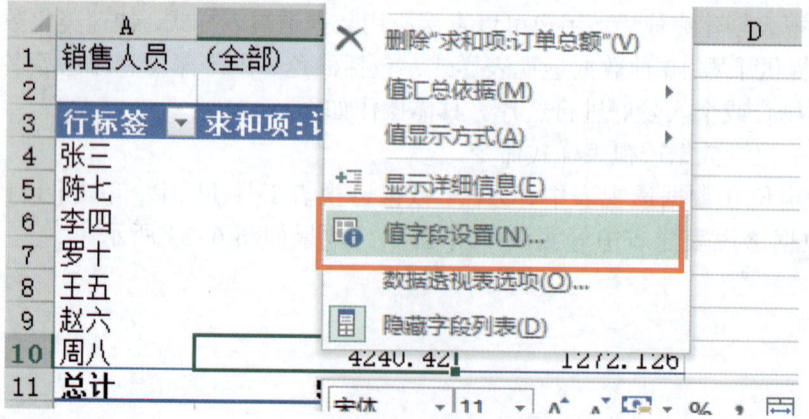

图6-35 "值字段设置"操作框

第 2 步：设置计数

弹出【值字段设置】对话框，①在【计算类型】列表框中选择【计数】选项；②单击【确定】按钮。如图 6–36 所示。

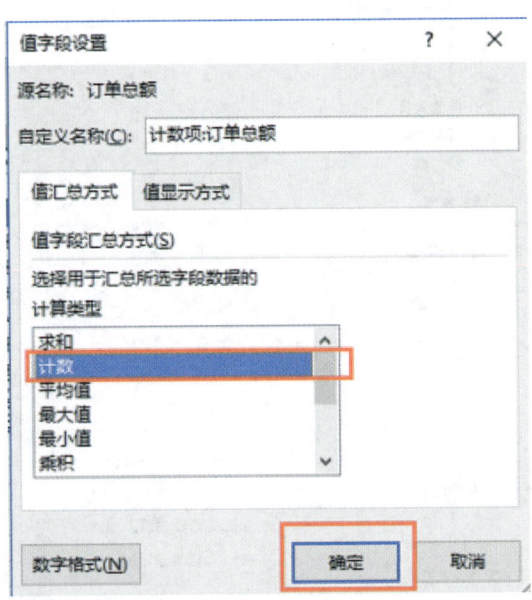

图6–36 “值字段设置”对话框

第 3 步：查看设置结果

此时“订单总额”的数字格式就显示为计数格式。如图 6–37 所示。

	A	B	C
1	销售人员	(全部)	
2			
3	行标签	计数项:订单总额	求和项:预付款
4	张三	4	2020.44
5	陈七	4	2481.294
6	李四	6	1977.198
7	罗十	5	2611.032
8	王五	6	3577.314
9	赵六	5	2247.78
10	周八	4	1272.126
11	**总计**	**34**	**16187.184**

图6–37 “值字段设置”完成的结果

小提示：在要更改汇总方式的数值列中，使用鼠标右键单击任意单元格，在弹出的快捷菜单中展开【值汇总依据】子菜单，在其中选择汇总方式也可以改变数据的计算方式。

（2）对同一字段采用多种汇总方式

在数据透视表中，我们还可以对数值区域中的同一个字段同时使用多种汇总方式。例如对“订单总额”字段同时使用【求和】、【最大值】和【平均值】等方式进行汇总。

第 1 步：添加“订单总额”值字段

在【数据透视表字段】窗口中，将三个"订单总额"复选框拖动到【值】组合框中。如图6-38所示。

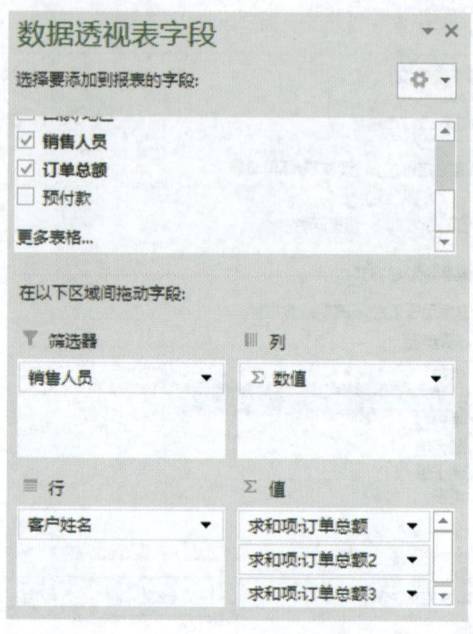

图6-38 "数据透视表字段"对话框

第2步：执行值字段设置

在【数据透视表字段】窗口中，分别单击左键打开菜单，将第二、第三个【求和项】字段设置为【最大值项】和【平均值项】。如图6-39所示。

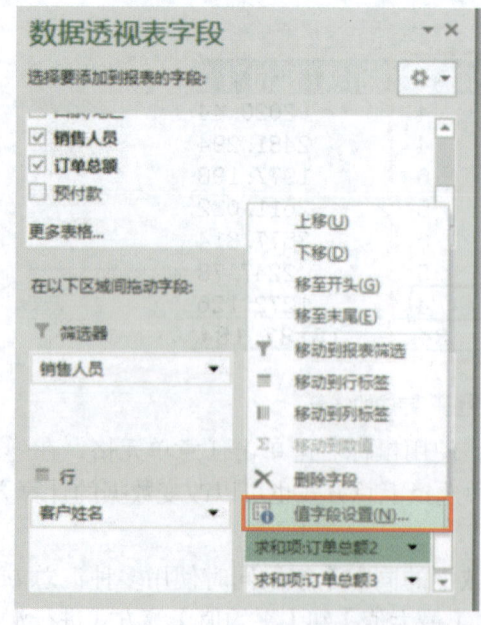 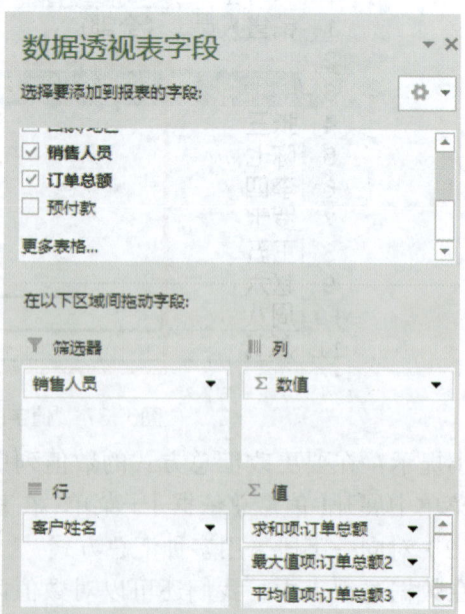

图6-39 "数据透视表字段"操作框

第 3 步：查看设置结果（如图 6–40 所示）

	A	B	C	D
1	销售人员	(全部)		
2				
3	行标签	求和项:订单总额	最大值项:订单总额2	平均值项:订单总额3
4	张三	6734.8	2645	1683.7
5	陈七	8270.98	3741.3	2067.745
6	李四	6590.66	3597.9	1098.443333
7	罗十	8703.44	2835	1740.688
8	王五	11924.38	2924.8	1987.396667
9	赵六	7492.6	3536.6	1498.52
10	周八	4240.42	2296	1060.105
11	**总计**	**53957.28**	**3741.3**	**1586.978824**

图6–40　同一字段多种汇总方式的操作结果

（3）使用计算字段和计算项

在 Excel 中，创建数据透视表后有一些操作受到限制，例如不能在数据透视表中插入单元格，或者添加公式进行计算。为此，Excel 提供了计算字段功能，让我们能够在创建数据透视表后执行自定义计算。下面以新增“预付款百分比”为例，介绍在数据透视表中使用计算字段的方法。

第 1 步：执行计算字段设置命令

将光标定位在数据透视表中，①在【数据透视表工具】栏中，单击【分析】选项卡；②选择【计算】→【字段、项目和集】→【计算字段】选项。如图 6–41 所示。

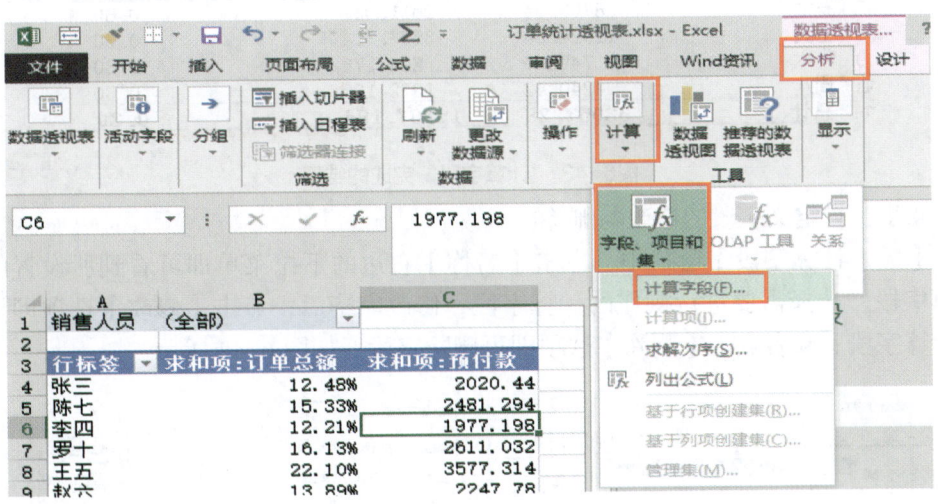

图6–41　“计算字段”操作框

第 2 步：设置计算字段

①在【插入计算字段】窗口中，修改计算名称为“预付款百分比”；②利用【插入字段】选项输入公式；③单击【添加】选项，然后点击【确定】完成设置。如图 6–42 所示。

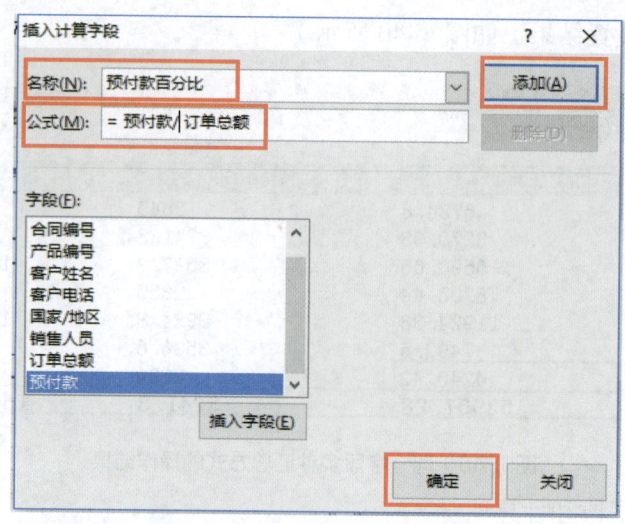

图6-42 "计算字段"对话框

第3步：查看设置结果（如图6-43所示）

行标签	求和项:订单总额	求和项:预付款	求和项:预付款百分比
张三	6734.8	2020.44	0.30
陈七	8270.98	2481.294	0.30
李四	6590.66	1977.198	0.30
罗十	8703.44	2611.032	0.30
王五	11924.38	3577.314	0.30
赵六	7492.6	2247.78	0.30
周八	4240.42	1272.126	0.30
总计	53957.28	16187.184	0.30

图6-43 "计算字段"完成的结果

第4步：自定义字段的修改与删除

在【插入计算字段】窗口中，点击【名称】右边的下拉菜单即可看到所设置的自定义计算字段。选择需要进行操作的计算字段，修改完毕后，点击【修改】选项即可保存新的计算字段；或者点击【删除】选项即可删除字段。如图6-44所示。

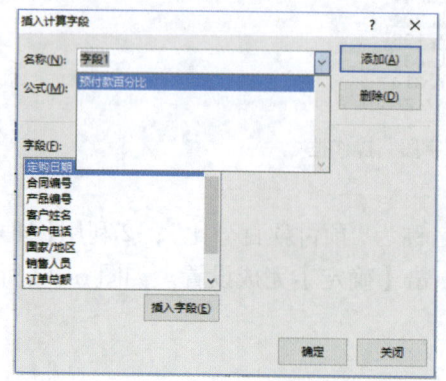 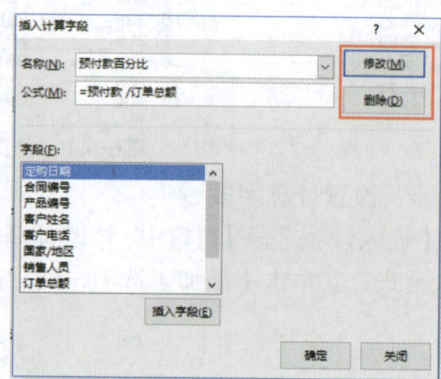

图6-44 "插入计算字段"完成的结果

6. 数据的分析

Excel 提供了数据透视图功能，它不仅能够直观地反映数据的对比关系，而且具有很强的数据筛选和汇总功能。接下来使用 Excel 的数据透视图功能制作销售数据透视图表，分析产品销售情况。

（1）创建数据透视图

第 1 步：执行插入数据透视图命令

打开本实例的素材文件，将光标定位在数据区域内的任意一个单元格中，①单击【插入】选项卡；②单击【图表】组中的【数据透视图】按钮；③在弹出的下拉列表中选择【数据透视图】选项。如图 6-45 所示。

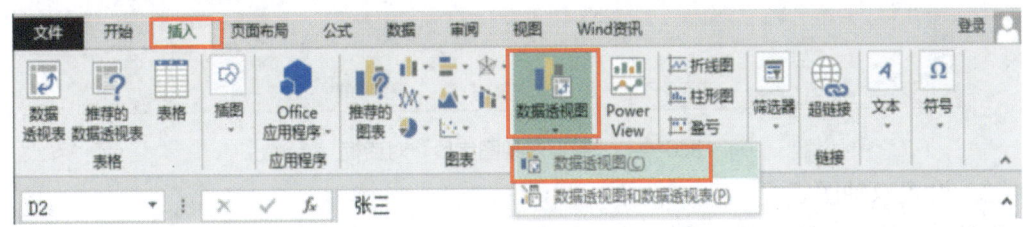

图6-45　插入数据透视图

第 2 步：创建数据透视图

弹出【创建数据透视图】对话框，直接单击【确定】按钮。此时，系统会自动在新的工作表中创建一个数据透视表和数据透视图的基本框架，并弹出【数据透视图字段】窗口。如图 6-46 所示。

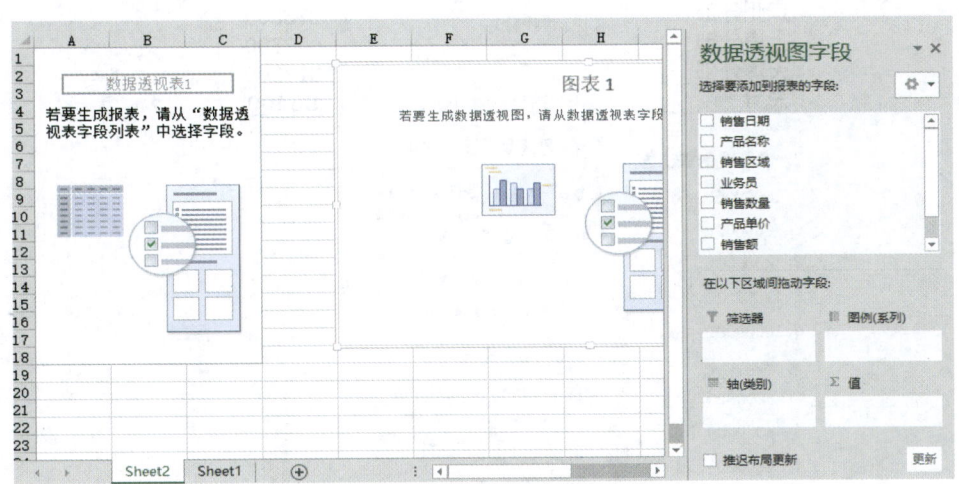

图6-46　"创建数据透视图"对话框

第 3 步：设置字段

在【数据透视图字段】窗口中，①将【销售区域】复选框拖动到【轴（类别）】组合框中；②将【销售数量】和【销售额】复选框拖动到【值】列表框中。如图 6-47 所示。

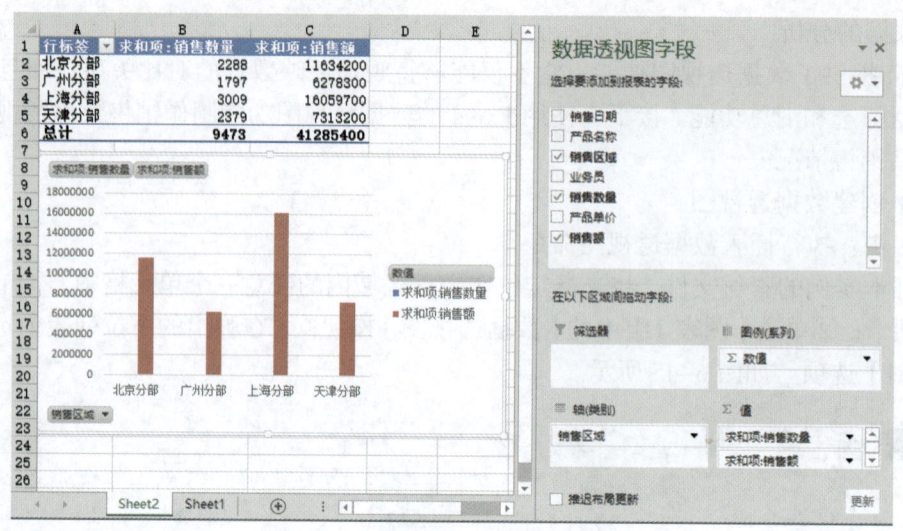

图6-47 "数据透视图字段"对话框

（2）设置双轴图表

如果图表中有两个数据系列，为了让图表更清晰地展现数据，可以设置双轴图表。具体操作如下。

第1步：执行更改系列图表类型命令

选中任意一个图表系列，单击鼠标右键，在弹出的快捷菜单中选择【更改系列图表类型】命令。如图6-48所示。

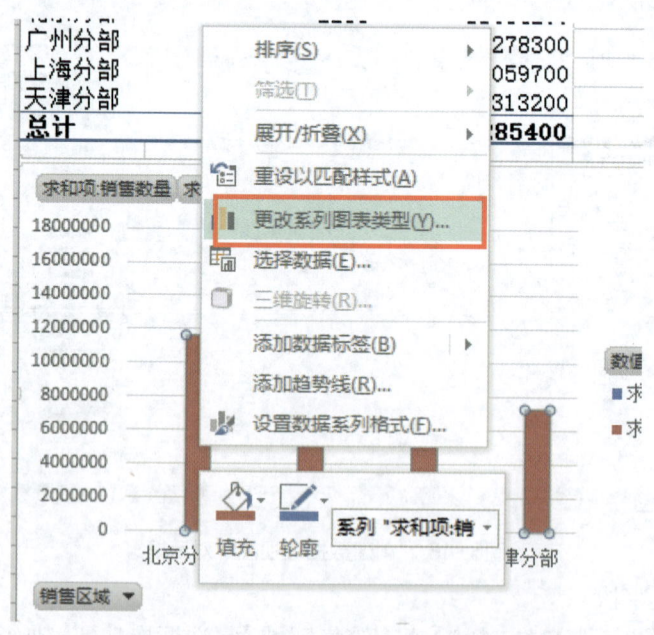

图6-48 快捷菜单中选择"更改系列图表类型"

第2步：更改系列图表类型

弹出【更改图表类型】对话框，①在【求和项：销售数量】下拉列表中选择"折线图"

选项；②直接单击【确定】按钮。如图 6-49 所示。

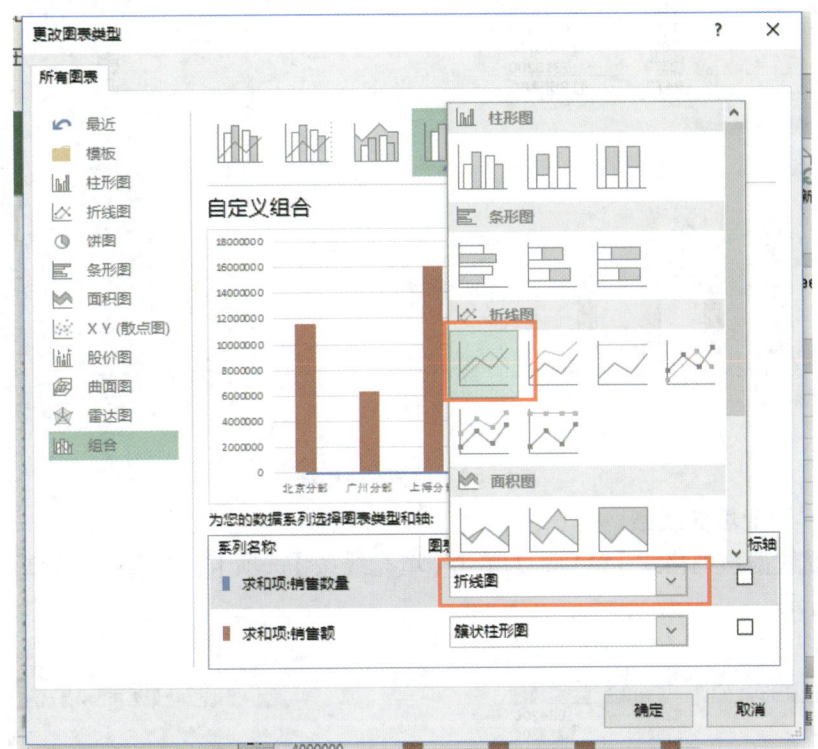

图6-49 "更改图表类型"对话框

第 3 步：执行设置数据系列格式命令

此时，图表系列【求和项：销售数量】就变成了折线，选中折线，单击鼠标右键，在弹出的快捷菜单中选择【设置数据系列格式】命令。如图 6-50 所示。

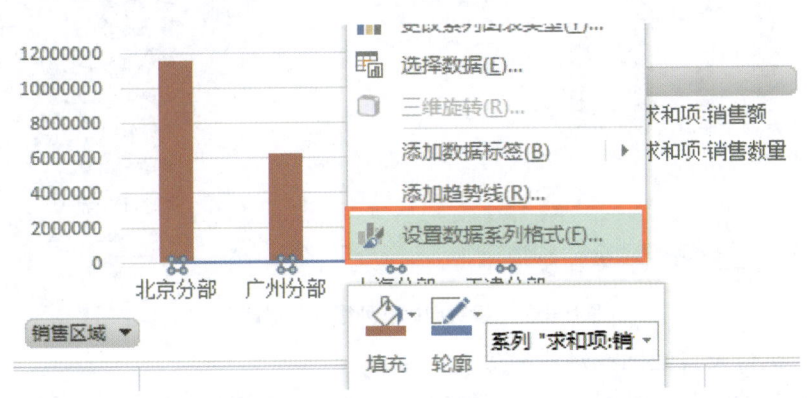

图6-50 快捷菜单中选择"设置数据系列格式"

第 4 步：添加次坐标轴

在工作表的右侧弹出【设置数据系列格式】窗口，选中【次坐标轴】单选框，此时即可将次坐标轴添加到图表中。如图 6-51 所示。

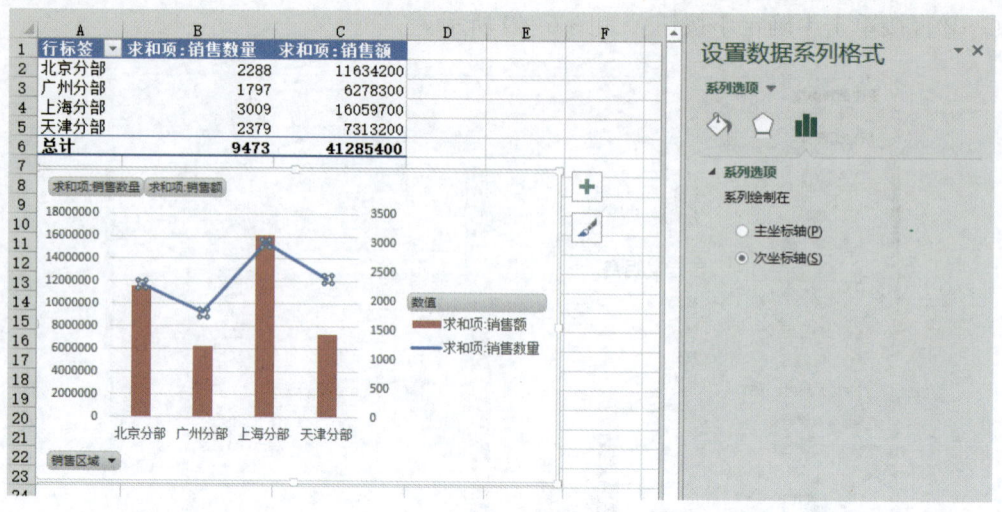

图6-51 添加次坐标轴

第5步：设置填充线条

在【设置数据系列格式】窗口，①单击【填充线条】选项卡；②选中【平滑线】复选框。如图6-52所示。

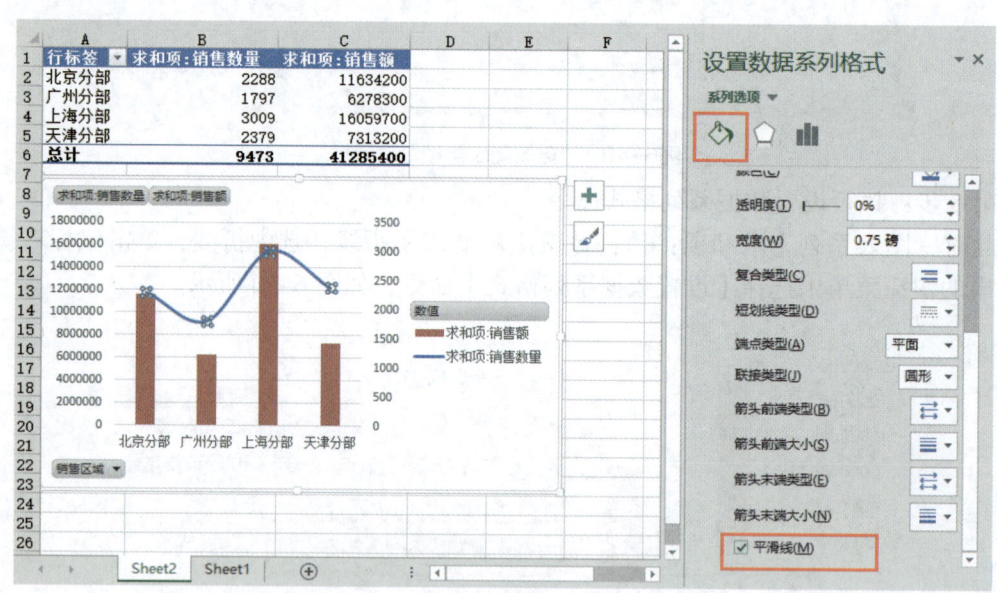

图6-52 "设置数据系列格式"对话框

第6步：执行设置坐标轴格式命令

选中主坐标轴，单击鼠标右键，在弹出的快捷菜单中选择【设置坐标轴格式】命令。如图6-53所示。

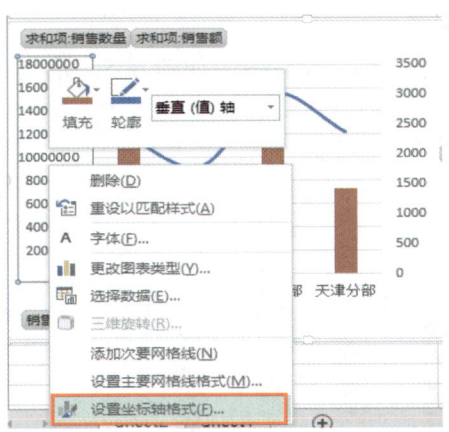

图6-53 快捷菜单中选择"设置坐标轴格式"

第7步：设置刻度线标记

在工作表的右侧弹出【设置坐标轴格式】窗口，在【刻度线】组中的【主要类型】下拉列表中选择【外部】选项。如图6-54所示。

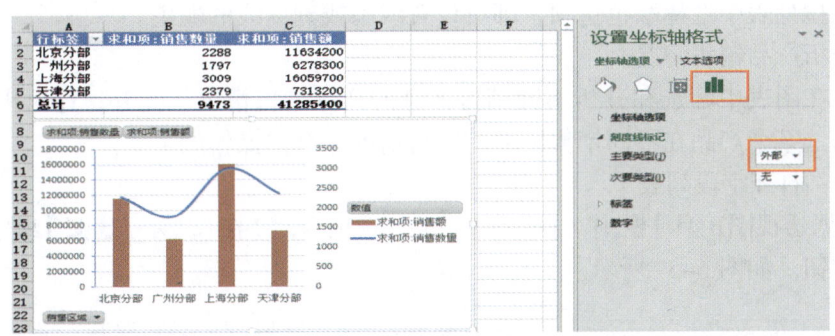

图6-54 "设置坐标轴格式"对话框

第8步：设置填充线条

在【设置坐标轴格式】窗口，①单击【填充线条】选项卡；②在【线条】组中选中【实线】单选框。如图6-55所示。

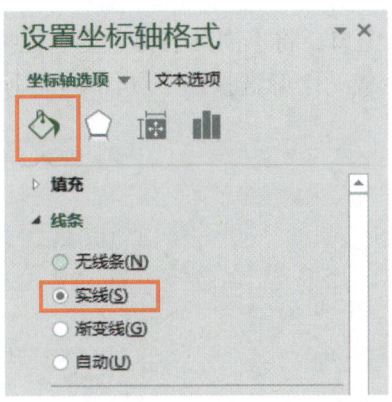

图6-55 "设置坐标轴格式"对话框

第 9 步：设置次坐标轴

使用同样的方法设置次坐标轴，设置效果如图 6-56 所示。

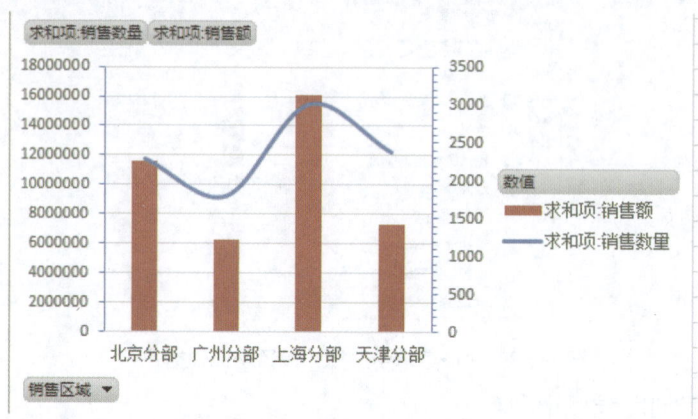

图6-56 "次坐标轴"完成的结果

小提示：在【设置坐标轴格式】窗口，单击【填充线条】选项卡，单击【填充】选钮，在弹出的下拉列表中选择颜色选项，即可设置线条或刻度线的颜色。

（3）分析产品销售情况

接下来在图表中筛选和分析不同销售区域的产品销售情况。此外，还可以使用筛选器功能，筛选某个产品在不同销售区域的销售情况。具体操作如下。

第 1 步：打开字段列表

在【数据透视图工具】栏中，①单击【分析】选项卡；②在【显示/隐藏】组中单击【字段列表】按钮。如图 6-57 所示。

图6-57 "数据透视图工具"操作栏

第 2 步：拖选字段

弹出【数据透视图字段】窗口，将【产品名称】复选框拖动到【筛选器】组合框中。此时，即可在图表的左上方生成一个筛选按钮。如图 6-58 所示。

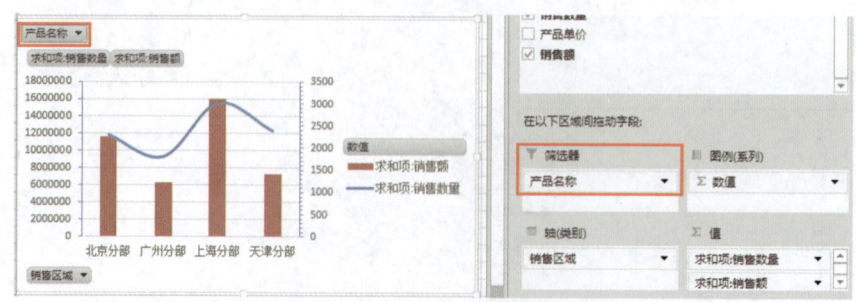

图6-58 "数据透视图字段"操作框

第 3 步：筛选销售区域

①单击左下角的【销售区域】按钮；②在弹出的列表中选择"北京分部"和"广州分部"选项；③单击【确定】按钮。如图 6-59 所示。

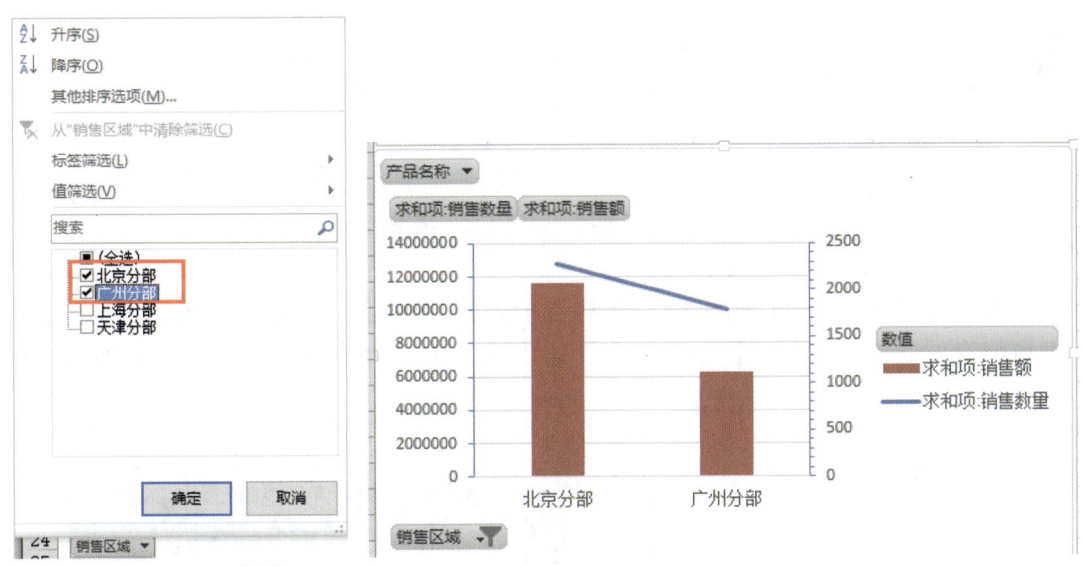

图6-59 "筛选销售区域"操作框

第 4 步：筛选冰箱和电脑销售情况

单击【产品名称】按钮，①在弹出的列表中选中【选择多项】复选框；②选择"冰箱"和"电脑"选项；③单击【确定】按钮。如图 6-60 所示。

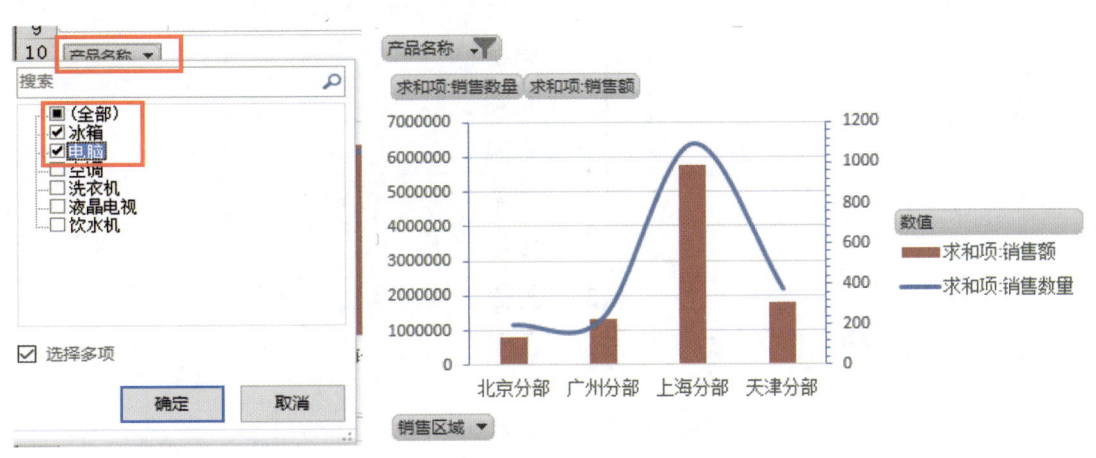

图6-60 "筛选冰箱和电脑销售情况"操作框

7. 创建综合分析数据透视图

Excel 2016 还提供有"切片器"和"日程表"功能，可以更直观地展现数据。

（1）插入切片器

接下来在数据透视表中插入切片器，按照业务员筛选销售数据，并动态地展示数据透视图。具体操作如下：

第1步：执行插入切片器命令

在【数据透视表工具】栏中，①单击【分析】选项卡；②在【筛选】组中单击【插入切片器】按钮。如图6-61所示。

图6-61 "数据透视图工具"操作栏

第2步：设置切片器

弹出【插入切片器】对话框，①选中"业务员"复选框；②单击【确定】按钮。此时即可创建一个名为"业务员"的切片器，切片器中显示了所有业务员的姓名。如图6-62所示。

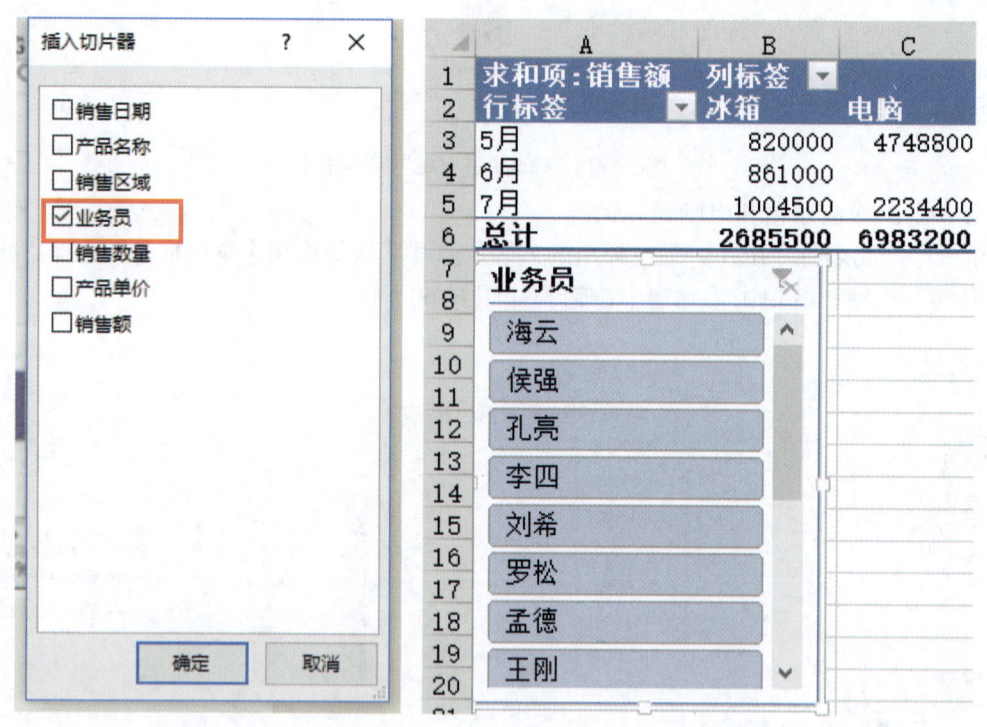

图6-62 "插入切片器"操作栏

第3步：选择筛选选项

在切片器中，选中业务员"李四"，此时即可在数据透视表中筛选出与业务员"李四"有关的数据信息。此时，数据透视图中只显示与业务员"李四"有关的数据系列。效果如图6-63所示。

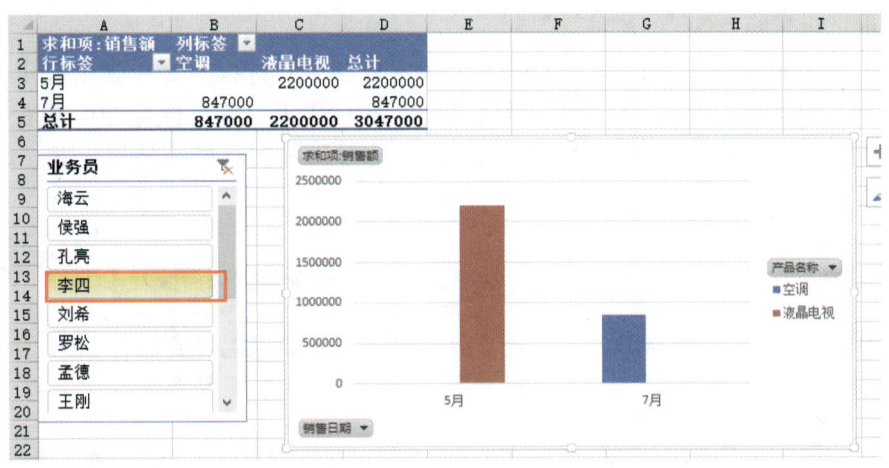

图6-63 "筛选业务员李四"完成的结果

第 4 步：清除筛选

如果要删除切片器的筛选，直接单击切片器中的【清除筛选器】按钮即可。如图 6-64 所示。

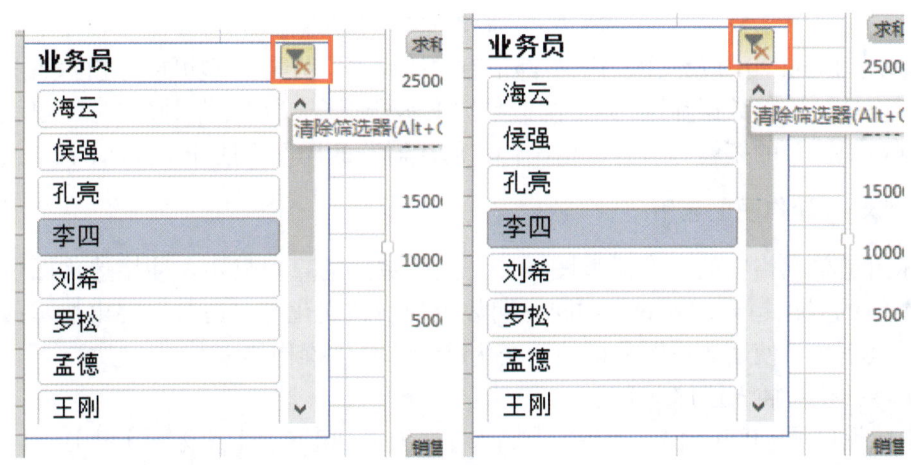

图6-64 "清除筛选器"的操作框

（2）插入日程表

接下来在数据透视表中插入日程表，按照不同月份筛选销售数据，并动态地显示数据透视图。具体操作如下。

第 1 步：插入日程表

在"数据透视表工具"栏中，①单击【分析】选项卡；②在【筛选】组中单击【插入日程表】按钮。如图 6-65 所示。

图6-65 "数据透视图工具"操作栏

第2步：设置日程表

弹出【插入日程表】对话框，①选中【销售日期】复选框；②单击【确定】按钮。此时即可在工作表中插入一个名为"销售日期"的日程表，拖动鼠标即可查看各月份的日程。拖动日程表的同时，数据透视图也会动态地显示不同月份的销售数据。如图6-66所示。

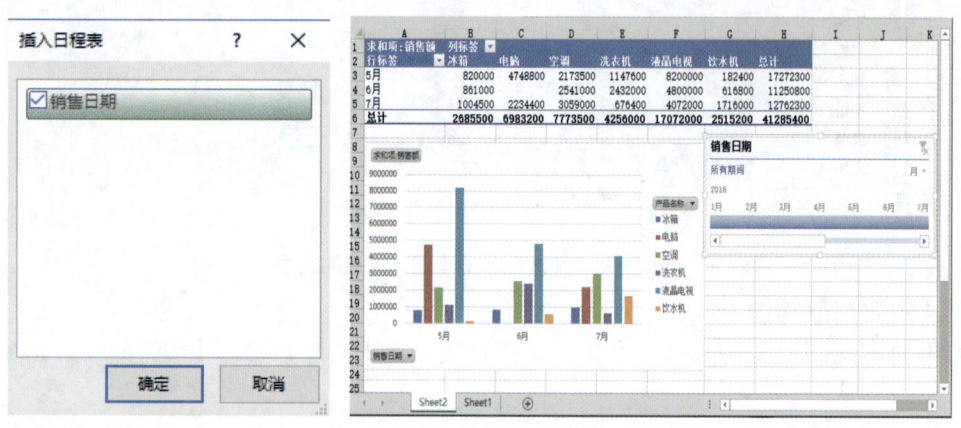

图6-66 "插入日程表"对话框

小提示：Excel 2010及其以上版本都带有"切片器"功能，该功能在进行数据分析时，能够非常直观地进行数据筛选，并将筛选数据展示给观众。"切片器"其实是"数据透视表"和"数据透视图"的拓展，与后者相比，"切片器"的操作更便捷，演示也更直观。

三、Excel迷你图的应用

迷你图是单元格中的一个微型图表，可提供数据的直观显示。使用迷你图可以显示一系列数值的变化趋势，例如，不同时期数量的增减变化等，还可以突出显示最大值和最小值。接下来，使用迷你图分析销量变化趋势。具体操作如下。

第1步：执行插入迷你图命令

选中数据区域（B3:B14），①单击【插入】选项卡；②单击【迷你图】组中的【折线图】按钮。如图6-67所示。

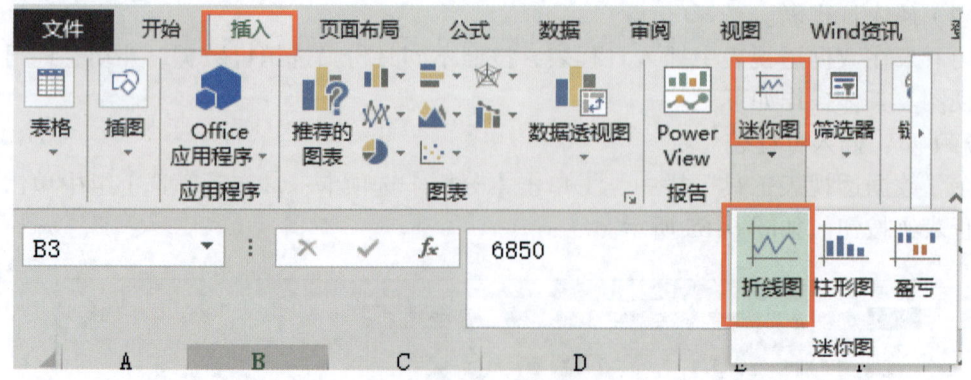

图6-67 插入"迷你图"

第 2 步：创建迷你图

弹出【创建迷你图】对话框，此时【数据范围】文本框显示了选中的单元格区域"B3:B14"；将【位置范围】选为 B15，单击【确定】按钮。此时，即可在选中的单元格 B15 中创建一个微型折线图。如图 6-68 所示。

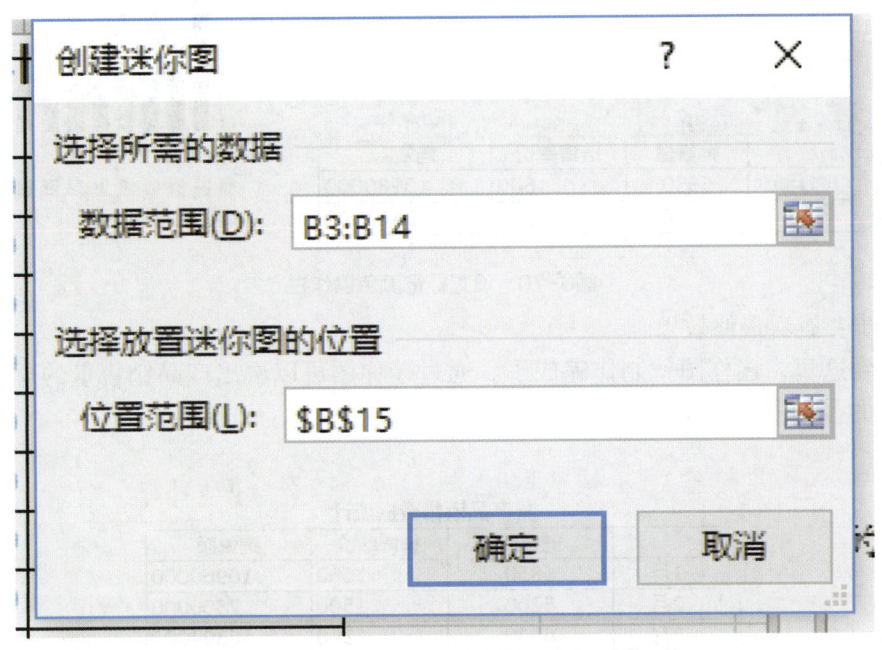

图6-68 "创建迷你图"对话框

第 3 步：设置迷你图颜色

选中迷你图，①在【迷你图工具】栏中，单击【设计】选项；②单击【样式】组中的【迷你图颜色】按钮；③在弹出的下拉列表中选【红色】选项。如图 6-69 所示。

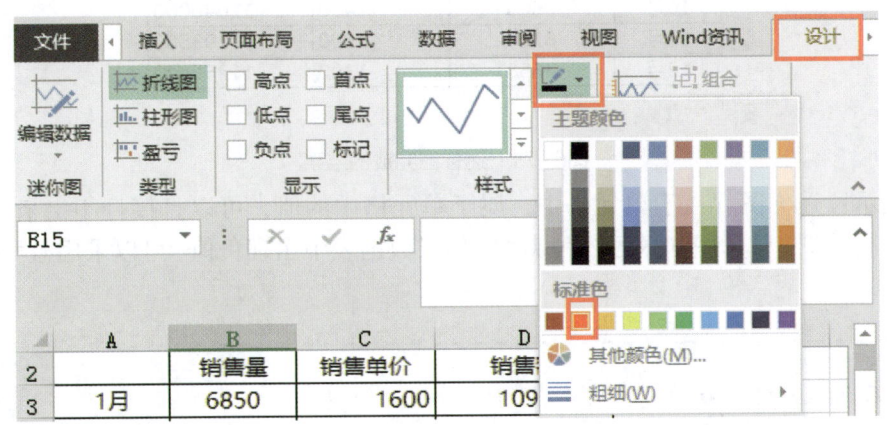

图6-69 "迷你图工具"栏

第 4 步：设置标记颜色

①单击【样式】组中的【标记颜色】按钮；②在弹出的下拉列表中选择【标记】→【绿色】选项。如图 6-70 所示。

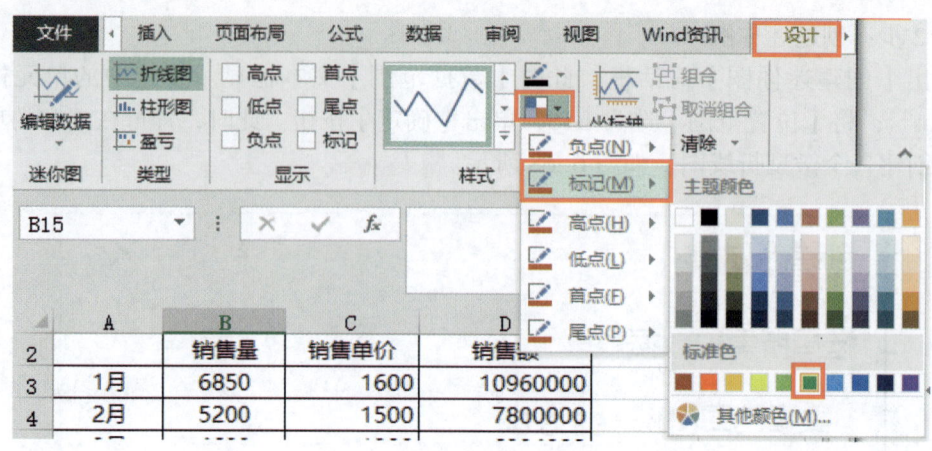

图6-70 设置标记颜色操作栏

第5步：查看最终效果

操作到这里，迷你图就制作完成了。通过迷你图可以看出产品销售量的总体变化趋势是递增的。如图6-71所示。

	A	B	C	D
1		某产品销售数据统计		
2		销售量	销售单价	销售额
3	1月	6850	1600	10960000
4	2月	5200	1500	7800000
5	3月	4600	1390	6394000
6	4月	5380	1450	7801000
7	5月	4955	1500	7432500
8	6月	6484	1500	9726000
9	7月	4913	1600	7860800
10	8月	5542	1500	8313000
11	9月	8071	1450	11702950
12	10月	8600	1400	12040000
13	11月	6129	1500	9193500
14	12月	8658	1300	11255400
15				

图6-71 迷你图完成的结果

小提示：迷你图存在于单元格中，属于单元格中的值，可以直接打印出来。迷你图主要包括折线图、柱形图和盈亏三种类型。如果数据表中出现负值，可以采用盈亏迷你图。

课后问题与作业练习

➢ 请列举基本数据分析工具。
➢ 请叙述并操作如何创建数据透视表。
➢ 请叙述并操作如何设置Excel的条件格式。

第七单元　财务数据安全管理

本单元学习目标

1. 理解数据安全的定义；
2. 理解数据安全的具体含义；
3. 理解数据安全的特点；
4. 理解威胁数据安全的因素；
5. 理解数据安全制度和安全防护制度；
6. 掌握利用 Excel 进行财务数据安全管理。

重点掌握利用 Excel 进行财务数据安全管理。

```
财务数据安全管理 ┬─ 财务数据安全理论 ┬─ 数据安全的定义和含义
                │                    ├─ 数据安全的特点
                │                    ├─ 威胁数据安全的因素
                │                    ├─ 网络财务信息安全
                │                    ├─ 财务数据安全管理制度
                │                    ├─ 财务数据安全防护技术
                │                    ├─ 加密技术在企业数据安全中的应用
                │                    └─ 财务数据安全管理办法
                └─ 利用Excel进行财务数据安全管理 ┬─ 保护单个工作表密码
                                                  ├─ 对部分单元格保护
                                                  └─ 对整个工作薄加密
```

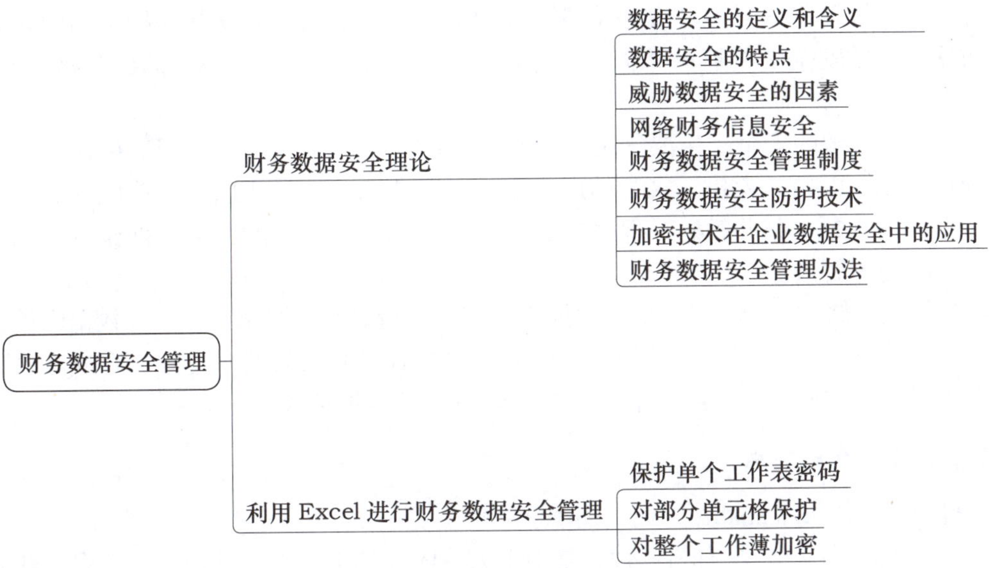

图7-1　思维导图

在当今信息爆炸的时代，数据的涵义已远远超出其原意数值的概念。一份文档、一张图片、一部电影、一个程序等等一切储存在各种存储介质里的信息都可以称为数据。数据涵盖范围极广，小至我们的一篇日记，大至跨国公司的全部客户资料，数据安全的重要性不言而喻。本单元简要讲述了什么是数据安全，以及如何保护数据安全的问题。

第一节　财务数据安全理论

一、数据安全的定义和含义

"信息（Information）和数据（Data）是计算机的两个重要概念，一般认为信息是对数据进行处理后得到的。但在很多情况下，信息和数据这两个词被不加区分地使用着。"[1] 数据是信息的承载者，信息是数据的内涵，人们通过解释、推理、归纳、分析、综合等方法，从数据中获得有意义的内容就是信息。对于人类的推理和计算来说，真正有用的不是数据本身，而是数据中携带的信息。为了达到保护信息安全的目的，我们必须保护数据安全。

数据安全有以下四个方面的含义：

一是数据本身的安全，主要是指采用现代密码算法对数据进行主动保护，如数据保密、数据完整性、双向强身份认证等。

二是数据防护的安全，主要是采用现代信息存储手段对数据进行主动防护，如通过磁盘阵列、数据备份、异地容灾等手段保证数据的安全。数据安全是一种主动的防护措施，数据本身的安全必须基于可靠的加密算法与安全体系，主要有对称算法与公开密钥密码体系两种。

三是数据处理的安全，主要是指如何有效地防止数据在录入、处理、统计或打印中由于硬件故障、断电、死机、人为的误操作、程序缺陷、病毒或黑客等造成的数据库损坏或数据丢失现象，某些敏感或保密的数据可能被不具备资格的人员或操作员阅读，而造成数据泄密等后果。

四是数据存储的安全，主要是指数据库在系统运行之外的可读性。一旦数据库被盗，即使没有原来的系统程序，照样可以另外编写程序对盗取的数据库进行查看或修改。从这个角度说，不加密的数据库是不安全的，容易造成商业泄密。

二、数据安全的特点

1. 机密性（Confidentiality）

保密性（secrecy），又称机密性，是指个人或团体的信息不为其他不应获得者获得。在电脑中，许多软件包括邮件软件、网络浏览器等，都有保密性相关的设定，用以维护用户资讯的保密性，另外间谍档案或黑客有可能会造成保密性的问题。

2. 完整性（Integrity）

数据完整性是信息安全的三个基本要点之一，指在传输、存储信息或数据的过程中，确保信息或数据不被未授权地篡改或在篡改后能够被迅速发现。在信息安全领域使用过程中，常常和保密性边界混淆。以普通 RSA 对数值信息加密为例，黑客或恶意用户在没有获得密钥破解密文的情况下，可以通过对密文进行线性运算，相应改变数值信息的值。例如交易金额为 X 元，通过对密文乘 2，可以使交易金额成为 2X。也称为可延展性（malleably）。为解决以上问题，通常使用数字签名或散列函数对密文进行保护。

---

[1] 参阅陆汉权主编：《计算机科学基础》，北京：电子工业出版社，2011年，第2页。

3. 可用性（Availability）

数据可用性是一种以使用者为中心的设计概念，可用性设计的重点在于让产品的设计能够符合使用者的习惯与需求。以互联网网站的设计为例，希望让使用者在浏览的过程中不会产生压力或感到挫折，并能让使用者在使用网站功能时，能用最少的努力发挥最大的效能。基于这个原因，任何有违信息的"可用性"都算是违反信息安全的规定。因此，世上不少国家，不论是美国还是中国都有要求保持信息可以不受限制地流通的运动举行。

三、威胁数据安全的因素

威胁数据安全的因素有很多，主要有以下几个比较常见。

硬盘驱动器损坏：一个硬盘驱动器的物理损坏意味着数据丢失。设备的运行损耗、存储介质失效、运行环境以及人为的破坏等，都能对硬盘驱动器设备造成影响。

人为错误：由于操作失误，使用者可能会误删除系统的重要文件，或者修改影响系统运行的参数，以及没有按照规定要求或操作不当导致的系统宕机。

黑客：入侵者借助系统漏洞、监管不力等通过网络远程入侵系统。

病毒：计算机感染病毒而招致破坏，甚至造成重大的经济损失。计算机病毒的复制能力强，感染性强，特别是网络环境下，传播性更快。

信息窃取：从计算机上复制、删除信息或干脆把计算机偷走。

自然灾害。

电源故障：电源供给系统故障，一个瞬间过载电功率会损坏在硬盘或存储设备上的数据。

磁干扰：重要的数据接触到有磁性的物质，会导致计算机数据被破坏。

四、网络财务信息安全

随着计算机、通信和网络技术的发展，网络财务得到了广泛应用。网络财务不仅彻底地改变了财务工作方式和管理模式，极大地提高了工作效率，而且保证了财务信息的准确性、完整性和及时性，但同时也给财务信息安全带来了风险。

1. 网络财务信息安全面临的主要风险

网络财务是信息技术在财务领域的具体应用，其信息安全风险来源于信息技术的一般风险和财务数据的特定风险，主要表现在以下几个方面。

（1）硬件系统风险

任何计算机软件都必须通过硬件来运行，硬件是软件的承载体。硬件系统发生故障时，将会导致网络系统瘫痪，软件无法运行，业务处理停滞，给网络财务使用者造成很大损失。如果硬件中的存储系统发生严重损坏，所有数据将会面临全部丢失的风险，给财务工作带来灾难性后果。

（2）软件系统风险

网络财务软件的正常运行，除需要硬件系统保障外，还需要操作系统、中间件和数据库等软件的支撑，这些软件系统是否存在漏洞，技术上是否成熟，运行是否稳定，直接影响财务信息安全程度和网络财务软件运行效率。

（3）数据存储风险

在网络财务环境下，财务信息存储介质发生变化，由纸质转化为磁介质，所有财务数据以电子格式存储于服务器端，财务数据更易容丢失、被盗和损坏。此外，随着网络财务软件的应用，财务数据量不断增多，存储设备还面临着容量不够的风险。

（4）信息传递风险

网络财务运行过程中，财务信息需要借助计算机网络在客户端和服务器端之间不断地进行数据传递和交换，并且这种数据传递和交换都是以广播的形式进行发布。理论上，任何联网计算机都有可能获取网络资源，窃听网络信息，这就大大增加了财务信息被截取、泄露、篡改的风险。

（5）病毒破坏风险

随着网络迅速发展，计算机病毒的破坏能力不断提高，破坏范围不断扩大，并且呈现出了传播速度快、自我复制强、难以防范的特点，给财务信息安全造成了极大的威胁。

（6）非法入侵风险

在网络环境中，任何联网计算机在理论上都是可以被访问到的，除非它们在物理上断开链接。一些人可能出于各种目的，利用黑客程序，破坏网络系统，进行黑客攻击。而且，黑客攻击比病毒破坏更具目的性和破坏性。

（7）人员责任风险

计算机管理制度不健全，管理人员技术不精或者责任心不强；防范措施不严格，对网络系统未进行必要的安全配置和管理，对网络信息缺乏严密的监控；财务系统用户不注意口令保护，口令密码设置简单或长期不更改，致使别有用心的入侵者轻易冒充合法用户进入系统，窃取、篡改、破坏数据。

2. 网络财务信息安全风险防范措施

网络财务信息安全风险防范是一项系统工程，需要财务和信息部门密切配合，通力协作，采取防范措施，增强系统抵御风险的能力，确保网络财务信息安全。

（1）强化网络安全意识

加强网络信息安全重要性的宣传和教育，使全体员工尤其是财务和信息部门人员在思想上时刻树立网络安全意识，深刻认识网络安全对于财务工作的极端重要性，自觉维护良好的网络安全环境，抵制一切影响网络安全的行为。

（2）加强网络安全技术防范

网络安全技术防范是指综合运用防火墙、数据加密、数字签名和安全协议等专业技术对整个财务网络系统采取全方位的安全防范措施，建立多层次的网络安全体系，提高网络安全防护等级，提供全面的网络信息安全保护。加强网络安全技术防范，要保障资金投入，确保网络安全防范设备及时安装到位；要注重培养网络安全技术专业人才，不断提高网络安全技术人员的业务能力和工作水平。

（3）加强财务数据管理

定期对财务数据进行异地备份，指定专人负责保管备份介质，未经审批不得对备份数据进行恢复操作。严格限定财务数据共享范围和权限，只允许其他系统在限定的范围内对财务数据库进行只读操作，不得赋予改写权限。严格数据录入审核，防止错误数据进入财务系统。妥善保管操作系统、数据库和财务软件等各类密码，增强密码设置安全程度，不定期进行更改，防止别人盗用密码进行非法操作。

（4）加强财务信息化安全制度建设

建立健全和有效落实财务信息化安全制度是保障财务软件正常运行、财务数据安全完整的关键。这些制度包括财务系统软硬件管理和维护制度、系统管理人员和操作人员岗位责任制度、文档资料保管和使用制度、计算机病毒防范制度、操作权限分配规定、计算机和网络安全事故应急预案等，通过财务信息化安全制度建设，尽可能减少由于内部人员道德风险、系统资源风险、计算机病毒风险和意外风险造成的危害，确保网络财务系统安全运行。

（5）加强对计算机病毒和黑客的防范

通常情况下，网络财务系统运行于单位内网之中。防范计算机病毒和黑客的最有效方法就是实行内外网严格分离制度，内外网之间进行物理隔离，使得外网计算机不能登录到内网。此外，在内网中的所有计算机都要安装杀毒软件，定期更新病毒库，及时查杀计算机病毒。加强网络安全监控，及时发现网络中的异常情况，果断进行处理，净化网络环境。建立访问列表，严格限定联网计算机对财务服务器的访问控制。

（6）加强身份认证和权限控制

建立更为科学的 CA 数字认证体系，采用数字证书方式进行登录，确保系统数据的完整性、保密性和行为的不可否认性，杜绝数据在传送过程中可能出现的非法访问、非法篡改、假冒伪造等安全问题。严格进行权限分配和控制，根据实际工作需要，合理确定财务人员和管理人员操作权限。严格授权操作管理，未经批准，不相关人员不得接触财务软硬件系统，确保财务系统和数据信息的安全。

五、财务数据安全管理制度

不同的单位和组织，都有自己的网络信息中心，为确保信息中心、网络中心机房重要数据的安全（保密），一般要根据国家法律和有关规定制定适合本单位的数据安全制度，大致情况如下。

1. 对应用系统使用、产生的介质或数据按其重要性进行分类，对存放有重要数据的介质，应备份必要份数，并分别存放在不同的安全地方（防火、防高温、防震、防磁、防静电及防盗），建立严格的保密保管制度。

2. 保留在机房内的重要数据（介质），应为系统有效运行所必需的最少数量，除此之外不应保留在机房内。

3. 根据数据的保密规定和用途，确定使用人员的存取权限、存取方式和审批手续。

4. 重要数据（介质）库，应设专人负责登记保管，未经批准，不得随意挪用重要数据（介质）。

5. 在使用重要数据（介质）期间，应严格按国家保密规定控制转借或复制，需要使用或复制的须经批准。

6. 对所有重要数据（介质）应定期检查，要考虑介质的安全保存期限，及时更新复制。损坏、废弃或过时的重要数据（介质）应由专人负责消磁处理，秘密级以上的重要数据（介质）在过保密期或废弃不用时，要及时销毁。

7. 机密数据处理作业结束时，应及时清除存储器、联机磁带、磁盘及其他介质上有关作业的程序和数据。

8. 机密级及以上秘密信息存储设备不得并入互联网。重要数据不得外泄,重要数据的输入及修改应由专人来完成。重要数据的打印输出及外存介质应存放在安全的地方,打印出的废纸应及时销毁。

六、财务数据安全防护技术

计算机存储的信息越来越多,而且越来越重要,为防止计算机中的数据意外丢失,一般都采用许多重要的安全防护技术来确保数据的安全。常用和流行的数据安全防护技术如下。

1. 磁盘阵列

磁盘阵列是指把多个类型、容量、接口甚至品牌一致的专用磁盘或普通硬盘连成一个阵列,使其以更快的速度,准确、安全地读写磁盘数据,从而达到数据读取速度和安全性的一种手段。

2. 数据备份

备份管理包括备份的可计划性,自动化操作,历史记录的保存或日志记录。

3. 双机容错

双机容错的目的在于保证系统数据和服务的在线性,即当某一系统发生故障时,仍然能够正常地向网络系统提供数据和服务,使得系统不至于停顿。双机容错的目的在于保证数据不丢失和系统不停机。

4. NAS

NAS 解决方案通常配置为作为文件服务的设备,由工作站或服务器通过网络协议和应用程序来进行文件访问。大多数 NAS 链接在工作站客户机和 NAS 文件共享设备之间进行,这些链接依赖于企业的网络基础设施来正常运行。

5. 数据迁移

由在线存储设备和离线存储设备共同构成一个协调工作的存储系统,该系统在在线存储和离线存储设备间动态地管理数据,使得访问频率高的数据存放于性能较高的在线存储设备中,而访问频率低的数据存放于较为廉价的离线存储设备中。

6. 异地容灾

以异地实时备份为基础的高效、可靠的远程数据存储,在各单位的 IT 系统中,必然有核心部分,通常称之为生产中心,往往给生产中心配备一个备份中心,该备份中心是远程的,并且在生产中心的内部已经实施了各种各样的数据保护。不管怎么保护,当火灾、地震这种灾难发生时,一旦生产中心瘫痪了,备份中心会接管生产,继续提供服务。

7. SAN

SAN 允许服务器在共享存储装置的同时仍能高速传送数据。这一方案具有带宽高、可用性高、容错能力强的优点,而且它可以轻松升级,容易管理,有助于改善整个系统的总体成本状况。

8. 数据库加密

对数据库中数据加密是为增强普通关系数据库管理系统的安全性,提供一个安全适用的数据库加密平台,对数据库存储的内容实施有效保护。它通过数据库存储加密等安全方法实现了数据库数据存储保密和完整性要求,使得数据库以密文方式存储并在密态方式下工作，确保了数据安全。

9. 硬盘安全加密

经过安全加密的故障硬盘，硬盘维修商根本无法查看，绝对保证了内部数据的安全性。硬盘发生故障更换新硬盘时，全自动智能恢复受损坏的数据，有效防止企业内部数据因硬盘损坏、操作错误而造成的数据丢失。

10. 数据隐藏

数字水印是指把特定的信息嵌入数字讯号中，数字讯号可能是音频、图片或是影片等。若要拷贝有数字水印的讯号，所嵌入的信息也会一并被拷贝。数字水印可分为浮现式和隐藏式两种，前者是可被看见的水印（visible watermarking），其所包含的信息可在观看图片或影片时同时被看见。一般来说，浮现式的水印通常包含版权拥有者的名称或标志。后者是以数字数据的方式加入音频、图片或影片中，但在一般的状况下无法被看见。隐藏式水印的重要应用之一是保护版权，期望能借此避免或阻止数字媒体未经授权的复制和拷贝。隐写术（Steganography）也是数字水印的一种应用，双方可利用隐藏在数字讯号中的信息进行沟通。

11. 数字签名

数字签名（又称公钥数字签名、电子签章）是一种类似写在纸上的普通的物理签名，但是使用了公钥加密领域的技术实现，用于鉴别数字信息的方法。一套数字签名通常定义两种互补的运算，一个用于签名，另一个用于验证。

数字签名了的文件的完整性是很容易验证的（不需要骑缝章、骑缝签名，也不需要笔迹专家），而且数字签名具有不可抵赖性（不需要笔迹专家来验证）。

七、加密技术在企业数据安全中的应用

大型企业管理软件的应用越来越广泛，企业数据平台涉及局域网、广域网、Internet 等，在各类系统中保存的企业关键数据量也越来越大，许多数据需要保存数十年以上，甚至是永久性保存，关键业务数据是企业生存的命脉和宝贵的资源，数据安全性问题越来越突出。如何增强企业软件系统的安全性、保密性、真实性、完整性，成为每一位软件开发人员关注的焦点。从保护数据的角度讲，对数据安全这个广义概念，可以细分为三部分：数据加密、数据传输安全和身份认证管理。

数据加密就是按照确定的密码算法把敏感的明文数据变换成难以识别的密文数据，通过使用不同的密钥，可用同一加密算法把同一明文加密成不同的密文。当需要时，可使用密钥把密文数据还原成明文数据，称为解密。这样就可以实现数据的保密性。数据加密被公认为是保护数据传输安全唯一实用的方法和保护存储数据安全的有效方法，它是数据保护在技术上最重要的防线。

数据传输安全是指数据在传输过程中必须要确保数据的安全性、完整性和不可篡改性。

身份认证的目的是确定系统和网络的访问者是否是合法用户。主要采用登录密码、代表用户身份的物品（如智能卡、IC 卡等）或反映用户生理特征的标识鉴别访问者的身份。

1. 数据加密

数据加密技术是最基本的安全技术，被誉为信息安全的核心，最初主要用于保证数

据在存储和传输过程中的保密性。它通过变换和置换等各种方法将被保护信息置换成密文，然后再进行信息的存储或传输，即使加密信息在存储或者传输过程为非授权人员所获得，也可以保证这些信息不为其认知，从而达到保护信息的目的。该方法的保密性直接取决于所采用的密码算法和密钥长度。

根据密钥类型不同可以把现代密码技术分为对称加密算法（私钥密码体系）和非对称加密算法（公钥密码体系）。在对称加密算法中，数据加密和解密采用的都是同一个密钥，因而其安全性依赖于所持有密钥的安全性。对称加密算法的主要优点是加密和解密速度快，加密强度高，且算法公开，但其最大的缺点是实现密钥的秘密分发困难，在大量用户的情况下密钥管理复杂，而且无法完成身份认证等功能，不便于应用在网络开放的环境中。最著名的对称加密算法有数据加密标准 DES 和欧洲数据加密标准 IDEA 等，加密强度最高的对称加密算法是高级加密标准 AES。

对称加密算法、非对称加密算法和不可逆加密算法可以分别应用于数据加密、身份认证和数据安全传输。

（1）对称加密算法

对称加密算法是应用较早的加密算法，技术成熟。在对称加密算法中，数据发信方把明文（原始数据）和加密密钥一起经过特殊加密算法处理后，使其变成复杂的加密密文发送出去。收信方收到密文后，若想解读原文，则需要使用加密用过的密钥及相同算法的逆算法对密文进行解密，才能使其恢复成可读明文。在对称加密算法中，使用的密钥只有一个，发收信双方都使用这个密钥对数据进行加密和解密，这就要求解密方事先必须知道加密密钥。对称加密算法的特点是算法公开、计算量小、加密速度快、加密效率高。不足之处是交易双方都使用同样的钥匙，安全性得不到保证。此外，每对用户每次使用对称加密算法时，都需要使用其他人不知道的唯一钥匙，这会使得发收信双方所拥有的钥匙数量成几何级数增长，密钥管理成为用户的负担。对称加密算法在分布式网络系统上使用较为困难，主要是因为密钥管理困难，使用成本较高。在计算机专网系统中广泛使用的对称加密算法有 DES、IDEA 和 AES。

（2）不对称加密算法

不对称加密算法使用两把完全不同但又是完全匹配的一对钥匙——公钥和私钥。在使用不对称加密算法加密文件时，只有使用匹配的一对公钥和私钥，才能完成对明文的加密和解密过程。加密明文时采用公钥加密，解密密文时使用私钥才能完成，而且发信方（加密者）知道收信方的公钥，只有收信方（解密者）才是唯一知道自己私钥的人。不对称加密算法的基本原理是，如果发信方想发送只有收信方才能解读的加密信息，发信方必须首先知道收信方的公钥，然后利用收信方的公钥来加密原文；收信方收到加密密文后，使用自己的私钥才能解密密文。显然，采用不对称加密算法，收发信双方在通信之前，收信方必须把自己早已随机生成的公钥送给发信方，而自己保留私钥。由于不对称算法拥有两个密钥，因而特别适用于分布式系统中的数据加密。

（3）不可逆加密算法

不可逆加密算法的特征是加密过程中不需要使用密钥，输入明文后由系统直接经过加密算法处理成密文，这种加密后的数据是无法被解密的，只有重新输入明文，并再次经过同样不可逆的加密算法处理，得到相同的加密密文并被系统重新识别后，才能真正解密。显然，在这类加密过程中，加密是自己，解密还得是自己，而所谓解密，实际上就是重新加一次密，所应用的"密码"也就是输入的明文。不可逆加密算法不存在密钥保管和分发问题，非常适合在分布式网络系统上使用，但因加密计算复杂，工作量相当繁重，通常只在数据量有限的情形下使用，如广泛应用在计算机系统中的口令加密，利用的就是不可逆加密算法。随着计算机系统性能的不断提高，不可逆加密的应用领域逐渐增大。

2. 传输安全

数据传输加密技术目的是对传输中的数据流加密，以防止通信线路上的窃听、泄漏、篡改和破坏。数据传输的完整性通常通过数字签名的方式来实现，即数据的发送方在发送数据的同时利用单向的不可逆加密算法Hash函数或者其他信息文摘算法计算出所传输数据的消息文摘，并把该消息文摘作为数字签名随数据一同发送。接收方在收到数据的同时也收到该数据的数字签名，接收方使用相同的算法计算出接收到的数据的数字签名，并把该数字签名和接收到的数字签名进行比较，若二者相同，则说明数据在传输过程中未被修改，数据完整性得到了保证。

Hash 算法也称为消息摘要或单向转换，是一种不可逆加密算法，称它为单向转换是因为：双方必须在通信的两个端头处各自执行 Hash 函数计算；使用 Hash 函数很容易从消息计算出消息摘要，但其逆向反演过程以计算机的运算能力几乎不可实现。

Hash 散列本身就是所谓加密检查，通信双方必须各自执行函数计算来验证消息。举例来说，发送方首先使用 Hash 算法计算消息检查和，然后把计算结果 A 封装进数据包中一起发送；接收方再对所接收的消息执行 Hash 算法计算得出结果 B，并把 B 与 A 进行比较。如果消息在传输中遭篡改致使 B 与 A 不一致，接收方丢弃该数据包。

有两种最常用的 Hash 函数：

MD5（消息摘要 5）：MD5 对 MD4 做了改进，计算速度比 MD4 稍慢，但安全性能得到了进一步改善。MD5 在计算中使用了 64 个 32 位常数，最终生成一个 128 位的完整性检查和。

SHA 安全 Hash 算法：其算法以 MD5 为原型。SHA 在计算中使用了 79 个 32 位常数，最终产生一个 160 位完整性检查和。SHA 检查和长度比 MD5 更长，因此安全性也更高。

3. 身份认证

身份认证要求参与安全通信的双方在进行安全通信前，必须互相鉴别对方的身份。保护数据不仅仅是要让数据正确、长久地存在，更重要的是，要让不该看到数据的人看不到。这方面，就必须依靠身份认证技术来给数据加上一把锁。数据存在的价值就是需要被合理访问，所以，建立信息安全体系的目的应该是保证系统中的数据只能被有权限的人访问，未经授权的人则无法访问到数据。如果没有有效的身份认证手段，访问者的身份就很容易被伪造，使得未经授权的人仿冒有权限人的身份，这样，任何安全防范体系就都形同虚设，所有安全投入就被无情地浪费了。

在企业管理系统中，身份认证技术要能够密切结合企业的业务流程，阻止对重要资源的非法访问。身份认证技术可以用于解决访问者的物理身份和数字身份的一致性问题，给其他安全技术提供权限管理的依据。所以说，身份认证是整个信息安全体系的基础。

由于网上的通信双方互不见面,必须在交易时(交换敏感信息时)确认对方的真实身份;身份认证指的是用户身份的确认技术,它是网络安全的第一道防线,也是最重要的一道防线。

在公共网络上的认证,从安全角度分有两类:一类是请求认证者的秘密信息(例如:口令)在网上传送的口令认证方式;另一类是使用不对称加密算法,而不需要在网上传送秘密信息的认证方式,这类认证方式中包括数字签名认证方式。

(1)口令认证方式

口令认证必须具备一个前提:请求认证者必须具有一个ID,该ID必须在认证者的用户数据库(该数据库必须包括ID和口令)中是唯一的。同时为了保证认证的有效性,必须考虑到以下问题:求认证者的口令必须是安全的;在传输过程中,口令不能被窃看、替换;请求认证者在向认证者请求认证前,必须确认认证者的真实身份,否则会把口令发给冒充的认证者。

口令认证方式还有一个最大的安全问题就是系统的管理员通常都能得到所有用户的口令。因此,为了避免这样的安全隐患,通常情况下会在数据库中保存口令的Hash值,通过验证Hash值的方法来认证身份。

(2)使用不对称加密算法的认证方式(数字证书方式)

使用不对称加密算法的认证方式,认证双方的个人秘密信息(例如:口令)不用在网络上传送,减少了认证风险。这种方式是通过请求认证者与认证者之间对一个随机数作数字签名与验证数字签名来实现的。认证一旦通过,双方即建立安全通道进行通信,在每一次的请求和响应中进行,即接受信息的一方先从接收到的信息中验证发信人的身份信息,验证通过后才根据发来的信息进行相应的处理。

八、财务数据安全管理办法

为了加强安全管理,消除安全隐患,维护正常的工作秩序,保证公司资产和财务网络安全,经常要结合部门实际制定财务数据安全管理办法。

1. 现金、银行票据安全管理

(1)用于零星支付的现金、银行票据必须放入保险柜中,保险柜放置于办公室安全位置,远离门窗。

(2)保险柜钥匙只能由出纳人员掌握,并要严格保密,保险柜钥匙要随身携带,不准将钥匙放在办公室内。

(3)出纳人员打开保险柜时要请其他无关的人员适当远离保险柜,以防保险柜密码泄漏。

(4)放有保险柜的房间必须安装防盗门和防盗窗,并在保险柜的放置处安装报警器。报警器要接通本单位的值班室,上班时间要将报警器关闭,下班时间打开。

(5)库存现金不得超过规定限额,收到大量现金时必须在下班前存入银行,因特殊原因确需滞留超额现金的,要经有关领导批准,加派看护力量。

(6)取送巨额现金,必须使用专车、专用安全取送款箱,加派财务部人员和安全保卫部门人员共同负责安全,特殊情况联系银行协助。

(7)空白银行票据现用现盖章,严禁将盖好图章的票据存放过夜,空白票据只能由出纳人员购买、填写、保存、领取票据必须在票据登记簿上登记并有经手人在票据上签字。

（8）员工个人的现金、存折、有价证券、金银首饰不得存放在保险柜或办公室内。

（9）每天下班之前要认真检查办公室的门窗、抽屉是否锁好，出纳人员要检查保险柜是否锁好，遇到"国庆""春节"等长假期要在保险柜、门窗上贴好封条。

2. 发票、收据、印鉴安全管理

（1）财务发票、收据安全管理

财务发票、收据由专人购买、填写，购买时在发票领购登记簿上作好记录，注明购买的数量及发票号码。

开具的发票、收据要有领用登记表，注明开票日期、发票号码、金额、项目，领用时要有领用人签字。

使用完的发票、收据存根要由发票管理人员妥善保管，作好记录，任何无关人员不得随意翻阅。

（2）印鉴安全管理

银行印鉴分人保管、使用。

银行印鉴应放置在铁皮柜中，不得随便放入办公室抽屉中，铁皮柜钥匙应随身携带。

使用银行印鉴时要由保管人员亲自操作，其他人员不得随便使用印鉴。

3. 会计档案存放安全管理

（1）收到的原始凭证要及时入账，入账后要及时贴入记账凭证，不得随意丢放原始凭证以及记账凭证。

（2）下班后会计人员要把收到的原始凭证、打印的记账凭证等重要会计资料放入抽屉中锁好，不得随意摆放在桌面上。

（3）每月的记账凭证在结账后应及时装订，年度结束后的会计账簿、会计报表、合同、文件等重要的会计档案应及时归档，由档案管理员统一管理，非财务人员不得随意翻阅，会计人员查阅后要及时放归原处。

（4）存放在财务部的会计档案要放置在铁皮柜中，由档案管理员保管钥匙，下班后将铁皮柜锁好，钥匙要随身携带。

4. 会计电算化安全管理

（1）会计电算化软件安全管理

用于操作的会计软件必须安装在计算机硬盘上，一般情况下不得重新安装。

程序修正和会计软件参数的调整一般由软件开发公司来实施，会计数据的更正与恢复一般由系统维护人员负责，其他操作人员一律不得进行维护操作，维护人员实施数据更正与恢复必须做好详细记录。

会计数据的修正与恢复操作必须由系统维护人员或软件开发公司专业维护人员负责，其他操作人员不得进行维护操作。

一般情况下不允许实施数据恢复操作，只有当硬盘数据已被破坏，并无法修正或更换硬件设备时，才能实施数据恢复操作。

由于凭证填制或录入错误而导致会计账簿数据的错误，只能通过凭证更正方法进行数据的修正，不得通过维护操作给予修正。

应根据软件提供的功能和工作需要设置操作人员操作权限和密码，操作人员必须对自己的操作密码严格保密，不得泄漏。

（2）计算机数据安全管理

每个操作人员均要设有自己的专人密码，确保会计数据和会计软件的安全保密，防止对数据和软件的非法修改和删除，日常输入的原始数据及时复制备份，数据要备份两份，并存放在两个不同的地点。

对正在使用的会计核算软件进行修改、升级和计算机硬件设备进行更换时，要履行一定的审批手续，在软件修改、版本更新和硬件更换过程中，要保证会计数据的连续性和完整性，并由有关人员进行审查。

健全必要的防治计算机病毒的措施，防止数据丢失。

现金日记账、银行存款日记账应每日打印，明细账按季打印，年末应将总账和全部账簿打印输出。

（3）电算化会计档案安全管理

磁盘会计档案的管理工作包括数据备份、数据恢复和清理硬盘，以及磁盘会计档案的安全和正确等，由系统管理员专职负责。

对硬盘上的会计数据必须进行软盘（或光盘）备份，每月备份不得少于一次，每天操作的数据当天备份，不得直接对硬盘上的会计数据以及档案备份软盘的会计数据进行任何非法操作。如果对磁盘会计数据进行加工，必须使用备份软盘的副本，不得删改硬盘和备份软盘的数据。恢复系统数据必须使用最新的正式备份。

会计数据备份软盘必须妥善保管。备份软盘上应写保护，装在保护封套和包装套中，分别存放在档案室和财务人员办公室，存入地点应安全、洁净、防热、防潮、防磁或用封条签封、由专人保管。硬盘和正式备份盘不得随便乱放和外借。

为保证会计数据的安全，备份复制软盘要定期进行重新复制，以防止数据自动丢失。

应每隔三年清理一次硬盘，删除硬盘上以前年度的会计数据，以利于提高机器的利用率和运行速度。没有做过备份的硬盘数据，不得清理删除。

5. 计算机安全使用管理

（1）计算机和打印机应每周全面检查一次，并定期进行清洗。

（2）财务专用计算机实行专机、专盘、专用，避免感染病毒后带来严重危害。

（3）定期检测计算机病毒，定期清理计算机内部文件。严禁在微机内安装、运行游戏盘。严禁使用盗版软件。

（4）绝不允许使用软盘启动系统引导硬盘。确实需用软盘启动时必须用原始系统盘或检查过无病毒的系统盘方可使用。

（5）要配置不间断电源，避免因突然断电造成的数据丢失。

（6）严格保守开机密码，禁止非财务人员操作装有财务软件的计算机。

（7）不准对外服务，不准使用来历不明的软盘，不准无关人员上机操作。

（8）计算机的启用必须遵照以下顺序：总闸开关、UPS电源、打印机、主机、显示器。关闭时顺序相反。

6. 防火防盗管理

（1）门窗牢固，财务科要安装防盗门及技防设施。

（2）财务科的钥匙不得转交本室以外的人员使用，严禁将外人或亲属单独留在财务科内看书、学习或玩耍。

（3）个人办公钥匙要随身携带，人离时注意关锁门窗。报警器等装置要接通电源，并落实专人负责此项工作。

（4）个人的现金、贵重物品不得放在办公室桌抽屉、橱柜，以防被盗。

（5）室内禁止吸烟，不准在室内焚烧杂物、纸张，严禁存放易燃易爆物品，禁止乱接电源、使用电炉，人离开时注意关闭电源，认真做好防火工作。

第二节　利用 Excel 进行财务数据安全管理

一、保护单个工作表密码

Excel 系统提供有保护工作表的功能，以防止被更改、移动或删除某些重要的数据。具体操作步骤如下。

步骤1：选择要保护的工作表标签，单击鼠标右键，在弹出的下拉菜单中选择【保护工作表】选项，或者选择【开始】选项卡【单元格】选项组中的【格式】→【保护工作表】选项。如图 7-2 所示。

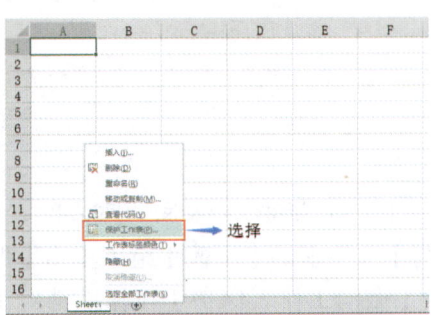

图7-2　选择"保护工作表"选项

步骤2：在弹出的【保护工作表】对话框中，用户可以根据需要，勾选保护内容。如图 7-3 所示。

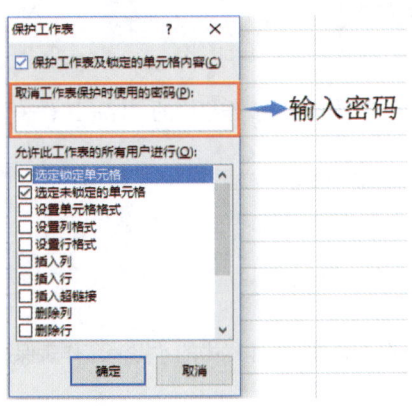

图7-3　"保护工作表"对话框

步骤 3：单击【确定】按钮，在弹出的【确认密码】对话框中重新输入密码，单击【确定】按钮即可完成对工作表的保护。如图 7-4 所示。

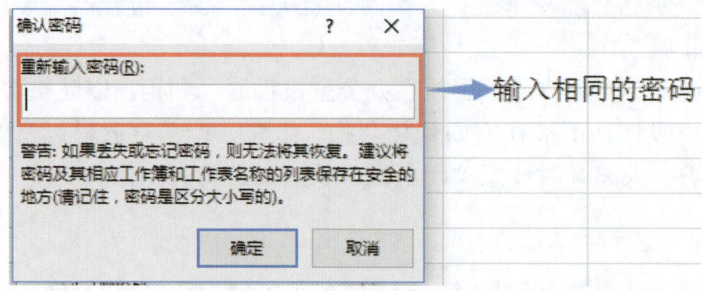

图7-4 "确认密码"对话框

工作表保护的撤消：选择要撤消保护的工作表标签，单击鼠标右键，在弹出的下拉菜单中选择【撤消工作表保护】选项，在弹出的【撤消工作表保护】对话框中输入保护密码，单击【确定】按钮即可。如图 7-5 所示。

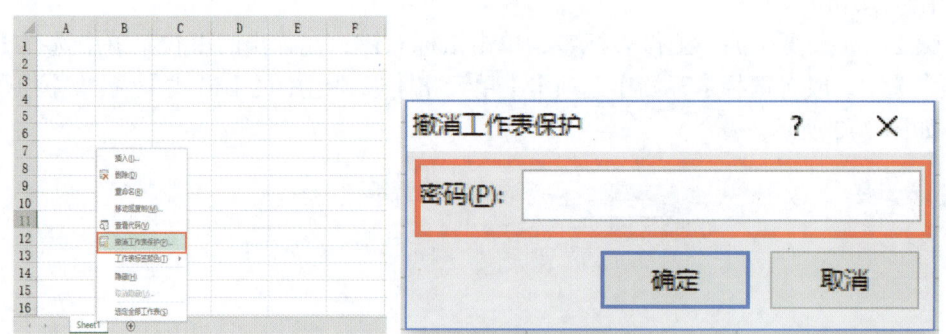

图7-5 "撤消工作表保护"对话框

小提示 1：可以在【审阅】选项卡的【更改】组中单击【保护工作表】按钮打开【保护工作表】对话框，或单击【撤消工作表保护】按钮撤消对工作表的保护。如图 7-6、图 7-7 所示。

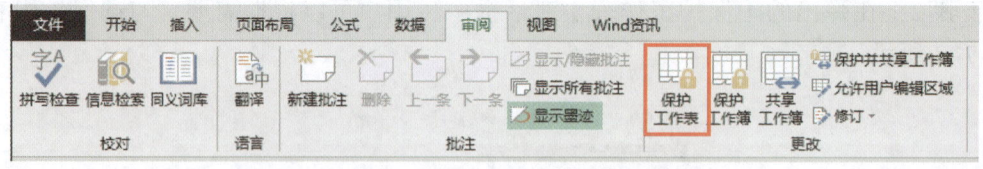

图7-6 "审阅"操作栏中的"保护工作表"

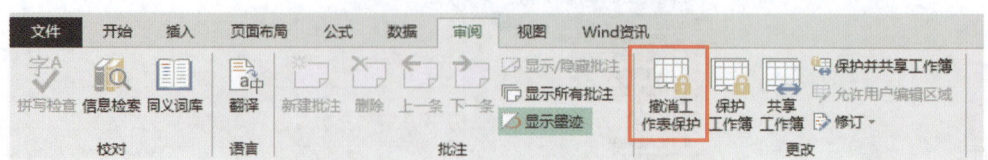

图7-7 "审阅"操作栏中的"撤消工作表保护"

小提示 2：也可以单击【文件】→【信息】选项，在【信息】区域单击【保护工作簿】按钮，在弹出的下拉菜单中选择【保护当前工作表】选项。如图 7-8 所示。

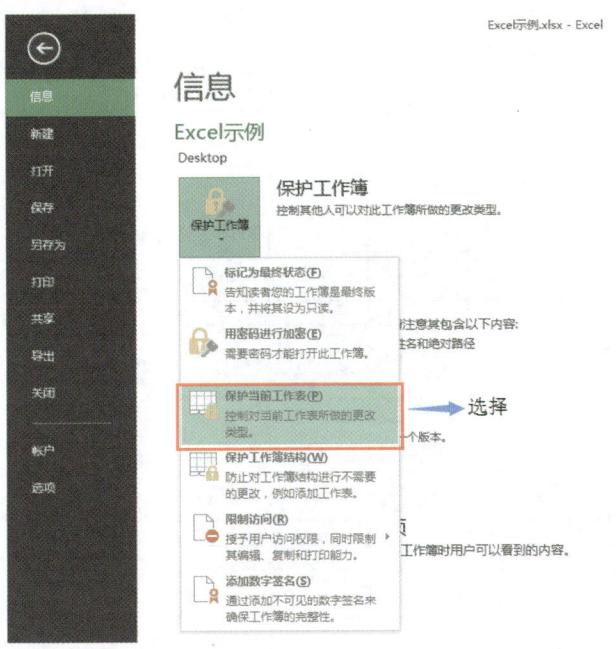

图7-8 "文件"操作栏中"信息"选项中的"保护工作簿"

撤消工作表保护时，单击【文件】→【信息】选项，在【信息】区域单击【取消保护】超链接，输入密码即可。如图 7-9 所示。

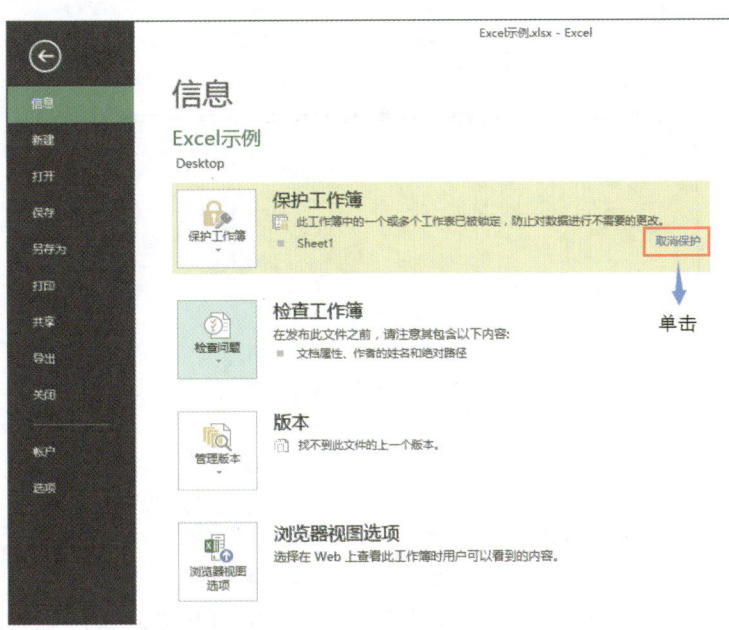

图7-9 "信息"选项栏

二、对部分单元格保护

Excel 中所有单元格是默认锁定的。可通过改变局部地区单元格的锁定状态，利用保护工作表的选项对锁定的单元格进行局部保护。具体操作步骤如下。

步骤1：确认需要保护的单元格（例如图中绿色区域是需要保护的区域，蓝色区域为可编辑区域）。选定可编辑区域，单击鼠标右键，在下拉菜单中选择【设置单元格格式】选项。如图 7-10 所示。

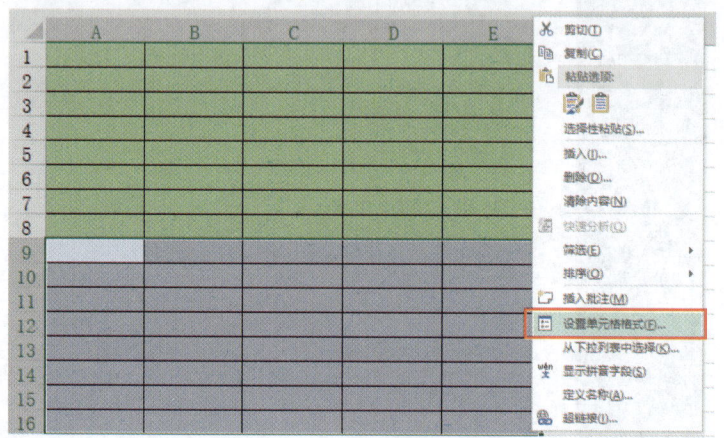

图7-10 菜单中选择"设置单元格格式"

步骤2：在弹出的对话框中选择【保护】选项卡，取消勾选【锁定】选项，使可编辑区域的单元格变成未锁定状态。如图 7-11 所示。

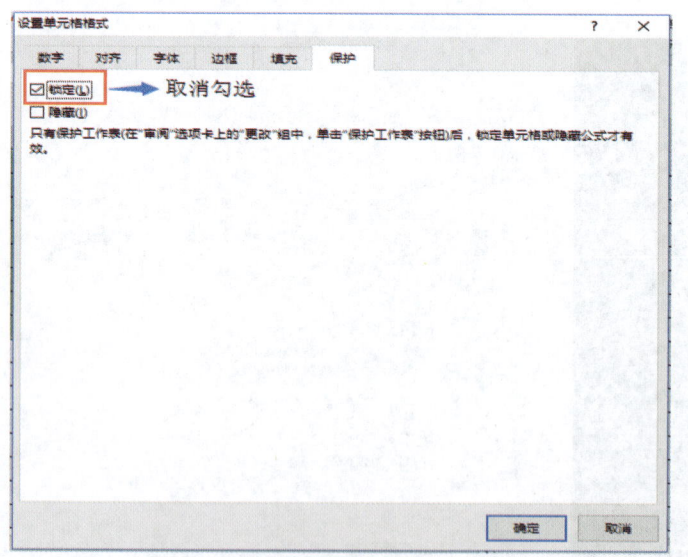

图7-11 "设置单元格格式"对话框

步骤3：选择该工作表标签，单击鼠标右键，在弹出的下拉菜单中选择【保护工作表】选项，在弹出的【保护工作表】对话框中，取消勾选【选定锁定单元格】选项，这里可输入密码亦可不输入密码。单击【确定】按钮，即可完成对锁定的单元格的保护。如图 7-12 所示。

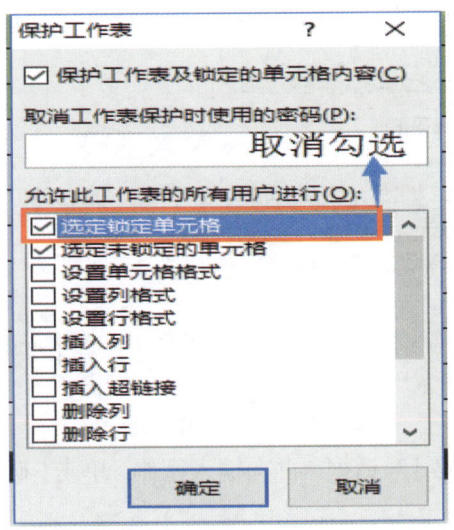

图7-12 "保护工作表"对话框

部分单元格保护的撤消：选择工作表标签，单击鼠标右键，在弹出的下拉菜单中选择【撤消工作表保护】选项，输入保护密码，单击【确定】按钮即可。

三、对整个工作簿加密

Excel不仅有保护单个工作表的功能，也可以保护整个工作簿。具体操作步骤如下。

步骤1：打开要加密的工作簿，单击【文件】→【信息】选项，在【信息】区域单击【保护工作簿】按钮，在弹出的下拉菜单中选择【用密码进行加密】选项。如图7-13所示。

图7-13 "信息"选项栏中选择"保护工作簿"

步骤2：弹出【加密文档】对话框，输入密码，单击【确定】按钮。如图7-14所示。

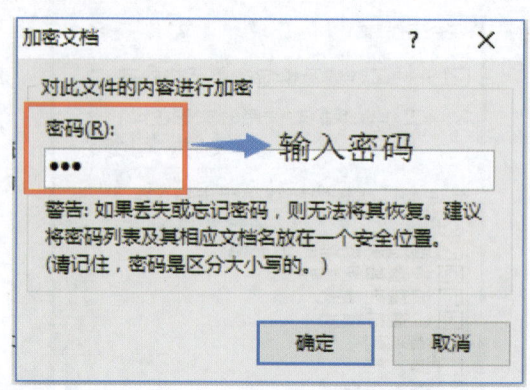

图7-14 "加密文档"对话框

步骤3：弹出【确认密码】对话框，再次输入密码，单击【确定】按钮。如图7-15所示。

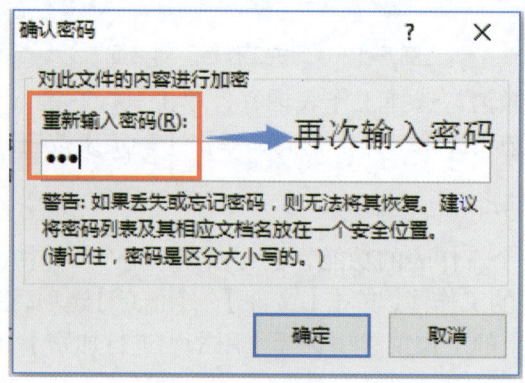

图7-15 "确认密码"对话框

步骤4：为文档使用密码进行加密，在【信息】区域内显示需要密码才能打开工作簿。如图7-16所示。

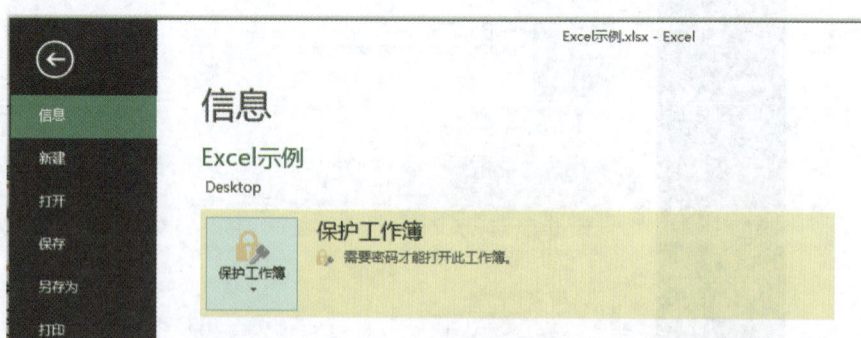

图7-16 "信息"选项栏

步骤5：再次打开文档时，将弹出【密码】对话框，输入密码后单击【确定】按钮，即可打开工作簿。如图7-17所示。

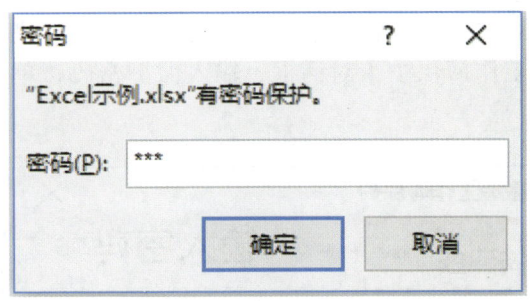

图7-17 "密码"对话框

步骤6：如果要取消加密，在【信息】区域单击【保护工作簿】按钮，在弹出的下拉菜单中选择【用密码进行加密】选项，弹出【加密文件】对话框，清除文本框中的密码，单击【确定】按钮，即可取消工作簿的加密。如图7-18所示。

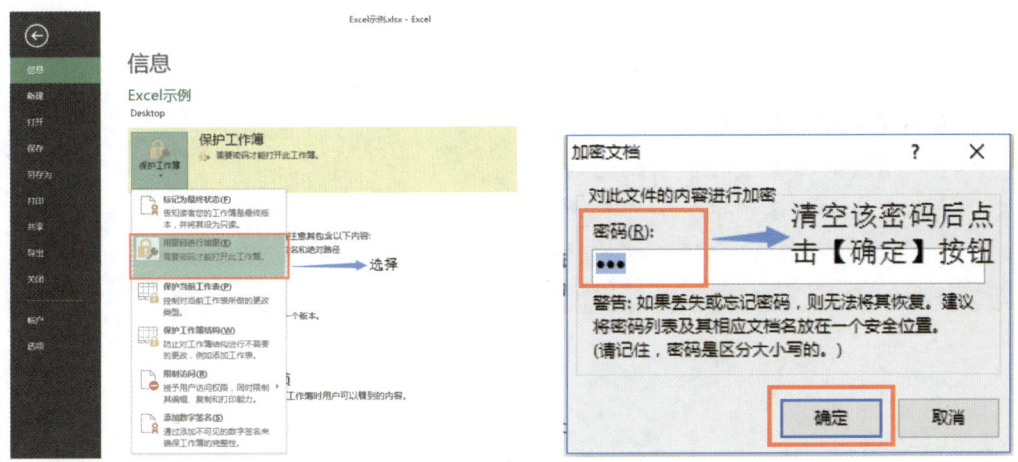

图7-18 "加密文档"对话框

小提示：可以在【审阅】选项卡的【更改】组中单击【保护工作簿】按钮打开【保护结构和窗口】对话框，输入密码，单击【确定】按钮，然后在弹出的【确认密码】对话框中再次输入密码，单击【确定】按钮即可完成对工作簿的保护。如图7-19、图7-20所示。

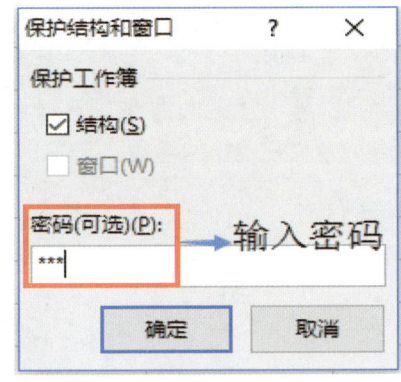

图7-19 "保护结构和窗口"对话框

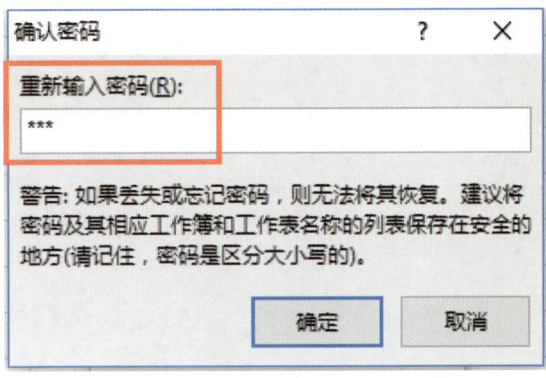

图7-20 "确认密码"对话框

撤消工作簿密码保护时，也可以在【审阅】选项卡的【更改】组中单击【保护工作簿】按钮，打开【撤消工作簿保护】对话框，输入保护密码，单击【确定】按钮即可。如图 7-21 所示。

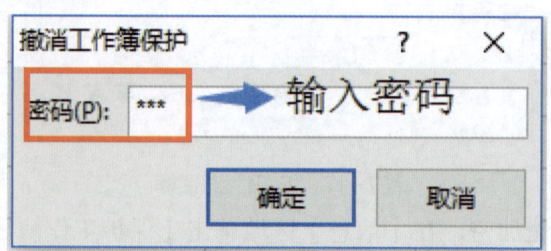

图7-21 "撤消工作簿保护"对话框

课后问题与作业练习
- 简述数据安全的基本概念和内容。
- 叙述如何保护单个工作表并操作。
- 叙述如何对整个工作簿加密并操作。

第八单元　财务数据分析报告

本单元学习目标

1. 了解财务数据分析报告的类别，包括财务报表分析、预算分析、经营分析、控制分析、行业分析和战略分析；
2. 了解财务数据分析报告的格式与内容。

重点掌握财务报表分析基本内容、预算分析方法、经营分析要素、标准成本法、弹性预算法、波士顿矩阵分析和财务分析报告的内容。

图8-1　思维导图

第一节　财务数据分析报告的类别

引例——2017年、2018年最有话题感的电影

电影行业发展迅速，预期在2020年将达到两千亿元的规模。如图8-2所示。

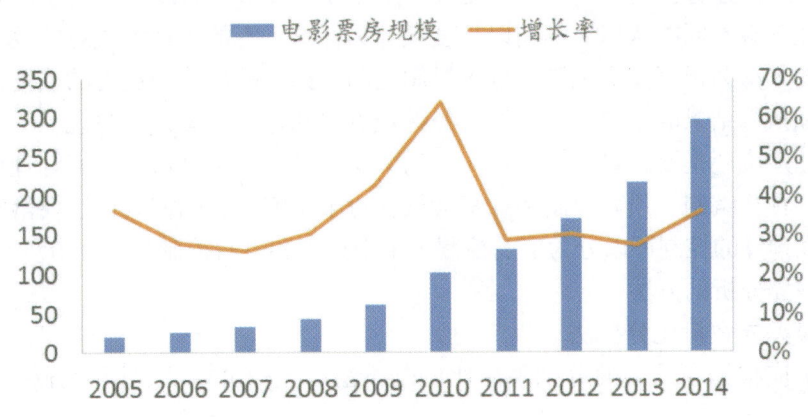

图8-2　2005—2014年电影票房规模统计图

群雄逐鹿、谁主沉浮，且看企业的财务数据分析报告。

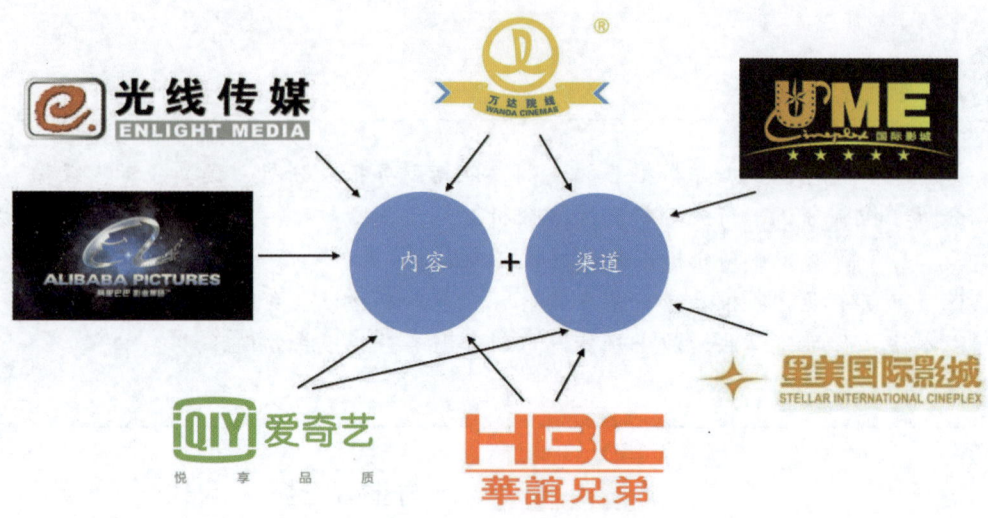

图8-3　传媒公司的财务数据分析方式

一、财务报表分析

财务报表分析是以企业基本活动为对象、以财务报表为主要信息来源、以分析和综合为主要方法的系统认识企业的过程，其目的是了解过去、评价现在和预测未来，以帮助报表使用人改善决策。

二、预算差异分析

预算差异分析就是通过比较实际执行结果与预算目标，确定差异额及其差异原因。如实际成果与预算标准的差异重大，企业管理当局应审慎调查，并判定其发生原因，以便采取适当的矫正措施。

预算差异分析有利于及时发现预算管理中存在的问题，是其控制和评价职能作用赖以发挥的最重要的基本手段。

1. 预算差异分析的定位

明确预算差异分析在整个预算管理流程中处于哪个环节，有助于人们了解它的运行机制，然而对此却有不同的认识。例如以年度预算为标准，有的人认为预算监控主要就是差异分析，有的人认为预算控制机制和分析机制是两个独立的部分，还有的人把预算执行分为事中监督和执行结果的差异分析。虽然各种观点之间存在冲突，但也说明了一个问题：对差异分析的定位还是要以对预算管理流程的分析为基础。本书认为预算管理可以分为三个大的部分：预算编制、预算控制和预算考核。对于年度预算的控制往往要落实到月度预算上，而月度预算的控制可以分为事前控制、事中控制和事后控制三个环节。

2. 预算差异分析的方法

（1）预算差异数量化分析法

数量分析应根据不同情况分别采用比例分析法、比较分析法、因素分析法、盈亏平衡分析法等方法，从定量充分反映预算执行单位的现状、发展趋势及存在的问题和潜力，从产销量品种结构、价格、变动成本、边际收益、费用等诸因素进行分析。从盈亏的形成过程看，差异的形成可以归为两大方面：营业收入差异和成本差异；根据营业收入和成本的构成，营业收入差异和成本差异又不外乎包括价格差异和数量差异两大类。所谓价格差异，是指由于价格因素变动而导致的差异额；所谓数量差异，是指由于数量变动而导致的差异额。差异分析应该是一个循序渐进的过程，即从综合性的财务指标入手，逐步分解，最后落实到具体的生产技术指标上。

（2）预算差异原因分析方法

预算差异数量分析主要目的是找到差异的原因，预算差异原因的主要分析方法有：所涉及特定主管、领班及其他人员开会磋商；分析工作情况，包括工作流程、业务协调、监督效果，以及其他存在的环境因素；直接观察：由直接职员进行实地调查，由辅助者（明确指定其责任）进行调查；由内部稽核辅助进行稽核工作；特殊研究等。

3. 预算差异分析的程序

（1）确定分析对象及分解标准

（2）收集信息

在预算的执行过程中，由预算执行与控制室根据差异分解标准的要求，进行信息收集工作。包括：预算执行过程中的财务信息；重要的外部市场信息；公司内部的非财务信息等。

（3）差异计算与分解

（4）判断差异重要程度

（5）对重要差异进行解释

（6）差异原因报告与确认

三、经营分析

经营分析是利用会计核算、统计核算、业务以及其他方面提供的数据信息（协调工作不少），采用一定的分析方法，依靠计算技术，来分析经济活动的过程及其结果。从而加强对企业运行情况的把握，监控运行过程的问题，发现商业机会以及提炼经营管理知识，以便充分挖掘人力、物力、财力潜力，合理安排生产经营活动，提高经济效益的一门经营管理科学和活动。

经营分析体系有三个基本元素：指标和报表、分析报告、分析会议（本书主要指报告）。

指标和报表：通过指标和报表，全面反映企业的客观事实。

分析报告：对数据事实分析基础上发现各种问题本质。

分析会议：对问题分析讨论，提出解决之道，安排人员跟踪落实。

四、控制分析

控制分析是根据标准成本和企业预算，利用责任会计制度，采用专门方法，及时掌握有关信息，对已经出现和可能出现的偏差进行认可或矫正的整个过程。

1. 控制分析的原则

（1）一致原则

（2）可控原则

（3）激励原则

（4）反馈原则

（5）例外原则

2. 控制分析的方法

（1）标准成本法

（2）弹性预算法

（2）作业分析法。

3. 控制分析的程序

（1）确定工作目标，订立标准

（2）测量实际工作状况，明了进度

（3）对比进度与标准，进行差异分析

（4）设计修正措施，加强控制

五、行业分析

行业分析是指根据经济学原理，综合应用统计学、计量经济学等分析工具对行业经济的运行状况、产品生产、销售、消费、技术、行业竞争力、市场竞争格局、行业政策等行业要素进行深入的分析，从而发现行业运行的内在经济规律，进而进一步预测未来行业发展的趋势。行业分析是介于宏观经济与微观经济分析之间的中观层次的分析，是发现和掌握行业运行规律的必经之路，是行业内企业发展的大脑，对指导行业内企业的经营规划和发展具有决定性的意义。

1. 波士顿矩阵分析

波士顿矩阵组织按照市场占有率和市场增长率对产品和服务进行分级，并将其分成钱牛/金牛（收益），瘦狗（退出），明星（保持）和问号/山猫（又称为问题小孩）四种类别。

（1）钱牛/金牛（收益）

钱牛类业务包括在较低的或者下降的环境中占有较高的市场占有率。这些业务通常被认为今日仍能提供现金以支持其他业务。

（2）瘦狗（退出）

这些业务是指市场占有率和增长率很低的产品和业务。这些业务部门通常盈亏平衡，几乎不能产生足够的现金流量来维持业务/产品的市场份额。

（3）明星（保持）

属于明星组的业务是指在高速增长环境中保持较高市场占有率的业务或产品。

（4）问号/山猫（又称为问题小孩）

问号类业务的市场占有率较低，但有较高的增长潜力。它们是成为大多数业务的起点，并且有潜力获得市场份额成为明星，并最终成为钱牛的业务。

2. 波特五因素分析

波特五因素分析多运用于行业分析，五因素具体包括：新竞争对手的进入的威胁，替代品的威胁，购买方的谈判能力，供应商的谈判能力和现有竞争对手之间的竞争。

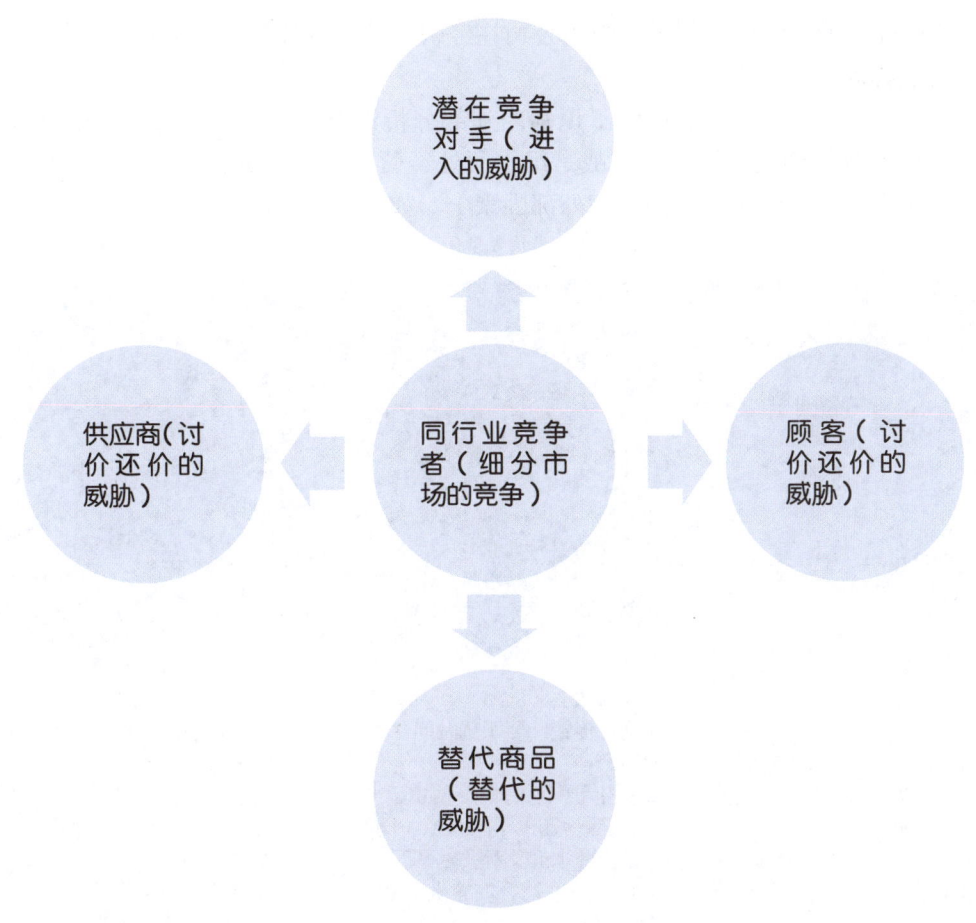

图8-4 波特五因素分析

以华谊兄弟为例,其先发优势在国产片市场形成进入壁垒。华谊兄弟作为少数起步较早的大型电影企业掌握了大量的电影制作及发行资源,在国产大片市场形成了较高的市场进入壁垒,其优势地位得到日益巩固和加强。

六、战略分析

战略分析即通过资料的收集和整理分析组织的内外环境,包括组织诊断和环境分析两个部分。战略分析包括确定企业的使命和目标;了解企业所处的环境变化,这些变化将带来机会还是威胁;了解企业的地位、资源和战略能力;了解与利益相关者的利益期望,在战略制定、评价和实施过程中,这些利益相关者的反应以及这些反应对组织行为的影响和制约。

战略分析工具是企业战略咨询及管理咨询实务中经常使用的一些分析方法。企业可以从对企业整体目标的保障、对中下层管理人员积极性的发挥以及企业各部门战略方案的协调等多个角度考虑,选择自上而下、自下而上或上下结合的方法来制定战略方案。

1. 战略分析报告技巧

(1) SWOT分析

SWOT(或者又称S.W.O.T)是优势、劣势、机遇和挑战四个单词的首字母缩写。

SWOT 分析提供了一个识别帮助或阻碍公司在经营环境中发展的各种因素的框架。SWOT 分析有时也称为现状分析。

从本质上看，SWOT 分析提供了识别内外部分析汇总数据的识别方法。优势和劣势根据组织内部分析确定；机遇和挑战是组织所处经营环境外部分析的一个组成部分（外部环境实质上是可能影响组织的一切外部因素）。如表 8-1 所示。

表8-1　肯德基SWOT分析案例

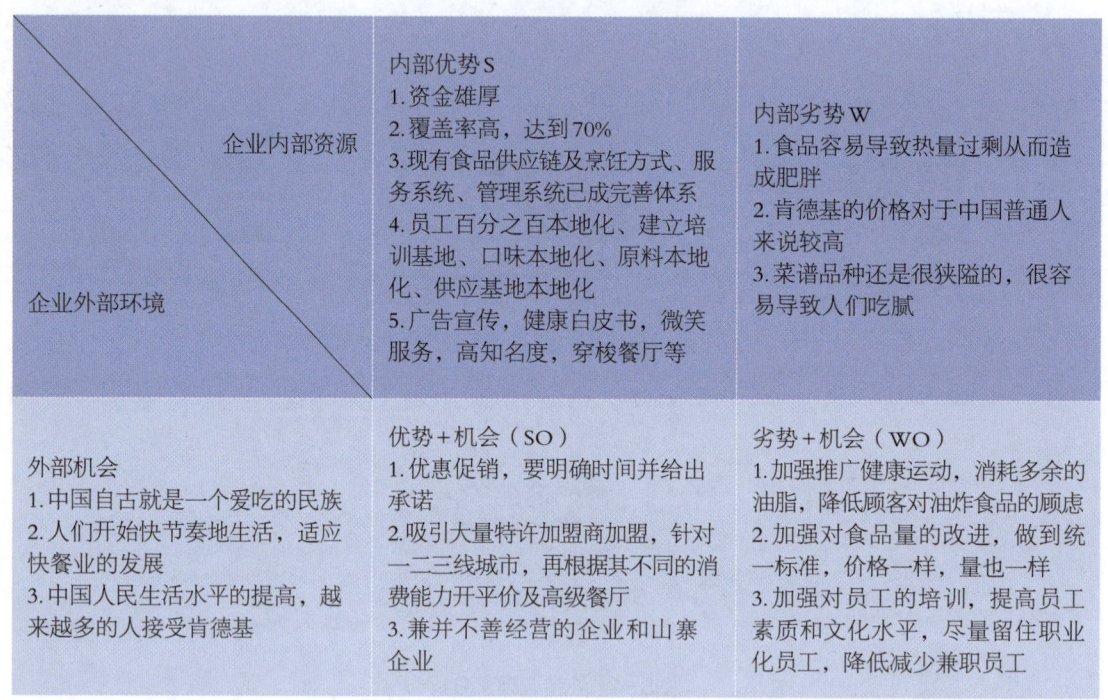

（2）PEST 分析

PEST 分析法是战略外部环境分析的基本工具，它通过政治的（Politics）、经济的（Economic）、社会的（Society）和技术的（Technology）角度或方面的因素分析从总体上把握宏观环境，并评价这些因素对企业战略目标和战略制定的影响。

第二节　财务数据分析报告的格式与内容

财务数据分析报告从编写的时间来划分，可分为两种：一是定期分析报告；二是非定期分析报告。定期分析报告又可以分为每日、每周、每旬、每月、每季、每年报告，具体根据公司管理要求而定，有的公司还要进行特定时点分析。编写的内容可划分为三种：（1）综合性分析报告；（2）专项分析报告；（3）项目分析报告。

一、财务数据分析报告的格式

严格地讲，财务数据分析报告没有固定的格式和体裁，但要求能够反映要点、分析透彻、有实有据、观点鲜明、符合报送对象的要求。一般来说，财务数据分析报告均应包括以下几个方面的内容：提要段、说明段、分析段、评价段和建议段，即通常说的五段论式。但在实际编写分析时要根据具体的目的和要求有所取舍，不一定囊括五个部分。此外，财务数据分析报告在表达方式上可以采取一些创新的手法，如可采用文字处理与图表表达相结合的方法，使其易懂、生动、形象。

二、财务数据分析报告的内容

如上所述，财务数据分析报告主要包括五个方面的内容，具体说明如下。

1. 第一部分：提要段

提要段主要概括公司综合情况，让财务报告接受者对财务分析说明有一个总括的认识。

（1）公司基本信息

公司法定中文名称：XX 电器股份有限公司

公司法定代表人：XXX

公司注册地址：广东省珠海市前山金鸡西路

公司股票上市交易所：深圳 A 股

股票简称：XX 电器

股票代码：XXXXXX

（2）公司主营业务介绍

货物、技术的进出口（法律、行政法规禁止的项目除外；法律、行政法规限制的项目需取得许可后方可经营）；制造、销售：泵、阀门、压缩机及类似机械，风机、包装设备等通用设备，电机，输配电及控制设备，电线、电缆、光缆及电工器材，家用电力器具；批发：机械设备、五金交电及电子产品。

生产销售空调器、自营空调器出口业务及其相关零件的进出口业务。

2. 第二部分：说明段

说明段是对公司运营及财务现状的介绍。如表8-2、表8-3所示。

（旧会计制度的资产负债表，个别科目供参考）

表8-2　XX公司近三年财务报表——资产负债表

财务指标（万元）	2009.12.31	2008.12.31	2007.12.31
资产总额	5,153,025.07	3,056,471.89	2,554,795.54
负债总额	4,087,756.54	2,297,367.04	1,968,781.92
流动负债	4,083,924.40	2,295,525.06	1,968,517.86
长期负债			
货币资金	2,290,484.29	366,629.86	413,097.88
应收账款	91,452.60	56,550.15	89,457.35
其他应收款	15,809.82	6,380.79	15,981.84
坏账准备			
股东权益	996,990.03	747,754.12	562,761.47

表8-3　XX公司近三年财务报表——利润表

财务指标（万元）	2009年	2008年	2007年
主营业务收入	4,245,777.29	4,203,238.80	3,800,918.48
主营业务利润	—	—	—
经营费用	579,785.84	440,262.36	434,931.45
管理费用	156,660.45	127,136.12	86,899.92
财务费用	−9,702.19	8,499.54	−974.22
营业利润	297,452.53	233,918.65	137,481.18
投资收益	677.02	941.74	5,155.52
补贴收入	—	—	—
营业外收支净额	40,575.02	6,706.84	5,155.52
利润总额	338,27.55	240,625.48	142,636.70
所得税	44,861.21	41,440.53	13,912.72
净利润	291,345.04	196,651.89	126,975.79

3. 第三部分：分析段

分析段是对公司的经营情况进行分析研究。在说明问题的同时还要分析问题，寻找问题产生的原因和症结，以达到解决问题的目的。财务分析一定要有理有据，要细化分解各项指标，因为有些报表的数据比较含糊和笼统，要善于运用表格、图示，突出表达分析的内容。分析问题一定要善于抓住当前要点，多反映公司经营焦点和易于忽视的问题。

分析段举例——某电器企业（2006—2008年）

（1）偿债能力分析

偿债能力指标如表8-4所示。

表8-4　某电器2006—2008年的偿债能力指标

指标	2006年	2007年	2008年
营运资金（元）	2,543,270,515.72	2,207,549,000	1,614,749,000
流动比率	1.45	1.19	1.38
速动比率	0.831	0.794	0.984

流动比率 = 流动资产 / 流动负债

传统理论：应保持在2：1才有足够的短期偿债能力。

目前趋势：2：1是最高值，过高的比重使资金大量闲置。

应根据企业实际状况和行业状况决定1.45，1.19，1.38。如图8-5所示。

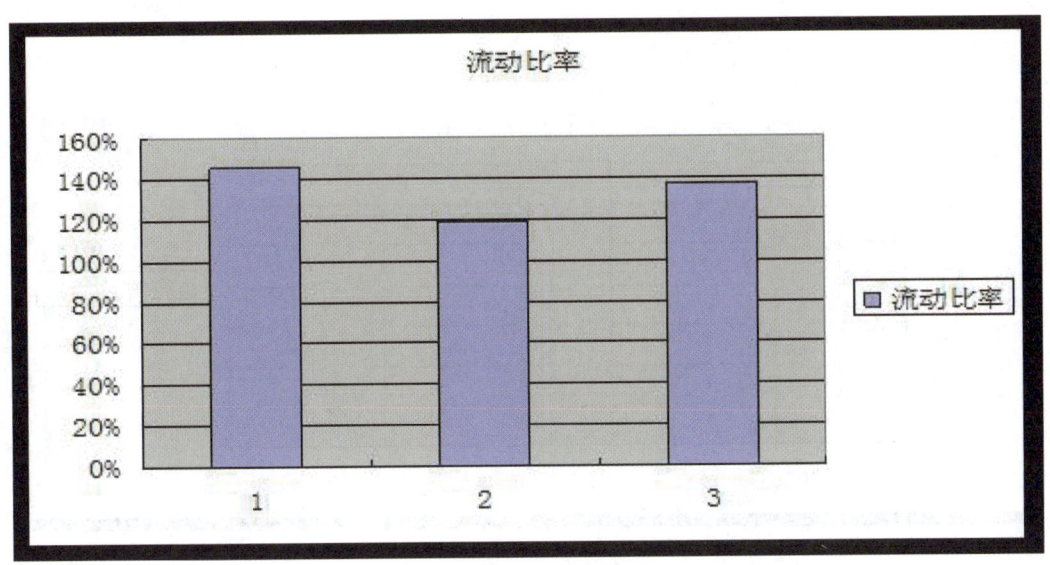

图8-5 流动比率

速动比率＝速动资产/流动负债＝（流动资产－存货－预付账款）/流动负债
扣除理由：存货用来变现偿债的可能性较小。
衡量：企业在较短时间内偿债的能力。
标准：经验认为 1∶1。如图 8-6 所示。

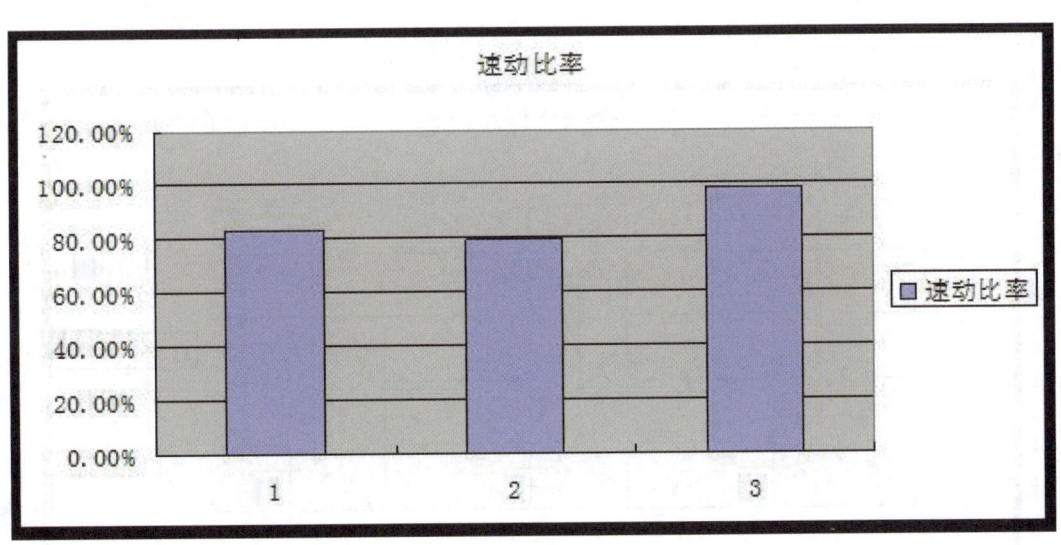

图8-6 速动比率

资产负债率＝负债总额/资产总额
又称：负债比率、杠杆比率。
标准：债权人认为越低越好；管理者应适度考虑负债。
经验：控制在 50% 左右，仍应考虑行业特色。
2006—2008 年指标：63.7%，70.3%，57.8%。如图 8-7 所示。

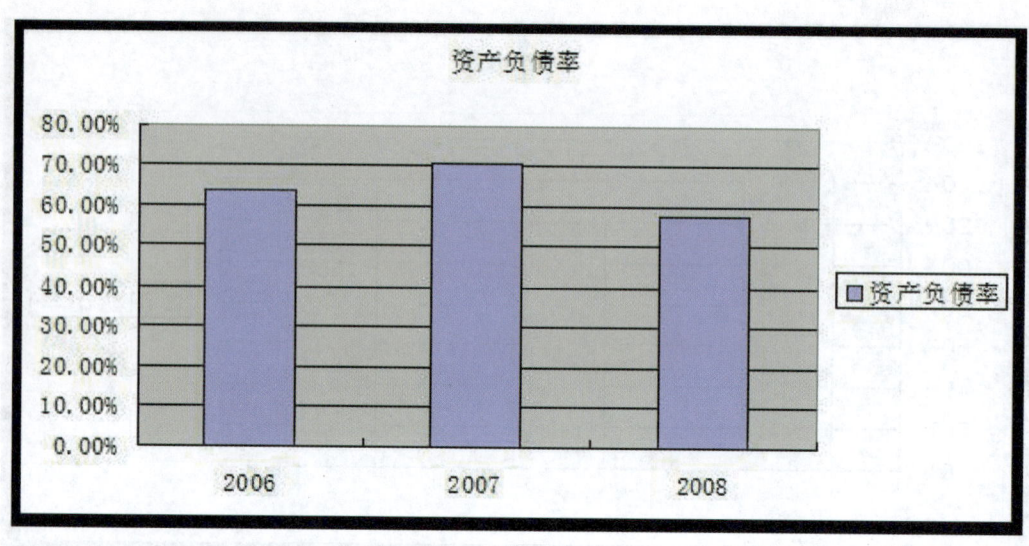

图8-7 资产负债率

产权比率 = 负债总额 / 所有者权益总额

衡量：债务资本和权益资本之间的比例关系，反映企业的财务状况和所有者对债务资本的保障程度。

标准：债权人认为越低越好；管理者应考虑适度负债。

经验：一般应小于1。如图8-8所示。

2006年1.68053，2007年2.36165，2008年1.37245。

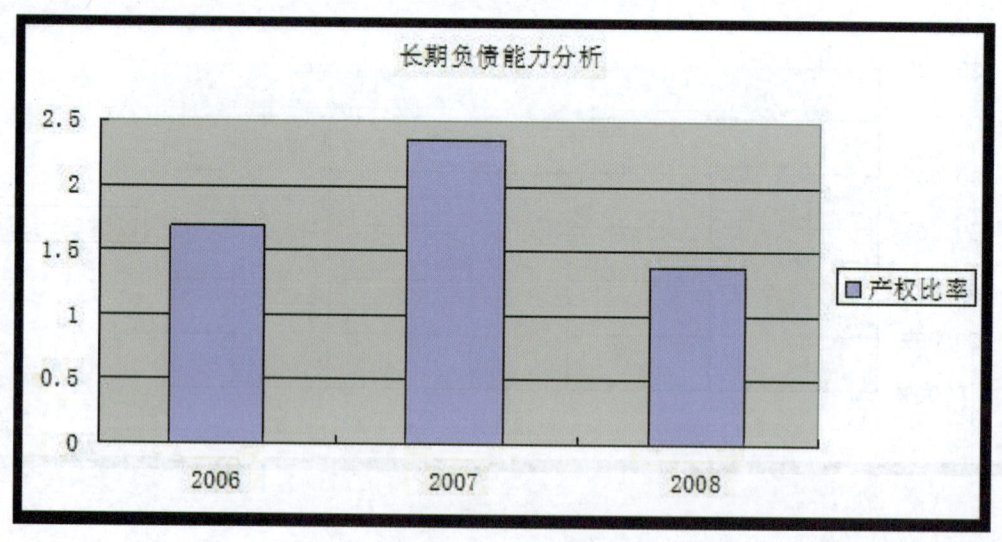

图8-8 产权比率

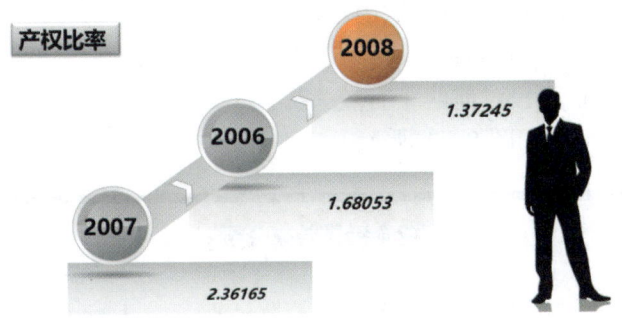

图8-9　公司2006—2008年产权比率分布

我们可以看到该公司2008年长期偿债的能力是最强的，2007年的负债是最大的。如图8-9所示。

（2）企业营运能力分析

表8-5　2006—2008年企业营运能力分析指标

指标	2006年	2007年	2008年
总资产周转率	3.78	3.20	2.63
存货周转率	9.04	10.09	10.55
流动资产周转率	4.14	3.71	3.24
应收账款周转率	2.03	4.14	5.05
应收账款周转天数	179.8029	88.164	72.27722
存货周转天数	41	37	55
固定资产周转率	6.17	3.56	1.92

应收账款周转率 = 赊销收入 / 应收账款平均余额

衡量：企业应收账款周转速度和管理效率。

周转率越大表明资产流动性大，短期偿还债务的能力强，收账速度快，坏账少。如图8-10所示。

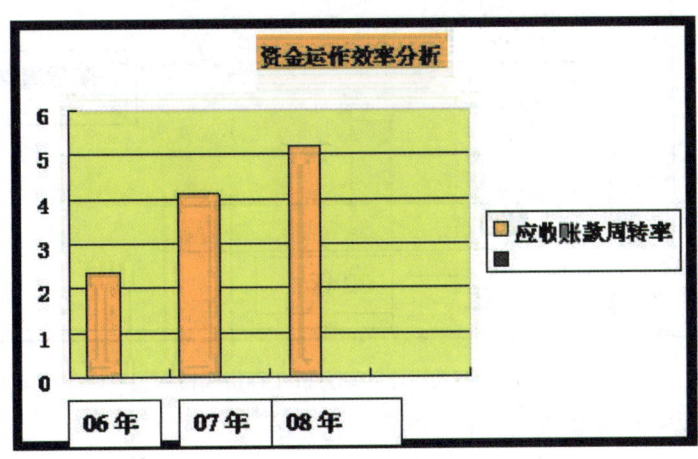

图8-10　资金运作效率分析（应收账款周转率）

应收账款周转天数 =360/ 应收账款周转率

应收账款周转天数越少货款回笼速度越快，管理效率越好。

2008年应收账款收回相对前两年有较大提高，可能是公司做了相应的财务重组，及时减少坏账，减少库存。如图 8-11 所示。

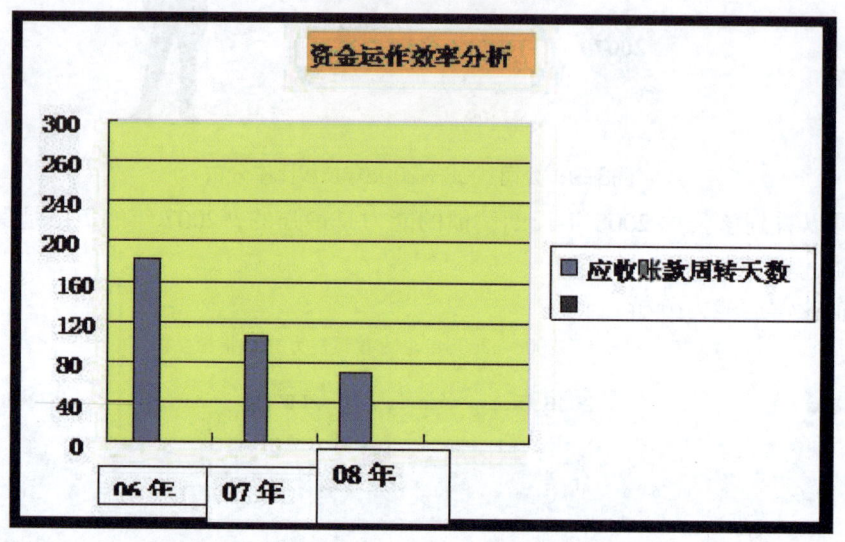

图8-11　资金运作效率分析（应收账款周转天数）

存货周转率＝营业成本/平均存货额

衡量：存货变现获利能力与企业库存管理的效率。

存货周转率越大表明变现能力越强，速度越快，存货管理效率高。如图 8-12 所示。

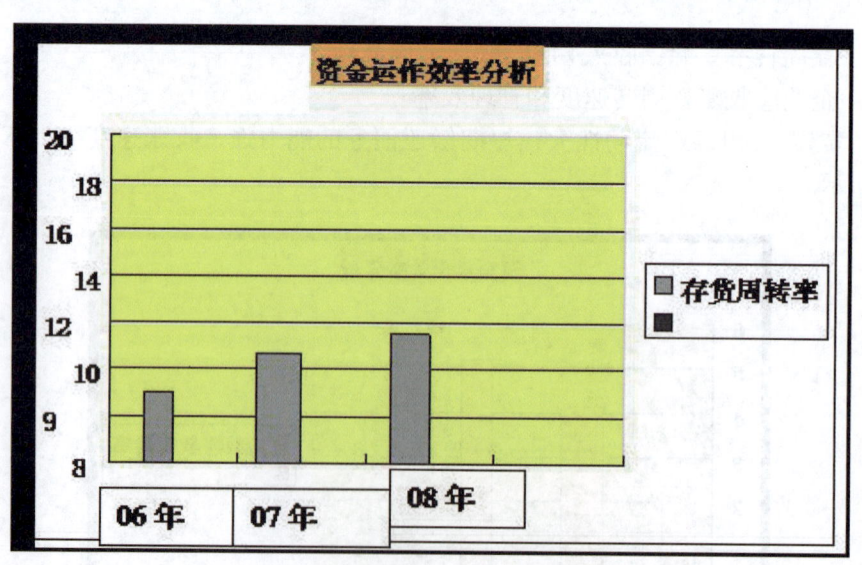

图8-12　资金运作效率分析（存货周转率）

固定资产周转率＝营业收入/平均固定资产总额

周转率越大，企业固定资产的营运能力越强。如图 8-13 所示。

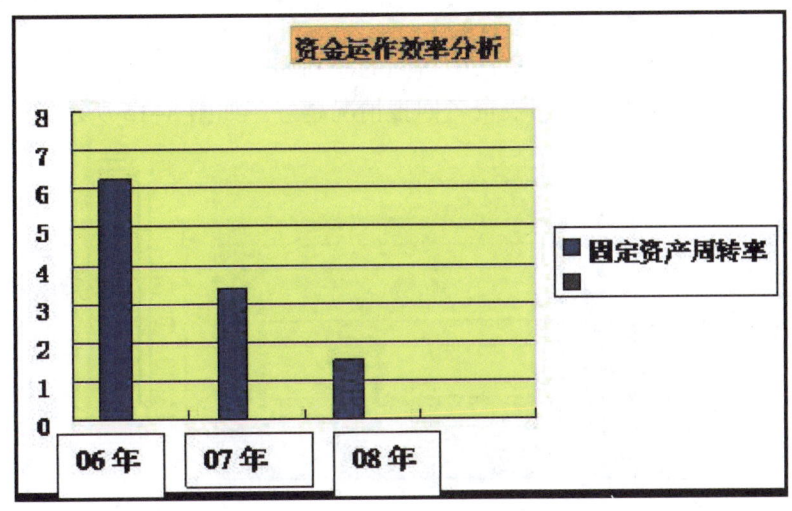

图8-13 资金运作效率分析（固定资产周转率）

（3）企业盈利能力分析

表8-6 企业获利能力指标

获利能力指标	2006年	2007年	2008年
总资产报酬率＝EBIT/平均资产总额	13.79%	14.92%	14.72%
总资产净利率＝净利润/平均总资产	12.68%	13.80%	13.65%
销售净利率＝净利润/营业收入	4.49%	5.58%	6.10%
净资产收益率（权益净利率）＝净利润/平均净资产	36.42%	48.8%	32.36%
权益乘数＝资产总额/权益总额	2.87	3.36	2.37

总资产报酬率＝EBIT/平均资产总额

衡量：它是反映企业资产综合利用效果的指标，也是企业衡量债权人和所有者权益总额所取得盈利的重要指标。

标准：总资产报酬率高，说明公司资产的运用效率好，公司的资产盈利能力强。
2006年13.79%，2007年14.92%，2008年14.72%。如图8-14所示。

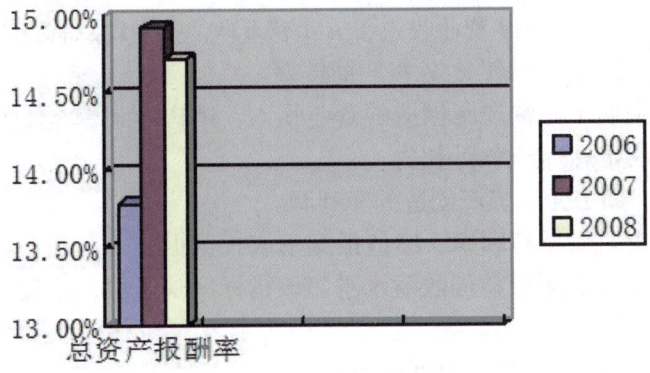

图8-14 总资产报酬率

总资产净利率 = 净利润 / 平均总资产

衡量：它反映公司从 1 元受托资产中得到的净利润。

标准：资本收益率越大，表明投资者回报情况越好。如图 8-15 所示。

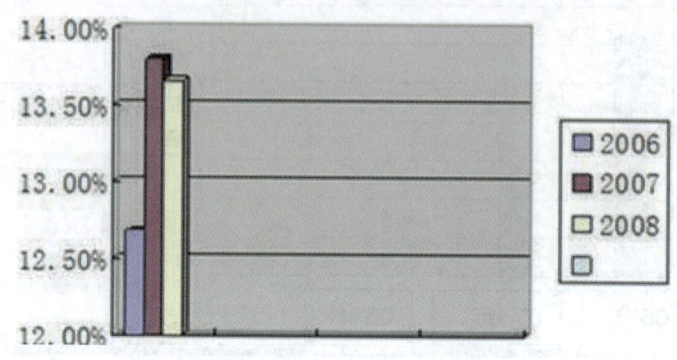

图8-15　总资产净利率

销售净利率 = 净利润 / 营业收入

衡量：企业的净利润利润占营业收入的比重。

标准：比率越大，表明销售获利情况越好。如图 8-16 所示。

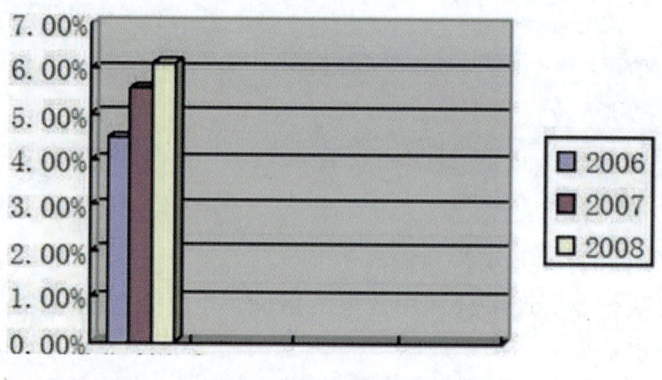

图8-16　销售净利率

影响总资产净利率的驱动因素是销售利润率和总资产周转率。

总资产净利率 = 净利润 / 平均总资产
　　　　　　= （净利润 / 营业收入）×（营业收入 / 平均总资产）
　　　　　　= 销售净利率 × 总资产周转率

总资产周转率说明 1 元资产所创造的营业收入，销售净利率是 1 元营业收入创造的净利润，两者共同决定总资产净利率。

总资产净利率，即 1 元总资产创造的净利润。

净资产收益率也叫权益净利率、净值报酬率或权益报酬率，是企业净利润与平均净资产的比值，用以衡量股东权益的收益水平。该指标反映了股东投资和收益的关系。其计算公式为：

净资产收益率 = 净利润 / 平均净资产 × 100％

平均净资产 =（年初净资产 + 年末净资产）/2

该指标越高，说明投资者投资带来的收益越高，企业资本的盈利能力越强；反之，说明企业资本的盈利能力较弱。

净资产收益率是一个既反映盈利能力又反映资本安全程度的综合指标。

权益乘数表示企业的负债程度，反映了公司利用财务杠杆进行经营活动的程度。如果资产负债率高，权益乘数就会变大，这说明公司负债程度较高，公司会有较多的杠杆利益，但风险也随之升高；反之，如果资产负债率低，权益乘数就会变小，这说明公司负债程度低，公司会有较少的杠杆利益，但相应所承担的风险也低。其计算公式为：

权益乘数 = 资产总额 / 权益总额

（4）杜邦综合分析（以2008年为例）

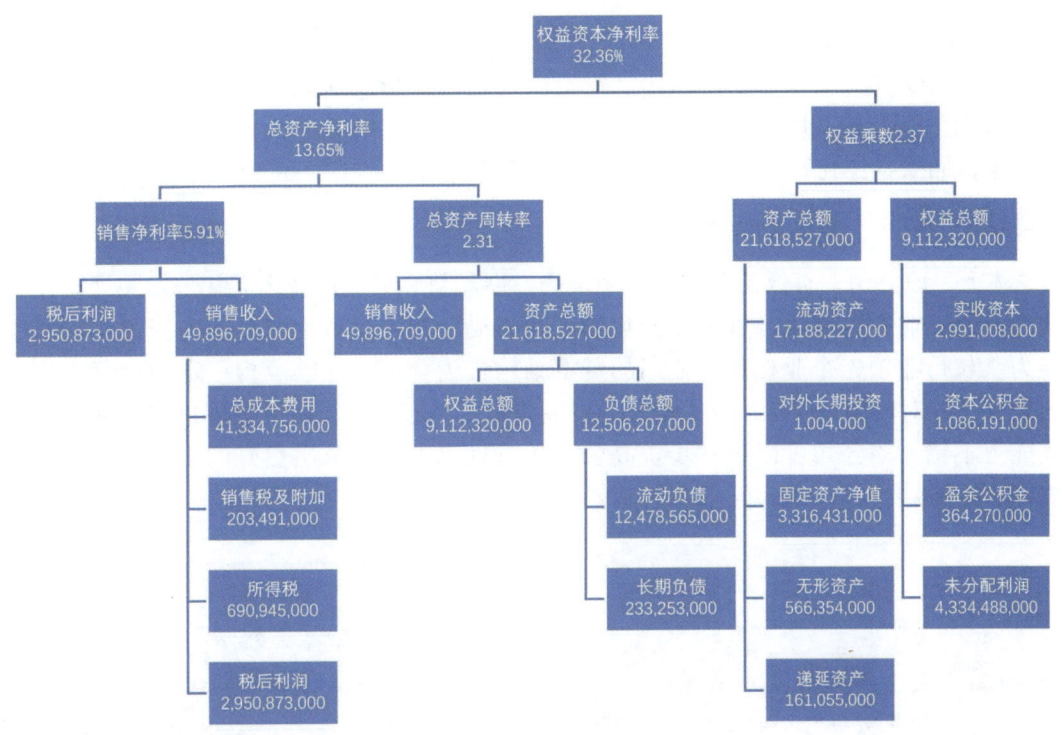

图8-17　杜邦分析图

备注：因本案例为2008年财务数据，杜邦分析图中营业收入指标由销售收入代替。

4. 第四部分：评价段

作出财务说明和分析后，对于经营情况、财务状况、盈利业绩，应该从财务角度给予公正、客观的评价和预测。财务评价不能运用似是而非、可进可退、左右摇摆等不负责任的语言，评价要从正面和负面两方面进行，评价既可以单独分段进行，也可以将评价内容穿插在说明部分和分析部分。

评价段举例——某电器企业

（1）盈利能力分析

该公司的净资产收益率、总资产净利率，与行业领先企业相比还是不错的，说明该公司的盈利能力尚可。

（2）偿债能力分析

结合该公司短期和长期偿债能力分析来看，该公司的偿债能力一般，财务风险较高，特别是长期偿债能力弱于行业领先企业。公司经营风险的安全水平不高，从实现利润和负债资金成本的关系来看，公司负债经营的风险较大。

（3）营运能力分析

该公司的营运能力水平相对较好，营运能力的各个指标都高于行业领先企业，总资产周转率和应收账款周转率与行业领先企业相比，优势很大，表明公司的销售和应收账款的管理较好。

5. 第五部分：建议段

建议段是财务人员在对经营运作、投资决策进行分析后形成的意见和看法，特别是对运作过程中存在的问题提出改进建议。值得注意的是，财务分析报告中提出的建议不能太抽象，而要具体化，最好有一套切实可行的方案。

建议段举例——某电器企业

总体上，该公司一直保持着健康、稳定的发展趋势，形成产业多元化、发展规模化、经营专业化、业务区域化、管理差异化的产业格局，初步具备全球范围内资源调配使用的能力。与行业领先企业相比，公司的资本结构较为合理，能够承担一定的经营风险，且盈利水平相对较高，但营运能力较低，发展指标不太稳定，今后的发展进步空间很大，整体能力不错。该公司可以进一步提高公司的管理水平，改革出更好的方案，以便能获得更好的经济效益。

课后问题与作业练习

➢ 财务数据分析报告的类型有哪些？

➢ 财务数据分析报告一般包括哪些内容？

➢ 撰写财务数据分析报告的基本思路是什么（主要内容和格式有哪些）？

➢ 如何撰写销售及收款数据（盈利指标）分析报告？

➢ 如何撰写库存商品数据（营运指标）分析报告？